LAS ENSEÑANZAS DE
CARLOS CASTANEDA

MILLENIUM

LAS ENSEÑANZAS DE
CARLOS CASTANEDA

Aprendizaje y espiritualidad

Felix Wolf

VERGARA

México D.F.•Barcelona•Bogotá•Buenos Aires•Caracas•Madrid•Montevideo•Quito•Santiago de Chile

Las enseñanzas de Carlos Castaneda. Aprendizaje y espiritualidad
Título original: *The art of navigation. Travels with Carlos Castaneda and beyond*

Iª edición en México, julio de 2011

D.R. © 2010, Felix Wolf
      Primera edición por Millichap Books
      todos los derechos reservados reservados
      Agencia literaria Sylvia Hayse
      autoriza la traducción al español para esta edición.
D.R. © 2011, Ediciones B México S. A. de C.V.
D.R. © Verónica Gerber Bicecci, por la traducción
Bradley 52, Col. Anzures, 11590, México, D.F.

www.edicionesb.mx

ISBN 978-607-480-178-1

*Al Nahual, diestro guía y tutor,
cuyo espíritu impecable dejó la puerta abierta;
y a Carmela, mi radiante compañera de navegación,
que es fuente de felicidad y muda fuerza
detrás de cada página.*

INTRODUCCIÓN

El propósito consciente de este libro es guiar al lector para que experimente la belleza, magia y simpleza de navegar la vida. Para ello es necesario relacionarse con el mundo de una forma distinta a la que normalmente consideramos. Esto puede ejemplificarse comparando las siguientes preguntas.

Podríamos preguntarnos: "¿Qué quiero de mi vida y cómo puedo sacar el mayor provecho de ella?".

O bien: "¿Qué quiere la vida que yo haga y cómo puedo saberlo?".

Para descubrir lo que deseamos hacer con nuestra vida y cómo sacar el mayor provecho de ella, pensamos, analizamos, especulamos y procedemos estratégicamente.

Para descubrir qué quiere la vida que nosotros hagamos, nos volvemos receptivos, fluctuantes, atentos, solícitos y presentes. Es decir que la respuesta a la última pregunta implica "el arte de la navegación".

Las dos preguntas, y el acercamiento a la vida que resulta de cada una, son diferentes. Sin embargo, he descubierto que al preguntar y ser guiados por el segundo cuestionamiento, es que obtenemos más de la existencia, al grado que podemos ser uno plenamente con ella.

En un nivel práctico, la experiencia de navegar la vida se parece mucho a la de estar inmiscuidos en la búsqueda de un tesoro, una búsqueda absoluta, multifacética, estimulante, de algo fantástico en la vida real.

Yo recibí mi iniciación en el arte de navegar por parte de Carlos Castaneda, un autor reconocido, antropólogo y chamán, con quien me relacioné por mucho tiempo, incluyendo tres años como aprendiz, hasta su muerte en 1998. Castaneda practicaba una forma sofisticada de chamanismo o hechicería, que se relaciona mayormente con las complejidades de la percepción y el dominio de la conciencia, que con el uso de poderes sobrenaturales. El último objetivo de esta búsqueda chamánica es obtener un estado que él denominaba como "libertad total".

En la cosmovisión de Castaneda, el concepto de "Propósito" es básico porque define a una inteligencia creadora, obstinada, que es al mismo tiempo personal y universal. Castaneda creía que el camino hacia la libertad total de un individuo sucedía a través de su vínculo con el "Propósito Universal". Entre más claro fuera este nexo y más alineados estuvieran el individuo y el Propósito Universal, mayor era el grado de libertad. En su libro *El conocimiento silencioso*, Castaneda afirma que "cada acto realizado por hechiceros era llevado a cabo como una manera de fortalecer su vínculo con el Propósito, o como una respuesta desencadenada por el vínculo mismo. Los brujos tienen que estar activa y permanente alertas a las manifestaciones del espíritu. Estas manifestaciones fueron llamadas gestos del espíritu o, más sencillamente, indicaciones o augurios".

Desde el instante que fui tocado por el mundo de Castaneda, me intrigó esta forma interactiva de vivir, y mi proceso de "desempolvar mi vínculo con el Propósito", como él lo llamaba, se volvió una de las principales preocupaciones de mi vida. Después de muchos años de práctica, y especialmente durante mis interacciones personales con Castaneda, pude observar que con magia y poder la vida se expande al estar consciente de su vínculo con el Propósito. La disciplina que se requiere para aclarar y fortalecer este vínculo, así como para percibir y actuar desde las manifestaciones del espíritu, las conocí bajo el nombre de "arte de la navegación".

El impulso para escribir este libro surge del trabajo con adolescentes problemáticos y jóvenes de un internado, en el que mi esposa Carmela y yo dirigimos un innovador programa de terapia del 2003 al 2007 basado en medicina oriental. A lo largo de estas mil sesiones de grupo y ocho mil tratamientos individuales, administramos acupuntura y yerbas medicinales, les enseñamos Yoga, Qigong y herramientas para la vida.

Al sentirnos muy respetados por nuestra joven clientela, quisimos influir en su vida de la mejor manera posible. Inicialmente sólo lo hicimos en conversaciones aleatorias y respondiendo a sus preguntas, compartiendo con ellos lo que sabíamos de la vida, especialmente sobre cómo experimentar la felicidad y la paz, en lugar de dolor y problemas. A través de los años esta parte de nuestras sesiones fue creciendo hasta llegar a ser la esencia de nuestro programa, que terminó siendo apoyada por las otras actividades.

Al ver tanto dolor emocional, enojo, frustración, depresión y confusión, naturalmente quisimos ir más allá del alivio sintomático para hallar la raíz. De las muchas herramientas para la vida que discutimos, lo que siempre provocó mayor interés y curiosidad entre nuestros estudiantes, fue el tema de reintroducir la magia en nuestra vida a través del arte de la navegación. Al ver esto empezamos a darnos cuenta de sus problemas.

Entre los catorce y veinticuatro años —el paso de la adolescencia a la adultez— nuestros estudiantes han tenido que aprender una forma distinta de ver la vida. Pero esta nueva manera no sólo les ha dado otros elementos a su existencia, también les ha quitado algo que no sabían siquiera que tenían, hasta que empezaron a sentir la fría realidad de su pérdida.

Durante la infancia vivimos en una dimensión mágica. Los problemas existenciales no son de interés y pocas veces nos cuestionamos sobre ellos. La vida es mucho más inmediata y presente. El equilibrio entre estar en el momento y no estar en él, debido a la presencia del mundo adulto, está aún a nuestro favor. No pensamos mucho en lo que queremos hacer con nuestros días. En definitiva, la vida parece estar haciéndose cargo de todo.

Pero mientras nos vamos adentrando en el mundo de los adultos, perdemos esta conexión mágica con la vida. Nuestra sexualidad recién emergente amplifica nuestros impulsos de auto observación y autodefinimiento. Después, la autorealización, la autoreflexión y la autoconciencia, junto con el propósito de nuestro medio social, gira la atención hacia nuestro interior, separándonos completamente del mundo en el que vivimos. En lugar de experimentar la vida en todo momento en su totalidad, tratamos de hacer algo con ella, o de conseguir algo de ella, como si ésta fuera un objeto definible.

Así como perdemos nuestra infancia por las hormonas, también perdemos la magia y la conexión que hemos dado por sentada durante tanto tiempo. Como resultado, mucha gente se frustra y se confunde en esta transición, y entra en un estado psicológico que desgraciadamente tiende a persistir en distintos grados durante toda la vida.

En nuestro trabajo nos dimos cuenta de que mucho del enojo y del comportamiento autodestructivo de nuestros estudiantes tenía sus raíces en el descubrimiento de esta pérdida. El haber sido extraídos de la inmediatez de la vida les dejó un vacío creciente, que trataban de llenar con la intensidad de las drogas, la autoflagelación u otros comportamientos extremos.

Al ofrecerles una forma alternativa para relacionarse con el mundo, que tenía esa dimensión mágica, se volvió imperioso reconectar a nuestros pacientes con sus alrededores y con su vida. Debido a que nos lo pedían, empezamos a compartir más y más de lo que sabíamos acerca del arte de la navegación. Mientras entreteníamos a nuestros estudiantes con algunas de nuestras propias historias, empezamos a diferenciar las herramientas y los ajustes de conducta que son necesarios para dirigir esta navegación hacia la vida. Casi todos han hallado sincronías ocasionales y experiencias límite, o episodios de flujo por estar en el surco o en la "zona". Todos estos son elementos de la experiencia de la navegación. Pero usualmente se perciben tan arbitrarios, tan escasos y tan distanciados, que no vemos cómo podrían fungir como base del camino de nuestra vida.

Para poder navegar y poder hacer de la vida una búsqueda mágica del tesoro, para poder sintonizarnos con la música del universo y perdernos en la danza de la vida, se requieren ciertas herramientas y cambios de actitud. La mayoría de estas herramientas están relacionadas con aumentar nuestro nivel de conciencia, y anteriormente compilamos nuestros conocimientos en un folleto para nuestros estudiantes. De este folleto brotó la idea del libro, el cual tomó la forma de historia.

La historia es el relato verdadero de cómo la vida se tomó el trabajo de enseñarle a bailar a un joven cínico y engreído. Es sobre cómo el destino recurrió a los poderes de un verdadero hechicero, para adentrarse en la sorda cabeza de ese joven y hacerlo oír su música. Y también sobre el lento y doloroso proceso que fue necesario para que este cínico y engreído joven se moviera hacia esa música con alguna gracia y firmeza.

Pero también es sobre la alegría del baile, la bendición del abandono, la audacia de la renuncia y de la increíble ligereza del ser.

INICIOS

…pero ahora que he hablado de ese gran mar,
el océano de deseos se transforma a través de mí
y la bienaventurada estrella interior de navegación
se mueve por encima, en el cielo oscuro,
y estoy listo como el joven salmón para dejar su río,
bendecido con el ansia de un gran viaje sobre
el dibujo de la marea.

DAVID WHYTE, *Canción para el salmón*

Una disonancia cognitiva

Eran menos de las siete en punto un jueves por la tarde de julio en 1998, cuando dejé la autopista y di vuelta en Venice Blvd. en Los Angeles.

—¡Fantástico, voy a llegar a tiempo! —pensé sonriendo para mis adentros.

Había viajado a la ciudad para encontrarme con mi amigo David, un joven aprendiz de Carlos Castaneda. Tenía curiosidad por ver en qué había convertido mi viejo departamento después de haberse hecho cargo de él por unos meses. Había sido un lugar mágico para mí, y todavía lo era, como estaba a punto de descubrirlo.

El edificio al final de la Bagley Ave. llamaba la atención en un barrio que de otra forma pasaría desapercibido, enclavado entre Venice Blvd. y Santa Mónica Fwy., pero aun así el lugar emanaba un aire de ligereza y felicidad, a pesar de su cercanía con estas calles y el imparable flujo de los vehículos incesantes. Cuando me mudé de Tucson a Los Angeles para estar más cerca del Nahual, este mismo condominio me obligó años antes a entrar en él con una misteriosa y sorpresiva fuerza para dar fin a mi cometido de encontrar casa.

"El Nahual" [nah'wahl] es como nos referíamos a Carlos Castaneda, el legendario antropólogo, autor y chamán, que ha sido la guía y fuerza central de mi vida por más de dieciocho años. En un nivel práctico, sin embargo, el Nahual y Carlos Castaneda aparecen como dos entidades diferentes. Mi interacción predominante fue con el Nahual. Él fue un maestro y guía enigmático e impersonal, que transformó mi vida en un impresionante viaje de conciencia. Carlos Castaneda era su alter ego, su manifestación corporal: el antropólogo y autor al que rara vez vi.

Antes de mudarme estuve volando de Tucson a Los Angeles cada fin de semana durante la mayor parte del año para asistir a las reuniones con el Nahual. En cada encuentro se hizo más fuerte la atracción y, eventualmente, terminé por reasentarme ahí, cerca de él. Entonces tuve muchos deseos de comenzar la misión de buscar casa. Exploré lugares jugando con mi instinto y mi intuición. Navegar con la energía de los nuevos entornos siempre ha sido una de mis pasiones.

Para esta misión particular tenía un punto natural de inicio: Versailles, el restaurante favorito del Nahual ubicado en Venice Blvd., que, al menos para mí en ese momento, servía la mejor comida cubana en la ciudad. Me dirigí al Versailles directo del aeropuerto y comí lechón: el famoso crío de puerco que se cocina lentamente, marinado en cebolla y ajo, con frijoles negros y plátano frito. Mi platillo favorito en ese entonces.

El plan era merodear libremente en los alrededores con un coche rentado para tener una sensación general del área y limitar la búsqueda. Mi cuerpo parecía contento con el lechón y ansioso de ir a trabajar.

En el interés de contar con honestidad esta historia, me siento obligado a mencionar que me tomé un infame, pero irresistible, "expresito" doble, el café cubano que sirven ahí para así transformar el lechón en energía pura para poder navegar. Incidentalmente sospecho que este mismo café, en su manifestación de "capuchinito", aceleraría, tiempo después, la partida de Carlos Castaneda de este mundo.

Una vez que dejé el restaurante, me crucé con algunas calles en el entorno inmediato. Muchas de las pequeñas casas y departamentos tenían un cartel de "Se Renta", cosa que empezaba a emocionarme. Después de diez o quince minutos, mientras manejaba por Bagley Ave., un enorme cartel de "Se Renta" en la pared de un edificio captó mi atención. Era relativamente nuevo, moderno, con una estructura cubista, tres pisos de alto, una fachada blanca y limpia, con marcos rosados en las ventanas. Un edificio feliz que ignoraba completamente el enorme dominio de la autopista justo al lado suyo. Había un espacio libre enfrente de la entrada, así que me estacioné ahí y apagué el motor. Miré el cartel otra vez y cuando me hice consciente del número de teléfono (396-4444), sentí por un instante una sacudida en la mitad de mi cuerpo.

Había algo irresistible en ese momento. La sacudida volvió desde muy dentro, desde donde supe que había encontrado mi nuevo hogar. Junto a esta comprensión de lo inevitable, estaba una sensación de alarma que tenía que ver con la cercanía a la autopista. En Tucson yo vivía en una bellísima y serena casa ubicada en una exuberante zona alta del desierto, y la posibilidad de vivir justo a un lado de la autopista más saturada de Norteamérica parecía algo raro, por decir lo menos.

Pero algo ineludible me empujaba, y antes de darme cuenta, ya había marcado el número telefónico. En esa época estaba fascinado por los números: punteros que facilitan la navegación al ser mágicos y ubicuos en su simplicidad. El cuatro era definitivamente mi número favorito, y lo ha sido gran parte de mi vida.

A mediados de los años ochenta, cuando todavía vivía en Alemania, viajaba cada semana desde Munich hasta Baden-Baden (alrededor de trescientos veinte kilómetros) con mi entonces esposa Victoria, para jugar ruleta en un casino fabuloso. Era un ritual preciado. Mantuvimos esta rutina por más de seis meses. Llegábamos a Baden-Baden, una ciudad spa con la nobleza de más de dos mil años de antigüedad, nos dirigíamos a nuestro hotel en los brotes termales, pasábamos un par de horas en las famosas y poderosas aguas termales que se convertían en vapor desde las profundidades de la tierra, cenábamos un delicioso platillo en un restaurante checo y nos arreglábamos para salir al casino.

En el casino también seguíamos siempre la misma rutina. La idea era trasladar la energía de las aguas termales en intuiciones y corazonadas para el juego. El casino es espectacular, muy parecido a Montecarlo: no hay máquinas, sólo mesas, juegos de cartas y gente que habla suavemente y está muy bien vestida. Caminábamos alrededor, satisfaciendo las miradas ajenas y tratando de estar tan atentos como pudiésemos a los casi imperceptibles tirones de intuición que sin prisa alguna solían apuntarme a la ruleta de la mesa cuatro para apostar diez marcos al número cuatro. Eso fue lo que siempre hice. A veces me quedaba un poco más en la mesa y repetía la misma apuesta un par de veces si sentía la intuición correcta.

El sorprendente y casi increíble resultado era que cada vez que íbamos a Baden-Baden, ganábamos normalmente entre cuatrocientos y ochocientos marcos. Siempre fue más que suficiente para pagar los gastos del fin de semana, y nos hacía muy felices. En una ocasión, muy al principio, sentí una ola de avaricia y empecé a doblar mi apuesta, pero la emoción interfería con mis corazonadas y no funcionó. Por eso nos quedamos con el propósito original y fuimos recompensados en cada ocasión.

Como una regla, yo siempre jugué el último juego de la noche, y en una ocasión, mientras ponía mis diez marcos en el número cuatro y la bola empezaba a dar vueltas, percibí un jalón en mi espalda. Me di la vuelta y me sentí obligado a poner otros diez marcos en el número doce en la mesa tres, justo detrás de mí. Tal vez era el resultado de una multiplicación rápida de cuatro por tres igual a doce, pero cualquier cosa que haya sido, no había duda ni pensamientos que interfirieran.

Las bolas pararon casi al mismo tiempo, el cuatro frente a mí y, al voltearme, ya sabía qué número marcaba la ruleta: el doce. Fue un sentimiento increíble de gratitud y conexión que me sacó lágrimas de los ojos y bueno, claro, puso alrededor de setecientos marcos alemanes en mi bolsillo.

Así que cuando marque el 396-4444, tenía una sensación definitiva de entusiasmo anticipado. Una amigable voz femenina contestó el teléfono y yo me adentré en el sonido. La mujer que me encontró en el elevador era excepcionalmente cálida y acogedora, me llevó al segundo piso para mostrarme un departamento relativamente chico que daba a la calle. Yo estaba confundido. El lugar no estaba mal, pero no podía verme a mi mismo viviendo ahí de ninguna manera, y todo mi entusiasmo de navegación comenzó a crepitar. Caminé alrededor, me pare en la ventana, pero cualquier cosa que trataba no lograba engancharme. Le pregunté si ella sabía de alguna otra vacante en el edificio. Al principió dudó, pero después dijo: "De hecho, justo el día de hoy, la joven pareja que vive en el 306 me dijo que se va el próximo mes. Es un apartamento tipo *loft*, mucho más grande y caro. Ellos deben estar en casa ahora mismo. Si quieres, podemos ir a ver. Son buenas personas".

El número 306 era un *loft* con doble altura, esquinado y con ventanas del piso al techo en dos direcciones. Era impresionante. La joven pareja fue amable y cortés: me permitieron quedarme el tiempo que deseara, una oferta que acepté gustoso. La administradora me dejó solo también y acordamos que yo le llamaría tan pronto como llegara a una decisión.

El departamento estaba inundado de luz y optimismo, pero también —se volvió obvio de inmediato— de los enervantes sonidos de la autopista norteamericana más transitada, justo al nivel de la ventana, casi quinientos metros arriba. Necesitaba sentarme. Encontré una silla de oficina en el escritorio del piso de arriba. Estaba anonadado. Con mi barbilla apoyada en ambas manos, no pude evitar mirar a la autopista, y todo lo que pensaba era: "Qué mal, qué mal, maldita sea... Qué mal".

Los automóviles haciendo ruido en el Este, los automóviles haciendo ruido en el Oeste, ruido Este, ruido Oeste, derecha, izquierda, ruido, ruido, ruido...

Una fuerte brisa oceánica atravesó las ventanas abiertas, induciéndome a tomar aire y recostarme hacia atrás.

"Wow, qué lugar", seguía pensando, "¿Cómo es posible?".

El espacio vacío para estacionarme, el número telefónico, la suavidad y exactitud en el tiempo, la bienvenida amigable, mis instintos de navegación, el jalón de reconocimiento, todo parecía combinarse en un enorme faro que marcaba mi camino, contundente e irresistible.

Pero en ese momento estaba obsesionado con la serenidad, quietud y silencio. ¿Cómo era que todo parecía tan hecho a la medida? Me quedé pegado a la silla.

La pareja salió a realizar un mandado, animándome a quedarme todo el tiempo que necesitara.

—Sólo cierra la puerta cuando te vayas —dijeron cuando iban de salida.

Después de un rato me levanté y me acerqué a las ventanas. Pensé en cortinas, tapones de orejas, o alguna otra forma de silenciar dicho lugar... Pensé en nuestra casa en las montañas de Tucson, los sonidos rústicos de las criaturas del desierto, el canto de las aves, los coyotes en la distancia...

De vuelta a la silla, mis pensamientos se fueron calmando gradualmente, y casi de forma automática mi atención se centró en mi respiración. No recuerdo cómo fue que pasó o si en realidad algo lo detonó, pero de repente hubo un cambio en mi conciencia. Algo se movió de lugar.

En un nivel más básico de percepción, sentí una tremenda carga de energía atravesando este lugar. Cuando le permití a mi sentido de la percepción sencillamente suceder, sin relacionarlo con nada en absoluto, la imagen cambió completamente. Lo que ahora veía eran diferentes niveles de vibración, tejiéndose todos juntos en una poderosa corriente de energía inundando el departamento, entrando y saliendo de un lado a otro. No había lugar para esconderse. Era increíble. Me sentía como si estuviera sentado en medio de un río. ¡Qué oportunidad! ¿Qué tal si lograba sobrellevarlo, pensé, si dejaba que flotara a través de mí veinticuatro horas al día, siete días a la semana, trescientos sesenta y cinco días al año, siempre que estuviera en casa?

¡Claro que sí! Me di cuenta. ¡Qué regalo!

Y de repente parecía tan obvio, que todo lo que necesitaba hacer era permitirle a toda esta energía pasar a través de mí, a través del apartamento, a través de mi vida, mi cuerpo, mi mente, y permitirle que se llevara todo aquello que ya no era necesario.

Incluso en ese momento, mientras miraba los automóviles que corrían simultáneamente en direcciones opuestas, comencé a percibir la quietud sin precedentes en mi vida, una quietud más profunda que el silencio en la zona alta del desierto.

Siendo llevado por el núcleo de esta comprensión, le llamé a la administradora y le dije que tomaría gustoso el departamento.

Habían pasado más de dos años y de nuevo me topé con Bagley Ave., saboreando los últimos rayos de sol. Fue uno de esos atardeceres suaves y lechosos del sur de California, en los que se siente que el tiempo se ha suspendido. Asumí que se trataba del vapor refrescante del pacífico. Se filtraba la luz del sol en un brillante y tenue ámbar, una de las cosas que más valoro de vivir aquí.

Recientemente me mude una hora más lejos hacia el sur y regresé a Los Angeles sólo para ver a David.

—Tengo mucha información interesante que me gustaría compartir contigo —dijo en el teléfono.

Han pasado muy pocos meses desde que Carlos Castaneda falleció, y el enigma todavía permanece pendiente. Su muerte ha sido un hecho trascendental para nosotros. El Nahual ha estado en el centro de mi mundo la mayor parte de mi vida adulta. Mi relación con él ha sido tan profunda y total como mi personalidad me lo ha permitido. Leí cada uno de sus libros al menos diez veces, literalmente. Y además de servirme como un mapa en los viajes de mi vida, ellos (Carlos Castaneda y el Nahual) se han convertido en un plano con el que he podido entender y adaptarme al idioma inglés. Además, durante años recientes, tuve el privilegio de hacer traducción simultánea al alemán de muchas de las pláticas del Nahual en sus talleres internacionales. Me hice tan familiar a su sintaxis y a su forma de pensar, que a menudo me encontraba en completa sincronía con sus palabras, e incluso predecía qué diría después. Me he escuchado pronunciando la traducción en alemán en el mismo instante en que sus palabras en inglés se oían en los audífonos. Era muy inquietante. Sostener la concentración necesaria para una traducción simultánea a veces te permite una conexión única y casi íntima entre dos cabezas, como me sucedió a mí.

Originalmente me mudé a Estados Unidos pretendiendo estar más cerca de este mito viviente que Castaneda había creado. En ese momento ni siquiera tenía una esperanza real de conocerlo. Nadie conocía su paradero, aunque la revista *Time* había hecho un artículo y su portada sobre Castaneda en 1973, donde lo declaraba "el Padrino del movimiento New Age". Él era tan escurridizo que a la revista le fue imposible conseguir un retrato suyo para acompañar la crónica. Lo único que lograron fue un dibujo a lápiz de un antiguo estudiante de Castaneda. Muchos cuestionaron su autenticidad y algunos incluso su existencia.

Pasé alrededor de dos años en México explorando regiones remotas, conociendo muchísimos brujos, curanderos y otras personas misteriosas, esperando secretamente encontrarme a "un hombre de conocimiento" como don Juan Matus, el maestro de Castaneda y lograr así ser iniciado en otro mundo, en una realidad aparte...

Fue entonces que mi determinación y mi persistencia por la navegación finalmente dieron fruto: lo encontré a él y a su ecléctica tripulación de seguidores. Y, como resultado, me enfrenté a un nuevo nivel de intensidad. Todo ese tiempo estuvo escondido en Los Angeles, al Oeste de la ciudad para ser preciso, en una casa humilde, detrás de algunos arbustos, en una calle silenciosa acertadamente llamada Pandora Ave.

A mediados de 1990 el Nahual se hizo mucho más accesible y estuvo trabajando con un grupo de asociados y aprendices. El grupo que tenía contacto personal y regular con él consistía de entre aproximadamente treinta a cuarenta miembros. El grupo estaba estructurado con una jerarquía muy determinada, aunque fluida, por mandato de las "necesidades energéticas" en la percepción del Nahual. Los distintos miembros tenían muchas formas diferentes de acceder a sus revelaciones y enseñanzas. Jerárquicamente David y yo estuvimos en algún punto medio de este grupo la mayor parte del tiempo, pero hacia el final lo veíamos casi todos los días, varias veces, incluso en su casa, que era un privilegio raro.

Carlos Castaneda no murió de un modo inesperado del todo. Pero cuando sucedió, el efecto en la mayoría de nosotros derivó en un drástico cambio en nuestra vida.

—¡Hola David! —exclamé mientras lo abrazaba como a un hermano que no veía hacía mucho tiempo. Él había bajado en el elevador a saludarme. Estudié su rostro. Parecía como si no hubiera cambiado nada: siempre ingenioso, competente, un abogado ligeramente pícaro, con una engañosa impresión de vulnerabilidad. Tal vez un poco más delgado de la cintura, pero recordé que en aquella época cuando nos conocimos, él también disfrutaba de la comida cubana del Versailles.

—Gusto en verte —me dijo—, ¿cómo está Carmela?

—Muy bien, te manda saludos —respondí.

Carmela y yo nos habíamos conocido el año anterior. Ella salió de la nada, sacándome, sin darse cuenta, de esa tremenda vorágine que la desintegración del Nahual había creado. Para la mayoría de nosotros, la muerte de Carlos Castaneda fue una implosión que originó un vórtice de energía en el que nuestras creencias individuales giraron de maneras inimaginables. Algunos de sus seguidores más cercanos simplemente desaparecieron para nunca más ser vistos. Uno se suicidó y su cuerpo se encontró algunos años después en Death Valley en California. Un pequeño grupo de aprendices continuaron diseminando sus enseñanzas a través de talleres que todavía se ofrecen el día de hoy en todo el mundo. Algunos pocos decidieron restablecer sus interpretaciones anteriores de la realidad, sus vidas antes de conocer al Nahual. Otros se encontraron a sí mismos en un nuevo punto de partida.

En lo que a mí concierne, me sentía en el espacio sideral. Incluso ahora, en retrospectiva muchos años después, sigue siendo la mejor analogía que puedo encontrar. El Nahual era claramente el sol que yo había estado orbitando por más de dieciocho años. Mi esposa Victoria había compartido mi órbita por casi todo ese tiempo, hasta que la particular naturaleza de este sistema solar requirió que entráramos en órbitas separadas. Los planetas dobles no son una posibilidad. El orden de nuestras relaciones sociales no era sustentable, así que en un proceso extremadamente doloroso, finalmente Victoria y yo encontramos la forma de reinventar nuestra relación para caber en el mundo del Nahual. Nos mudamos a casas separadas, aunque seguíamos enamorados y establecimos orbitas individuales. Pero, aunque desconocidas para nosotros, las fuerzas gravitacionales crearon realidades irreversibles y, como consecuencia, nos condenaron a amarnos mutuamente desde la distancia.

Carmela había sido amiga mía y compañera en el Colegio Oriental de Medicina donde yo estudiaba en esa época. Ella me llamó la atención por su asombroso parecido a los tres miembros femeninos más importantes de nuestro grupo. Desde mi perspectiva, la esencia práctica de las enseñanzas y el núcleo artístico del Nahual estaba en el arte de la navegación. A menudo se refería a nosotros como los "navegadores de un mar de conciencia". La navegación es una vía alternativa para moverse en la vida y para relacionarse con la realidad. Mientras que la mayoría de la gente se mueve a través de su vida en un universo primario guiado por sus pensamientos, un "navegador" se mueve a través de la vida como resultado de su conexión directa con el universo, el infinito, el espíritu, o "el Propósito", como el Nahual prefería llamar a esta conciencia universal que domina toda la existencia. Dado que el arte de la navegación es el tema principal de este libro, dejaré este primer intento de definición y confiaré en que se volverá cada vez más claro conforme avance.

La similitud que me asombró cuando conocí a Carmela no fue un parecido superficial. Calificado de "simultaneidad" por el Nahual, es un gusto que posee una naturaleza intrínseca que puede sentirse intuitivamente, en lugar de ser visible. Los seres simultáneos pueden recordarnos inexplicablemente a nuestros homólogos respectivos, o tal vez confundirse con nosotros mismos. Suelen tener las mismas creencias, manierismos, gustos, e incluso profesiones. Percibida desde su valor energético, la simultaneidad sobresale como las prendas de un mismo diseñador, o los coches de una misma marca. Para el Nahual, el parecido de los seres simultáneos era el de dos gotas de agua, atadas juntas por el Propósito, y si encontraba simultaneidad, particularmente entre sus aprendices, era especialmente significativo para él y se mantenía informado de las maniobras de navegación de los simultáneos.

La percepción de esta energía no es algo particularmente elaborado. Es la simple percepción anterior al pensamiento. Es la primera y directa impresión que tenemos de algo o de alguien antes de etiquetarlo, compararlo, juzgarlo o categorizarlo. Debido a nuestra obsesión y preocupación inherente al pensamiento, la mayoría de nosotros olvidamos cómo percibir energéticamente.

Un navegante, ya sea en el mar de la conciencia o en el océano común y corriente, usa pistas para guiarse. Las pistas que ayudan a navegar un océano pueden ser faros, almenaras, boyas, corrientes, la posición de las estrellas, la dirección del viento o la presencia de gaviotas. En el mar de la conciencia, en la navegación de la vida por sí misma, las pistas de un navegante son elementos de la percepción que sobresalen en formas que trascienden el pensamiento, la razón y la causalidad. Estas pistas son independientes al mundo de los pensamientos. De hecho, entre menos pensamiento, más claras son las pistas. La simultaneidad puede ser esa pista. Otra pista mucho más común es la sincronía, cuando dos o más eventos ocurren de una forma significativa sin estar causalmente relacionados. A menudo entendemos la sincronía como algo inexplicable, desconcertante o, prácticamente, como una coincidencia imposible.

Mientras que el navegante promedio puede estar mucho más familiarizado con las sincronías, corazonadas, augurios, intuiciones y otras formas de conocimiento silencioso, al Nahual, como guía y líder de un grupo de personas, le intrigaban las simultaneidades.

Carmela era clara e inequívocamente simultánea a las tres mujeres más importantes en la estructura de nuestro grupo. Estas tres mujeres eran Carol Tiggs, la cara femenina del Nahual, también conocida como la Mujer Nahual; Renata Murez, miembro de tiempo atrás, y Victoria, mi ex esposa. Las dos últimas habían sido emparejadas por el Nahual debido a su simultaneidad y con el propósito de ayudarse mutuamente.

El Nahual manipulaba continuamente la estructura de nuestro grupo uniendo y emparejando miembros en un intento de crear distintos niveles y dinámicas de conciencia colectiva. Le interesaba generar una masa de energía crítica que pudiera ayudarnos a encontrar juntos el silencio. Él especulaba que, una vez que pudiéramos mantener el silencio como grupo, podríamos ser capaces de transformarnos en sueños colectivos conscientes de una realidad y solidez sin precedentes.

La simultaneidad de Carmela era tan obvia, que cuando tenía una imagen mental de Renata, el rostro de Carmela a menudo se sobreponía, o viceversa. Durante los talleres, los aprendices a veces se le acercaban y le preguntaban cosas que debían preguntarle a Renata, aunque no se parecían mucho en el sentido físico. Naturalmente me intrigaba y quería llamar la atención del Nahual en esto. Sin embargo, en ese punto no quedaba energía para integrar a un nuevo miembro o para actuar en otro sentido respecto a este descubrimiento. No lo sabía en ese momento, pero la salud del Nahual se había deteriorado más allá del punto de recuperación.

En los eventos gravitacionales que siguieron, Carmela y yo, sin darnos cuenta, nos fuimos acercando cada vez más. Y cuando el mítico sistema solar finalmente hizo implosión, me encontré suspendido en el espacio intergaláctico, pero no estaba solo. De una forma completamente desconectada, desorientada y profundamente alerta de esa pérdida indecible, yo flotaba confortablemente en una pequeña cápsula de escape con uno de los seres más dulces que he conocido en mi vida.

—Eres muy afortunado de tenerla —dijo David.

—Lo sé, créeme, lo sé —contesté mientras subíamos en el ascensor mirándonos uno a otro en la cercanía forzada del espacio.

Silenciosamente me preguntaba cómo había sido afectado David por todos estos sucesos.

—Te ves bien —rompí el silencio.

—Tú también —me sonrió de vuelta.

David y yo habíamos sido emparejados por el Nahual de una forma muy parecida en la que Victoria y Renata habían sido emparejadas, excepto que él y yo éramos todo menos simultáneos. El Nahual nunca lo percibió, pero por lo que yo pude ver, no había ninguna coincidencia entre nuestras personalidades. Parecía como si fuéramos dos finales distintos de un espectro, dos mitades de una posibilidad energética. Donde David terminaba, yo empezaba, y viceversa. Nuestras diferencias eran tan profundas que nunca nos molestamos en discutirlas. David hablaba suave y controladamente; yo era más bien compulsivo y escandaloso. David era estructurado, estratégico, razonable y preparado, tomaba nota de todo; yo no hacía ninguna de esas cosas. David es gay y yo soy heterosexual. Él es virgo, yo soy sagitario, y la lista sigue y sigue.

Como sea, es claro para mí que nuestra configuración no era arbitrariamente disímil. Había algo preciso en nuestra falta de coincidencia. Seres con esa complementariedad tan diferente pueden ser equipos de trabajo balanceados y productivos. Cuando operábamos como unidad, se producía una fuerza que nos compelía y nos permitía confrontar a otros sin ser percibidos como polémicos.

Los seres simultáneos siguen otra dinámica. Son distintas manifestaciones del mismo plano de energía. Son grandes espejos uno del otro. Si tenemos muchos problemas con nosotros mismos, también tenemos problemas con alguien que es simultáneo a nosotros.

Por esta razón, no solemos cultivar relaciones simultáneas. También porque, con una coincidencia sustancial, las relaciones simultáneas suelen ser poco productivas. La creatividad prospera en las diferencias y la similitud puede engendrar complacencia. Con todo esto en mente, de todas formas, la simultaneidad debe ser reconocida como una significativa fuente potencial de información para navegar, casi como el puesto de control en la búsqueda de un tesoro.

Hace muchos años tomé parte en un rally para buscar un tesoro en la isla de Malta, ubicada en el Mediterráneo. Nos dieron un mapa y las direcciones iniciales en forma de acertijo. Resolver el acertijo nos guiaría a un puesto de control o punto de referencia donde recibiríamos la siguiente pista o acertijo y así sucesivamente. Pasamos casi todo el día cruzando la isla, descubriendo y explorando lugares fascinantes, resolviendo rompecabezas y más rompecabezas. Estábamos constantemente en situaciones inesperadas, teníamos hermosos encuentros con lugareños que a veces eran parte del juego y otras veces no. Recuerdo haber tenido una conversación con el dueño de una panadería donde me detuve a preguntar por direcciones. La breve plática derivó en que mi abuelo había sido panadero también y entonces él insistió en compartir conmigo su "receta secreta" de pastel maltés de almendras, y yo le correspondí con una receta de pastel alemán de galleta (*streusselkuchen*) que me sabía.

A veces una nueva pista era la inscripción en un edificio, otras era un mensaje críptico de un bolero sentado en una esquina. De alguna forma todos llegamos a la línea final que, en ese caso, fue un fabuloso restaurante donde compartimos nuestras aventuras de navegación y celebramos uno de los días más excitantes y mágicos de nuestra vida.

El Nahual estaba comprometido con una maniobra de navegación más compleja: la búsqueda de un tesoro de proporciones míticas. Él no solamente navegaba su propia vida. Era el jefe de navegación de un nutrido grupo de marineros en el mar de la conciencia. David y yo éramos dos de esos marineros, y debido a nuestra complementariedad nos agrupó juntos. Siempre éramos invitados a diversas reuniones, y teníamos la tarea común de llamar e invitar a otros aprendices a reuniones semanales regulares. No había membresía garantizada en el mundo del Nahual. Cada una de las reuniones era por invitación y nunca sabías si había alguna a la que no eras invitado. O peor: existía la posibilidad de que te quedaras permanentemente sin invitación.

La dinámica de interacción entre el Nahual y sus aprendices era intensa. Debido a su excepcional carisma éramos fuertemente atraídos a su presencia y todos buscábamos la forma de pasar el mayor tiempo posible con él. A la mayoría de nosotros nos aterraba la posibilidad de ser expulsados. Sin embargo no había reglas que pudiéramos seguir para asegurar nuestra permanencia. Las maniobras de navegación del Nahual generalmente no eran obvias ni transparentes para sus aprendices.

Además de muy raros encuentros, las reuniones con el Nahual solían ser invitaciones a comer, charlas en su casa, o más comúnmente, sesiones de grupo que se llevaban a cabo en estudios de yoga en todo el Oeste de Los Angeles. Durante las sesiones de grupo él nos entretenía con sus historias mágicas, o practicábamos "tensegridad", un conjunto de movimientos que asemejan al Qigong y diversas formas de las artes marciales. En lugar de producir salud y bienestar, el propósito de estos movimientos —que también son referidos como "Pases Mágicos"— era facilitar el silencio interno en los asistentes. El silencio interno, o la habilidad de detener el diálogo interno compulsivo, era el comienzo de todo lo que valía la pena en el mundo del Nahual.

Seguí a David en lo que ahora era su departamento y, por un instante, me sentí relajado debido a un ambiente familiar aunque había amueblado de una manera muy distinta a la mía, pero el sentimiento general que tuve ahí desde que lo encontré no cambió en absoluto. Donde había estado mi preciosa planta Ave del Paraíso, ahora había un estante y, en lugar de mi hamaca, tenía algunos archiveros. Pero el carácter y la energía del departamento aún dominaban por la transparencia y la apertura, por el techo alto y por la enorme cantidad de luz que entraba a través de las gigantescas ventanas. No pude evitar respirar profundamente.

—¡La luz es maravillosa! —exclamé. Estaba a punto de atardecer y los últimos rayos manaban del sol, cubriendo todo con una suave luz ámbar.

—¿Todavía te visitan los loros? —pregunté cuando mis ojos se posaron en el enorme y frondoso árbol de la ventana que da hacia el Este.

—Sí —contestó David— la parvada parece ser cada vez más grande.

Yo amaba a esas aves. Aparentemente eran descendientes de pájaros domésticos que habían escapado o fueron puestos en libertad hace tiempo, y ahora había alrededor de diez variedades diferentes. Desde guacamayas, hasta periquitos que prosperaban y se multiplicaban en el clima templado y la vegetación diversa del sur de California. Todo el tiempo que viví ahí, una bandada bastante nutrida de pericos rojos llevaron la voz cantante en el enorme árbol junto a la casa. Me dieron muchísima felicidad con su naturaleza escandalosa y la exótica melodía de jungla que le proveían al entorno.

—¿Recuerdas la broma de pericos que el Nahual nos contó una vez en la ciudad de México? —le pregunté.

—Sí —David sonrió— esa tonta broma sobre la disonancia cognitiva.

El Nahual era un fabuloso contador de historias, pero rara vez contaba un chiste. Ese día en particular le había dado por contarnos cómo usar un estado de la mente llamado "disonancia cognitiva" para detener nuestro diálogo interno. Una disonancia cognitiva resulta de dos pensamientos opuestos e irreconciliables que suceden al mismo tiempo. Es la percepción de incompatibilidad entre dos elementos del conocimiento. Generalmente crea una tensión incómoda y el deseo de reconciliar la contradicción, de eliminar la disonancia. Si esto resulta imposible, nuestro proceso de pensamiento puede "congelarse" temporalmente, tal como una computadora se congela cuando se le dan dos comandos contradictorios. Es algo así como cuando uno dice: "No sé ni qué pensar", y con un poco de suerte podemos incluso dejar de pensar.

Por ejemplo, un día podemos enterarnos de que nuestra madre tuvo un amante durante toda nuestra infancia, a pesar de que todo ese tiempo ella parecía tener un matrimonio feliz, lleno de armonía, y de que cuidaba amorosa e impecablemente a su familia. Ese tipo de revelación puede ser ciertamente traumática y puede dejarnos con dos ideas contradictorias sobre nuestra madre. Esta es una situación insostenible para nuestra cabeza. Normalmente llevamos a cabo toda operación mental concebible para resolver el conflicto y restablecer la sensación de certeza. Pero en un caso fundamental y convincente, probablemente nos daremos cuenta de la futilidad de una resolución y lo dejaremos ser. Dejarlo ser, suspender el juicio y permitir la incertidumbre produce una valiosa apertura, y puede llevarnos a una profunda experiencia de silencio interno.

La broma del Nahual fue menos franca y mucho menos fundamental. De cualquier forma, la primera vez que la oí me produjo una disonancia cognitiva corta, un momento de silencio, una oscilación de pensamientos, una suspensión del juicio, y risa. Era algo así:

> *Un hombre camina por la calle y después de dar vuelta en un par de esquinas se da cuenta de que un gran pájaro parece imitarlo al caminar. El hombre se apresura y da la vuelta en otra esquina, pero el pájaro aún lo sigue. Confundido y un poco molesto, el hombre se detiene y confronta al pájaro. "¿Por qué me copias?", pregunta enojado, a lo que el pájaro responde: "Es que soy un perico".*

Me aventuré escaleras arriba y salí a la azotea por una pequeña puerta del techo. Todos los departamentos de arriba tenían un pequeño patio adjunto con salida a la azotea, pero casi nadie lo usaba. El sol deslumbraba los diez carriles de la Santa Mónica Fwy. y justo debajo de nosotros una vasta línea de automóviles empezaba a iluminar lentamente con sus luces todo lo largo del brumoso horizonte. David me había seguido calladamente y estaba parado a mi lado, viendo también el río de carros. Todavía era hora pico, pero los coches se movían a un paso continuo en ambas direcciones.

Había un efecto interesante que sentía siempre que miraba la corriente opuesta de automóviles. Todo lo que tenía que hacer era mantener mis ojos fuera de foco y mi atención en los carros mientras salían de mi campo de visión. Mantener la conciencia de ambos lados simultáneamente impedía que mis ojos y mi mente se enfocaran. Esto generaba un estado de alerta del silencio interno que se hacía más y más profundo conforme mantuviera esta mirada. Mirar en esa forma producía accesos refrescantes en mi corriente de conciencia, que podía usar para delatar un proceso creativo o para cambiar un estado de ánimo obsesivo. Estos accesos también me permitían entender un poco la forma en que mi cabeza trabajaba, particularmente si eran sostenidos. Si tenía suerte y me mantenía alerta, podía atrapar el primer pensamiento que entraba a escondidas en mi mente después de la pausa, y tal vez el segundo y el tercero. Atrapar y observar cómo se presentaban mis pensamientos era una práctica excitante y poderosa. Todo aquel que ha visto a un gato mirar el agujero de un ratón, puede tener una idea muy acertada de la dinámica general de mirar un pensamiento: el gato nunca cede la mirada.

Cuando mis pensamientos reaparecían después de un momento de no-pensamiento, tenía la tendencia natural de ser absorbido por ellos o de juzgarlos o etiquetarlos instantáneamente. Traté de evitar esto a toda costa. En lugar de ello aspiraba simplemente a estar alerta y permitir a mis pensamientos pasar a través de mi conciencia sin interactuar con ellos. Juzgar y etiquetar mis pensamientos conforme aparecían significaba que estaba pensando en mis pensamientos en lugar de sólo mirarlos, y entonces no ganaba nada, incluso podía perder este privilegiado punto de vista del observador silencioso.

Desde luego no recordamos nada en el sentido convencional. No hay contenido en lo que recortamos. No hay palabras que puedan describirlo. Tal vez la experiencia se parece a ese momento corto en que nos despertamos durante un sueño en la noche. Un breve flash de conciencia que nos dice que estamos durmiendo, un espacio de tiempo muy breve como para recordar quiénes somos fuera del sueño, e incluso muy corto para interrumpir el sueño.

El Nahual hizo un énfasis especial en la importancia de estos episodios de alerta y silencio interno. Decía que estos accesos se volvían más largos con la práctica y que incluso, si eran cortos, se acumulaban en el tiempo para desarrollar una masa crítica, por decirlo de alguna manera. Las experiencias del observador silencioso son un punto de apoyo en un momento que se va sumando para un instante preciado. Momento sumado a un instante preciado, es igual a la certeza de que nuestro pensamiento base del mundo se disuelve y debilita, hasta que recordamos y despertamos.

Quité mi atención de la corriente de automóviles y permití que mis ojos se concentraran en David. Me pregunté si él también había descubierto este lado mágico de la autopista.

Nunca entendí bien cómo fue que David se enganchó con todo el mito viviente alrededor del Nahual. A diferencia de muchos de nosotros, no fue atraído por los escritos del Nahual. No eligió el camino de la magia después de que algún amigo le prestara *Las enseñanzas de Don Juan*, o cualquier otro de sus libros en alguna circunstancia significativa. De hecho, en el momento de convertirse en aprendiz, no había leído ni una copia de los casi ocho millones que se han vendido en todo el mundo de los libros de Carlos Castaneda. Un amigo suyo, que había sido admirador de Castaneda por muchos años, lo llevó a una de las pocas apariciones del Nahual en público. Es interesante, sin embargo, que mientras su amigo se sintió rechazado, David se enganchó instantáneamente y se sintió profundamente atraído cada vez más y más. Los quince años que a mí me tomaron rastrear pensamientos simples y empezar a navegar, a David le sucedió básicamente de la noche a la mañana, sin ningún esfuerzo de su parte.

Ahora, observándolo justo en ese momento de silencio interno que la autopista nos proporcionó de forma tan generosa, se me ocurrió, por primera vez, que tal vez yo había sido guiado por dos Nahuales distintos.

En lo que a nuestro mundo concierne, el término Nahual tiene un significado personal e impersonal. En el nivel personal, un Nahual es un guía y un líder. En el nivel impersonal, el término nahual se refiere a un aspecto informe del universo, la conciencia universal infinita, una realidad definida no por el tiempo, el espacio y lo evidente, sino por el espíritu, es decir, el Propósito.

Ese mundo manifiesto y concreto de las formas, nuestro mundo cotidiano definido por el tiempo y el espacio, se llama "el tonal" y coincide con la manifestación de las formas mundanas.

Un Nahual, entonces, puede ser visto como un puente entre lo concreto y lo abstracto. Un guía que, facilitando una transformación en la conciencia, puede guiar a la gente hacia la revelación de lo que no es evidente, de la experiencia del espacio y el tiempo a la experiencia de un infinito sin tiempo, del mundo del pensamiento a la experiencia del espíritu.

Vivir en la experiencia del espíritu es ser un maestro en el arte de la navegación. Implica vivir la vida de la vida misma. Y para alcanzar esta proeza los Nahuales deben representar los dos extremos del puente, por decirlo de algún modo. Deben tener personalidades mundanas claras y definidas, y deben ser conductos, ventanas y facilitadores del infinito.

Un Nahual no es guía por voluntad propia. La ambición personal es inconcebible. Probablemente sería más correcto decir que aquello que no está manifiesto utiliza la peculiar estructura energética del Nahual para manifestarse. La única variable disponible para un Nahual es su grado de pureza.

Además de ser antropólogo y escritor, Carlos Castaneda fue también Nahual, como lo fue su maestro, un indio yaqui y chamán al que llamaba don Juan Matus. Durante la mayoría de los años en que he estado expuesto al trabajo de Carlos Castaneda, esta pulsión ha irradiado la atmósfera y el Propósito de una forma consistente e ininterrumpida. Había un incesante énfasis en la pureza de la libertad, pero también en la trascendencia y en lo abstracto. Mi espíritu quedó comprometido con esta fuerza sin precedentes que revolucionó mi vida irrevocablemente. En esencia, su trabajo se ocupa de la evolución y maestría de la conciencia, y se permea del perfume de una libertad total y trascendente. Fue ese perfume el que me llenó de combustible para navegar durante todos esos años. Esas fueron las enseñanzas de don Juan. Por más de veinte años Castaneda condujo estas enseñanzas a través de sus escritos y perpetuó así el propósito de su maestro.

Con la publicación de *El arte de ensoñar* en 1993 la atmósfera había cambiado y, a pesar de toda mi afiliación personal con el Nahual, sentí que la atmósfera y propósito predominantes se percibieron significativamente menos abstractos que antes. Entiendo que ese era el resultado de dos preferencias y estructuras energéticas diferentes de los dos nahuales. Hasta donde sé, Castaneda finalmente se desconectó del propósito de su maestro y dejó que sus preferencias salieran a la superficie.

Don Juan ilustró estas predilecciones distintas con una analogía. Él dice que un guerrero que ha logrado cierta maestría en la conciencia, se encuentra a sí mismo en una enorme casa embrujada con montones de cuartos misteriosos. Utilizando su maestría en la conciencia puede explorar un cuarto después de otro, o puede dejar totalmente la casa. La predilección de don Juan, que comparto, ha sido dejar aquella casa embrujada con todas sus posibles exploraciones de la mente humana y abandonarla pasando por la puerta del frente hacia el infinito.

Sin embargo, Castaneda parece haberse fascinado con esas exploraciones. Tenía la clara intención de que nosotros entráramos en estados de sueño lúcido como grupo para movernos colectivamente de un cuarto a otro, o desde este plano de existencia hacia mundos paralelos. Él creía que la realidad de nuestro mundo cotidiano era un sueño colectivo. Sentía que si un número suficiente de

practicantes entraban conscientemente en el mismo sueño, se crea-
ría una realidad tan sólida como lo es la realidad que vivimos día
a día. Algunos de nosotros fuimos prolíficos en el sueño lúcido, y
una proposición como esa no parecía un destino lejano particularmente. No me causaba ningún problema creer en la posibilidad de
un esfuerzo de ese tipo. Pero extrañamente, nunca estuve realmente interesado. Amaba apasionadamente la idea de que todos juntos
dejáramos la casa embrujada, la casa embrujada de las preocupaciones humanas, a pesar de lo exótico que esto pudiera resultar.

David, como muchos otros aprendices, estaba realmente conectado con los aspectos más concretos del Propósito del Nahual.
Mi propia fascinación por la simple posibilidad de mezclarme con
el infinito, debe ser vista como algo aburrido en comparación con
ser miembro de un grupo de viajeros en el sueño, que era una proposición mágica. Al sentir mi Propósito, el Nahual ocasionalmente bromeaba llamándome budista. O en lugar de eso, mirando hacia mí con la sonrisa pícara, susurraba con preocupación fingida,
haciendo como si no quisiera que nadie más escuchara:

—Felix, tú no eres un budista ni por casualidad, ¿o sí?

Incluso, aunque hubiera una diferencia significativa en el modo
y el Propósito del primer y último trabajo del Nahual, él siempre
encarnaba dos aspectos: lo concreto y lo trascendental. En cualquier caso, para nosotros su predilección era, en última instancia,
secundaria. Antes que cualquier otra cosa, él era un conducto, un
facilitador, una conexión con el infinito, el espíritu y la conciencia
universal. En las palabras del propio Canstaneda: "El Nahual es
Nahual porque puede reflejar lo abstracto, el espíritu, mejor que
otros. Pero eso es todo. Nuestra conexión es con el espíritu mismo
y sucede por casualidad con el hombre que nos trae el mensaje".

La conexión con el espíritu es la base del arte de la navegación.
Como navegantes, cada acto que realizamos debiera fortalecer ese
vínculo o ser una respuesta directa, desencadenada por esa misma
conexión.

David apuntó hacia el gigantesco disco que formaba la luna: había empezado a levantarse detrás de las montañas de San Bernandino. Era realmente espectacular. La luna era roja y tan grande que parecía el sol levantándose detrás de una capa de niebla. Cruzamos lentamente la azotea, de vuelta al departamento. Qué maravilloso augurio. Era un indicio de que estábamos en el lugar adecuado en el momento adecuado.

Pero yo sabía poco, a este punto, de los eventos que esa tarde culminarían inesperadamente en una conclusión de mi aprendizaje, tres meses después de la muerte del Nahual.

Nos sentamos en una pequeña mesa, que estaba exactamente en el mismo lugar en el que mi mesa solía estar, así que terminé sentándome en mi lugar favorito. Me acomodé, puse el respaldo de la silla contra la pared. De esta forma podía apoyar mi cabeza contra la pared para dejar que el brillo de la luna entrara directo a mis ojos, mientras ésta se levantaba lentamente a través de la altísima ventana al Este. No había necesidad de encender la luz. La luna, la autopista y la ciudad proveían suficiente iluminación para nuestra reunión. David me ofreció un poco de té, que acepté gustoso. Fue gracioso mirarlo a él siendo un anfitrión cuidadoso. Era muy cálido y gentil, dejaba que su lado femenino se manifestara completamente. Él siempre hablaba suavemente, pero también tenía ese perfil rígido e implacable de su profesión. En cualquier posición social o profesional era una autoridad poderosa, siempre apoyado en la lógica y los hechos. Al mirarlo preparar y servir té con energía suavizada, disparó mi memoria al pasado, a un viaje que hicimos juntos a Tula, la ciudad mexicana.

Acabábamos de terminar uno de esos increíbles talleres en la ciudad de México. Desde 1993, los Pases Mágicos o Tensegridad se enseñaban en talleres, inicialmente en Norteamérica y después en todo el mundo. Durante aquellos talleres, el Nahual estuvo presente, aunque la mayoría era conducida por algunos de sus más cercanos seguidores y alumnos. Los que se llevaron a cabo en la ciudad de México siempre los percibí como excepcionalmente poderosos. La enorme energía y elevación de la ciudad por sí misma, tan cercana al lugar en que el mito del Nahual se produjo, era suficiente para proveer un escenario poderoso. Pero la pasión de más de ciento veinte participantes, la mayoría mexicanos, también solía crear niveles de energía indescriptibles. Ciento veinte "guerreros" practicando con determinación y al unísono algo parecido a los movimientos de las artes marciales, de la mañana a la noche por cuatro días, es un evento que debe contemplarse.

El nivel de energía era tan alto, que normalmente no podía dormir más de dos o tres horas en la noche, o no dormía en absoluto. Las pocas horas que sí lo hacía se llenaban de sueños lúcidos y percepciones inexplicables. Este evento en particular había sucedido en un centro de convenciones en el Paseo de la Reforma, una de las avenidas más bellas de México y el mundo. Era cerca de medianoche y salí para pasear por este vasto boulevard. Puedo jurar que mientras estaba ahí, sentí el corazón de esta ciudad mágica latiendo justo debajo de mis pies. No tenía intenciones de dormir esa noche.

Al día siguiente, David y yo nos fuimos a Tula, que era el epicentro místico del mundo del Nahual. La parte más antigua de Tula fue el centro ceremonial más importante de los Toltecas, que el Nahual veía como los antecesores de su linaje. Los Toltecas, de acuerdo a Castaneda, eran "hombres de conocimiento" y maestros de la conciencia del pasado mesoamericano. Tula también ha sido el lugar de muchos de los eventos más intrigantes que Castaneda ha descrito en sus libros.

Estábamos cargados hasta el copete con la energía del taller y especulamos silenciosamente que Tula podría facilitar un movimiento en la conciencia o, de otra forma, alertar nuestro viaje en formas significativas. Era la primera vez que David y yo nos embarcábamos juntos en una aventura, y yo tenía curiosidad de saber cómo actuaría nuestra sinergia.

Fueron solamente dos o tres horas de la ciudad de México a Tula, que pasamos en un estado definitivamente aumentado de conciencia. Había un brillo inusual en los colores y la definición de todas las cosas, una sensación pronunciada de un tiempo detenido, y un sentimiento profundo de satisfacción. Ninguno de estos sentimientos estaba atado a nada en particular. Fue divertido cómo caímos en los papeles de una pareja casada. David había empacado algo de comida y bebida, y había tratado de hacerme sentir lo más cómodo posible. Yo iba manejando y él estaba sentado a mi lado, leyendo el mapa, cortando manzanas, y volviéndose más y más mujer a cada minuto. Era bastante espeluznante y sorpresivo. Nos sentíamos cómodos uno con el otro y no había ambigüedad alguna, pero esta extraña transformación durante el trayecto a Tula provocó una disonancia cognitiva por sí misma. En retrospectiva parecería que se puso vestido, le crecieron los pechos y el cabello para cuando llegamos a nuestro destino.

El poder que este lugar tenía guardado para nosotros nos asombró inmediatamente. Los dos días que pasamos ahí parecían cada vez más y más un ensueño. Con el menor diálogo interior posible absorbimos y nos dejamos absorber.

Pasamos eternidades deambulando tanto en soledad como juntos a través de los sitios ceremoniales, echando una mirada a la sobrecogedora inspiración que producían las estatuas de los cuatro misteriosos guerreros toltecas que tenían tanto significado para nosotros. Abundaban las sincronicidades al punto de crear sacudidas en el cuerpo, y el tiempo se disolvía en infinitas percepciones más allá de la interpretación.

No nos transformamos en cuervos, ni David se convirtió en mujer, pero en el camino de vuelta a la ciudad de México, nos sentíamos saturados con ese precioso sentimiento de incertidumbre y magia ilimitada. Nuestra percepción de la realidad, y particularmente del tiempo, había sido sacudida definitivamente.

—Entonces, ¿qué hay de nuevo David? ¡Cuéntame todo! He estado completamente desconectado —dije después de que ambos nos habíamos sentado cómodamente.

—¡Bueno...! —sonrió brevemente saboreando el papel de "hombre de conocimiento" que tenía— Todavía no aparecen pistas sobre Florinda, Taisah, Talia, Kylie y Nury —comenzó.

David ha hecho siempre ese trabajo especial de informarse de todos los asuntos que tuvieran que ver con el Nahual y el círculo más cercano a Castaneda. Su memoria era brillante y había tomado abundantes notas durante toda su afiliación con el Nahual. También había conseguido mantener y ganarse la confianza de antiguos y actuales asociados cercanos y miembros del círculo más allegado, y cualquier cosa que no podía averiguar de otra forma, iba y la desenterraba de los registros públicos.

Él era un erudito, pues el conocimiento y el chisme eran su materia prima. Esas eran sus predilecciones. Y el consuetudinario nivel de misterio e incertidumbre cultivada, que era el distintivo de nuestro mito viviente, lo habían llevado al extremo.

Siempre pensé que el misterio con el que el Nahual se había rodeado a sí mismo era enteramente pragmático. Sus maniobras eran subterráneas y esotéricas. Dado su nivel de notoriedad, él no habría podido soportar las voraces dinámicas del medio. En general, la sociedad es una entidad viviente que se comporta como un organismo. Cualquier intento de desarticularla de la descripción común de realidad es encontrarse con sospecha, paranoia y, en última instancia, juicio.

El Nahual había abierto nuestros ojos a los mecanismos que le dan forma a nuestra perspectiva del mundo y nuestra experiencia de la realidad. Él nos hizo conscientes de cómo nuestro compulsivo diálogo interno perpetúa y solidifica la descripción del mundo que nos alimenta desde el día en que nacemos, y su intención era ayudarnos a detener este proceso para que en su lugar pudiéramos desarticularnos de la descripción común de realidad y así recobrar nuestra naturaleza mágica.

Para ese fin necesitábamos desconectarnos de nuestro proceso de pensamiento y empujar hacia afuera nuestros constructos mentales para así poder comandar nuestros pensamientos, en lugar de sentirnos esclavizados por ellos. Nuestros constructos mentales, desde luego, también contienen nuestro sentido de identidad. Por eso, para poder facilitar esta extremada maniobra radical de desconectarse y desidentificarse de nuestros procesos de pensamiento, el Nahual nos alentaba a soñar y a pensar nuevas y diferentes identidades para nosotros, para que estuvieran en mayor sincronía con nuestro corazón y el universo en general. Y cuando él sentía que estábamos listos, nos daba un nuevo nombre, no para perdernos en una nueva identidad, sino para vivir con el entendimiento de que cualquier identidad es una construcción mental que puede elegirse deliberadamente. En lugar de vivir desde el punto de vista de una identidad factual, el Nahual nos guiaba para cultivar un nexo con el espíritu y para vivir bajo los principios de ese nexo.

Hechos, certezas, evidencias, certificados, historias personales y el gusto eran contraproducentes a este proceso. Pero David, de todas formas, se sentía obligado a mantener los registros, a asegurar los hechos. Había investigado sin piedad e incluso había empezado a recolectar todos sus hallazgos en una página Web, "devota a explorar y evaluar el legado de Carlos Castaneda".

—Escuché que encontraron el coche de Nury abandonado en algún lugar de Death Valley —dije.

—Sí —contestó él— pero sin rastro de ella. Manejé lejos de ahí en cuanto me di cuenta. Era terrorífico. Pasé todo el día caminando en el desierto, tratando de entender lo que había pasado.

Mantuve mi cabeza negando sin poder creerlo. Mi mente se rehusó a especular.

El círculo más cercano al Nahual consistía en seis mujeres que habían sido sus más cercanas asociadas. Nos referíamos a tres de ellas como "las brujas". Eran Florinda Donner, Taisha Abelar y Carol Tiggs. Ellas habían estado con el Nahual por mucho tiempo y eran seres poderosos y excepcionales por derecho propio y estaban envueltas en diferentes aspectos de la defensa del mito y en la enseñanza de los preceptos centrales.

Las otras tres mujeres eran asociadas a largo plazo y jugaban papeles estructurales y fundamentales en lo que concierne a la organización de los aprendices y los talleres. Kylie Lundahl era la "guerrera en jefe", por decirlo de algún modo. Feroz, leal e impecable, ella era el arquetipo de la practicante de Tensegridad. Talia Bey era la jefa organizacional de los aspectos mundanos de nuestra mitológica empresa. Y Nury Alexander tenía un papel especial. El Nahual se refería a ella como la "exploradora azul", algo así como una "navegante especial en jefe". Su lucidez, rapidez y enorme energía vibratoria la predisponía para "ir por delante" y suministrar al Nahual con datos terrenales para poder navegar.

Estas seis mujeres habían sido cercanas al Nahual, y el día después de su muerte, todas ellas, con excepción de Carol, desaparecieron. Y sólo Nury fue encontrada expuesta a las inclemencias de Death Valley con su blanquecino cadáver bajo el sol.

—No tengo idea de qué fue de todos —dije— pero no creo ni por un segundo que Florinda se suicidara.

Florinda era una de las criaturas más maravillosas que he conocido. Tenía la energía de un colibrí y era la más talentosa soñadora lúcida de todos nosotros. Todo el mundo la quería y yo no era la excepción. Aunque había nacido en Venezuela, era descendiente de alemanes y quizá por eso sentí una fuerte conexión con ella. Algunas veces tuve el privilegio de encontrarme con ella para comer, cenar o ver una película, como un trato especial. La extrañaba profundamente.

Nos quedamos callados un momento. La luna llenaba mi nostalgia y hacía poco por aliviar mi corazón.

Después David continuó. En los meses anteriores había pasado muchas horas encontrándose con las decenas de personas que se relacionaron de una u otra forma con Carlos Castaneda: "las brujas" o el grupo central de miembros. Había investigado cualquier documento legal disponible, incluyendo el testamento de Castaneda. Había asistido a sesiones abiertas que fueron iniciadas por diversas reclamaciones legales después de su muerte. Se había encontrado con gente que había filmado secretamente la casa de

Castaneda durante los meses anteriores a su fallecimiento y que habían examinado diligentemente su basura todo ese tiempo. Había investigado la biografía real de los miembros centrales y todavía trabajaba en completarlo todo.

En resumen, David miró debajo de todas las piedras posibles.

Yo estaba conmocionado. Estaba conmocionado debido a lo que él había descubierto, pero estaba mucho más conmocionado con su nivel de fervor, con su incomparable dedicación y la impecabilidad con que había perseguido su tarea.

Su total devoción por deconstruir este mito tomó, paradójicamente, proporciones míticas. Alentado por mi interés, David estaba sobre ruedas. Hablaba y hablaba sin mostrar demasiada emoción, desenredando y deconstruyendo hasta que la luna dejó mi rostro en la oscuridad.

La imagen que emergía, desde una perspectiva estrictamente convencional, era completamente desconcertante. Carlos Castaneda, la persona, podía retratarse como un despiadado charlatán consumado y su mundo, a grandes rasgos, como un mundo de fabricaciones y decepciones. Juzgado desde la ética tradicional y basado en hechos estándares de autenticidad, su personalidad y, por extensión, todas sus enseñanzas podían representarse como un gran fraude.

Cada tanto, David se detenía y examinaba mi cara para evaluar mis reacciones. Pero mi rostro no mostraba ninguna reacción. Estaba totalmente absorbido en un peculiar estado de la mente.

Sabía, sin lugar a dudas, que todo lo que David estaba diciendo había sido investigado a fondo. Él ni siquiera tenía que argumentar. Sólo reportó hechos. Ni una vez sentí que se contradijera, aunque ladrillo por ladrillo, fue desmontando la casa en la que yo había vivido por dieciocho años.

Lo que más me intrigaba, más allá de la incesante dedicación de David, era que cada inconsistencia que fue descubriendo, cada acto potencialmente represible que expuso, cada ladrillo que despegó, me disparó memorias viscerales de todo el poder, belleza, magia y sabiduría que el Nahual trajo a mi vida.

Fue una experiencia impresionante y, como resultado, lo entiendo ahora en retrospectiva: mis operaciones mentales habituales habían cesado. Mis pensamientos se habían apagado como si alguien hubiera apagado un interruptor. Anonadado con la luna, todo lo que pude hacer fue presenciar la emergencia simultánea de dos realidades que eran factuales y relevantes para mí, como la vida y la muerte. Esta era una absoluta disonancia cognitiva.

El paraíso perdido

Mi viaje al mundo mágico y mitológico del Nahual empezó en Bandarawela, Sri Lanka, en enero de 1980. Desde el principio estuvo precedido de una serie de misteriosos y poderosos eventos que transformaron mi vida completamente.

Ya en el verano de 1977 había empezado a leer el primer libro de Castaneda, *Las enseñanzas de don Juan: una forma yaqui de conocimiento*. Éste contiene largas descripciones de estados alterados inducidos por plantas psicotrópicas, y no logró captar mi atención. De hecho, después de forzarme a leerlo hasta la mitad, me sorprendí a mi mismo tirándolo con ira de un extremo a otro del cuarto en un arranque de frustración. Nunca antes había hecho esto con ningún otro libro. Recuerdo haber dicho entre dientes algo como: "¡Estoy harto de esta mierda glorificante de drogas! Suficiente tuve con Timothy Leary[1]".

Mi reacción estaba totalmente fuera de proporción y, de hecho, fue bastante sorprendente. Al haber crecido durante los años sesenta, había experimentado de forma abundante con sustancias alucinógenas y psicotrópicas, y estaba completamente convencido de que algunas de estas experiencias de mente alterada tenían

---

1. Timothy Leary (1920 – 1996) fue un controvertido psicólogo norteamericano cuya notoriedad mundial en los años sesenta se debió principalmente a sus investigaciones sobre estados alterados con psicotrópicos como LSD, hongos alucinógenos, entre otros. *(N. del E.)*

un gran potencial para un desarrollo psicológico y espiritual. Tal vez era solamente que yo había leído demasiados libros sobre este tema, o había pasado demasiadas noches filosofando "bajo la influencia" y había llegado a mi límite.

Fue tiempo después que me di cuenta de que Castaneda nunca glorificó el uso de sustancias psicotrópicas. Las detalladas descripciones de las plantas que inducen a estados alterados de conciencia en sus primeros libros, que muchos asocian con su nombre, eran parte de su trabajo de campo en sus estudios de antropología, en los que examinaba el uso de plantas alucinógenas entre los nativos norteamericanos del Sureste. Su investigación, con la que logró el grado de doctor en antropología, había sido siempre sobre el sureste. Eventualmente, él mismo resumiría que "el propósito de entrar a estados extraordinarios de la realidad, es sólo para salir de ellos con todo lo necesario para poder ver el milagroso carácter de la realidad ordinaria".

Tal vez yo no estaba frustrado solamente porque me sentía saturado con el tema de las sustancias que alteran la mente, también lo estaba porque es casi inútil intentar describir estas experiencias.

Sea como fuere, la magia me evadía y el libro terminó tirado en la esquina de mi recámara durante varios días, atrayendo mi desdeñosa mirada todo el tiempo.

Yo vivía en Formentera en ese tiempo, una pequeña isla junto a Ibiza en el mediterráneo español. Pasaba mi tiempo leyendo y trabajando de medio tiempo como agente de viajes. Alguien me había dado *Las enseñanzas de don Juan* con un "tienes que leerlo", del mismo modo que otros libros de culto de la época, como *El señor de los anillos*, de Tolkien y *Dunas*, de Frank Herbert. Eventualmente lo recogí del piso y lo tiré gustosamente en el basurero. En cualquier caso, desapareció de mi conciencia.

Dos años después, a la edad de veinticinco años, me casé con Mona y vivíamos en Sri Lanka. Mona, que era diez años más grande que yo, había decidido dejar su carrera porque quería pintar; y yo había leído tantos libros de culto que me decidí descaradamente a escribir uno. Sri Lanka parecía el lugar perfecto para realizar nuestros sueños. No teníamos mucho dinero, Mona nunca había podido pintar antes y yo nunca había escrito nada sustancial. Todo lo que teníamos, al parecer, era una enorme e inexplicable confianza.

No nos mudamos a Bandarawela inmediatamente. Esta mudanza se disparó con un fatídico evento a fines de la primavera de 1979 que casi termina mi viaje antes de empezarlo.

Después de explorar la isla durante varias semanas, encontramos una casa perfecta cerca de la ciudad de Weligama, en la costa sur de Sri Lanka. Llevábamos horas sudando en nuestro pequeño automóvil rentado, cuando nuestro guía y conductor dio vuelta en un camino sucio, paralelo a la autopista Este de Weligama. Después de un camino corto a través de una montaña, pasando una pequeña villa de pescadores, vimos una casa que atrajo nuestra atención así que le pedimos al conductor que se detuviera.

El estilo colonial de la construcción claramente había visto días mejores, pero era bastante grande y situado espectacularmente en una propiedad de veinte kilómetros en una pequeña península que tiene su propia arena blanca de playa y un arrecife de coral protegido. El terreno estaba cubierto de altísimas palmas de coco que se mecían suavemente en una brisa refrescante. Era serenamente hermoso. Nos dejó sin palabras.

El dueño de la casa salió a saludarnos. Era un personaje un tanto excéntrico con un exuberante bigote tipo Dalí, ojos ligeramente protuberantes y un colorido pareo atado alrededor de una barriga de proporciones considerables. Era muy amable y hablaba un inglés muy fluido. Se presentó como Kiri Eya, que curiosamente se traduce como "hermano leche" y, después de la larga negociación, accedió a rentarnos la casa por cuatrocientas rupias al mes. Esto era el equivalente a un salario de profesor y alrededor de cuatro veces más de la tarifa en la zona, pero de todas formas sólo eran veinticinco dólares para nosotros. Firmamos un contrato por dos años y nos mudamos inmediatamente, pero tomó un tiempo de persuasión hasta que Kiri Eya y su esposa Anulla realmente se mudaran. Luego de un par de semanas encontraron un lugar más pequeño tierra adentro por el que sólo tenían que pagar cincuenta rupias por mes. Pero Anulla no estaba contenta. Mientras ella tenía que lidiar con una casa más pequeña, Kiri Eya guardaba las ganancias de la casa para sí mismo y las convertía en ron de coco todos los días.

Al principio nuestra curva de aprendizaje fue monumental. Éramos los únicos residentes extranjeros al menos en cincuenta kilómetros a la redonda y los ajustes culturales que nos sucedieron son una novela en sí mismos. Pero estábamos contentos y nos dedicamos a renovar la casa por casi un mes, de adentro hacia afuera, realizando nuestro sueño. Cuando todo estaba terminado, en una noche de luna, hicimos un paseo alrededor de la propiedad y nos sentamos bajo una palmera para digerirlo todo.

Era abrumador. La luna y la brisa nocturna convertían las hojas de las palmeras en un toldo brillante debajo del de nuestra casa, ahora blanca y con las puertas azules, que literalmente flotaba en el espacio. Esta mirada estaba enmarcada hasta el horizonte por el vasto refulgir del océano índico que rompía en el arrecife en blancos cambiantes. Mis ojos se llenaron de lágrimas. Era un momento mágico y no podía creer que tuviéramos tanta suerte.

En aquel tiempo éramos felices. Durante los meses siguientes alojamos orgullosamente a muchos amigos que venían a visitarnos de Alemania. Y cuando nadie nos visitaba, Mona pintaba y yo trabajaba en mi libro, una novela de ciencia ficción. Nos recomendaron contratar un sirviente o de otra forma no seríamos respetados. Después de algunos intentos y errores encontramos a Ariyawatti, una mujer joven de la mitad de mi peso, que resultó ser una verdadera joya. Al principio era tan tímida que se cubría la cara con ambas manos cuando le hablábamos. De hecho, no hablaba una palabra de inglés, así que nos comunicábamos con lenguaje de señas y gestos. Le conseguimos clases diarias de inglés y le pagábamos un salario de profesor, cuando normalmente los sirvientes sólo ganaban alojamiento y comida. Nuestros invitados le llevaban regalos y reconocían su "ternura", y como resultado de todo esto, su actitud y comportamiento cambió rápidamente y muy pronto fue envidiada y rechazada por sus antiguos amigos y vecinos. En muy poco tiempo nuestras "buenas intenciones" habían convertido a esta pobre mujer en una marginada de su propio mundo.

Hicimos muchas cosas estúpidas. Perdimos el respeto del pueblo porque no queríamos regatearlo todo y terminar pagando una tarifa inigualable por nuestras provisiones. Pusimos carteles de propiedad privada porque no estábamos acostumbrados a que todo mundo entrara en la casa en cualquier momento. Le empezamos a dar un par de rupias a los niños que nos traían flores, y terminaban viniendo cinco veces al día. Compramos un chango cachorro cuya madre había sido asesinada, y como resultado todo mundo trataba de cazar monos bebés, esperando que compráramos un par más. Lo mismo sucedió con un loro que compramos a los niños, y la lista seguía y seguía.

Finalmente aprendimos. Nos ajustamos y nos adaptamos; incluso estudiamos un poco de síngales, el lenguaje local. Fuera de estos incidentes ocasionales de fricción cultural, vivíamos en el paraíso la mayor parte del tiempo. Toda mi vida había sido disipada, pero creo que ahora lo era aún más. Era una costumbre local ablandar la carne con marihuana, o *ganja* como la llamaban ahí, así que teníamos bolsas enormes en la cocina. Los niños seguían trayéndola a la puerta por algunos centavos el medio kilo. Siguiendo y expandiendo esta costumbre, yo cocinaba, horneaba y fumaba la planta todo el tiempo. El ron local de coco o *arrack* era igualmente barato, abundante y deleitante. Y casi innecesariamente fumaba al menos una cajetilla de cigarrillos al día.

En esa época mi filosofía era el Hedonismo, con hache mayúscula. Después de leer todo lo que pude conseguir desde la adolescencia (puro peso pesado alemán: Nietzsche, Schopenhauer, Hegel, Kant, Marx, Engels, Freud, Adler, Jung, etcétera), y todos los trabajos estándar de filosofía y psicología, llegué a una conclusión tan frustrante como liberadora: para entender mi cabeza y el mundo que ésta percibe, debo ser más inteligente que mi propia mente. Como esto no es posible, nunca podré entender nada realmente. Y, en consecuencia, lo mejor que puedo hacer es disfrutar la vida lo más que pueda, sin ataduras ni barreras. Cualquier otro propósito está basado en vana especulación.

En ese momento parecía lógico y yo estaba determinado a convertir mi idea del hedonismo en una forma de arte. Afortunadamente, Mona era más madura y su influencia de sobriedad calmó mi autodestrucción.

La vida era buena. Pasamos por alto generosamente los disturbios menores y decidimos que habíamos encontrado el paraíso. Siguiendo mi filosofía pasamos más y más tiempo retozando, mimándonos y enfiestándonos, en lugar de escribir y pintar. Ariyawatti disfrutaba cuidar de la casa y se aseguraba de que no nos tocara ninguna labor.

Así que pasaron los meses mientras navegábamos más y más en las profundidades de un vacío de libertinaje y, gradualmente, nos perdimos en nuestra idea de paraíso.

Hasta que llegó un día en el que inesperadamente todo cambió.

Habíamos estado en Weligama por casi un año, cuando finalmente convencimos a mi madre de visitarnos desde Alemania. Ese sería su primer vuelo en la vida y su primera vez fuera de Europa. Ella no había visto nunca palmeras o autóctonos viviendo en cabañas de paja.

La recogimos en el aeropuerto después de dieciséis horas de vuelo, y no pudo cerrar la boca ante todas las atracciones exóticas en el camino a Weligama. Estaba en un estado alterado, y nosotros estábamos felices con su experiencia. A la mañana siguiente, como a las cuatro de la tarde, se paró a los pies de nuestra cama con un ataque de pánico y quería volver a casa. Todo era demasiado raro y su *jet lag* no ayudaba mucho. Conseguimos calmarla, y después de unos días, lentamente se asentó y empezó a disfrutar su viaje.

Una mañana, una semana después, mientras mi madre se había quedado dormida tomando el sol en una hamaca, vi a dos pescadores parados a su lado. En una segunda mirada me horrorizó ver que ambos se habían quitado los pareos y exponían sus cuerpos ante ella.

Cuando corrí ellos se fueron inmediatamente. Con el poco singalés que sabía, les grité lleno de furia que se fueran de mi propiedad. Después fui a hablar con mi madre quien, afortunadamente, lo tomó con sentido del humor y no parecía sentirse amenazada. Le expliqué que los pescadores pasaban toda la noche afuera, bebiendo mucho licor mientras pescaban. Como resultado algunos de ellos terminaban bastante borrachos durante el día y, a menos que perdieran la conciencia, se quedaban levantados haciendo tonterías.

Un rato después tome mi lanza para ir a esnorquelear y pescar algo, como lo hacía casi cada mañana. Mientras caminaba hacia la playa, vi a los dos pescadores todavía parados ahí. No tenía intenciones de comunicarme con ellos, pero ellos seguramente pensaron que iba tras ellos con el arma. Era un arma neumática poderosa que se veía muy amenazadora. Así que cuando me vieron gritaron obscenidades y se fueron corriendo.

Los ignoré y fui a bucear. Mientras esnorqueleaba alrededor del arrecife, noté que ellos se habían quedado en la playa, y cada vez que sacaba mi cabeza y miraba con dirección a ellos, me tiraban puños en el aire y gritaban en mi dirección. No cacé ni un pez esa mañana y cuando salí del agua los pescadores corrieron hacia la villa.

Volví a casa, limpié el equipo, me sequé y me puse mi pareo.

Poco menos de diez minutos después noté un canto rítmico muy extraño y todos escuchamos el sonido de metales chocando. No podía ver nada todavía, pero esto no sonaba nada bien.

Inmediatamente comencé a cerrar y a hacer barricadas en todas las ventanas y la parte trasera de las puertas. Ya habíamos tenido algunas confrontaciones menores con algunos pescadores borrachos antes, y ya nos habían recomendado hacer barricadas para asegurar la casa. No había teléfono, ni vecinos, ni nadie para ayudarnos.

El canto se acercó y de pronto, a través de las grietas de las ventanas, pudimos ver a una muchedumbre de alrededor de treinta pescadores acercándose a la propiedad. Estaban armados con machetes y con barras de acero que usaban para romper corales para venderlos. Algunos de ellos parecían totalmente borrachos y salvajes. Mientras tanto, Ariyawatti había empezado a llorar y a gritar y, entre lamentos, traducía lo que ellos cantaban:

—Sal Mahatja, sal de la casa, te cortaremos las piernas, mataremos a las mujeres y quemaremos la casa —una y otra vez.

Nos movimos rápidamente. Traje una mesa pequeña a la puerta del frente, que todavía estaba abierta. Todo lo que teníamos eran unos pocos machetes, cuchillos, gas lacrimógeno y tres lanzas marinas a las que les corté los amarres para tener mayor alcance. Después hicimos un pacto. Mona y yo nos quedamos en la puerta del frente, armados. Ariyawatti estaba en el suelo tirando de mi pareo, sollozando histéricamente.

—¡Ellos quieren cortarte las piernas Mahatja, quieren matarnos a todos y quemar la casa Mahatja, Mahatja, Mahatja…!

Mi madre se quedó detrás de mí, congelada.

Había una pared baja de piedra, una cuerda atada en la salida de la carretera y un seto de rosas separando nuestra propiedad de las tierras alrededor nuestro, no había barreras reales; a pesar de ello, hasta ese momento, la muchedumbre se mantenía afuera. Estaban cada vez más y más agitados. En algún momento (es imposible calcular el tiempo en estas circunstancias) tiraron el cartel de propiedad privada de la entrada principal y empezaron a moverse hacia la casa. Cada vez que Mona y yo salíamos con nuestras lanzas, ellos retrocedían, sólo para reagruparse.

En ese momento ya podía verlos claramente. Los líderes del grupo eran tres o cuatro hombres con una mirada verdaderamente amenazadora, con los ojos inyectados de sangre. Era obvio que querían ver sangre. El asunto continuó. Cada vez que se aventuraban a acercarse a la casa, nos quedábamos con una posibilidad menor de respuesta. Algunos hombres comenzaron a levantar piedras y a tirarlas en nuestra dirección, obligándonos a hacernos a un lado. Las piedras pegaban en las paredes y atravesaban las ventanas. Esto se estaba poniendo realmente serio. Estaban a unos pocos veinte metros y acercándose.

Fue una experiencia impresionante. Algo era realmente inminente y, aún así, no puedo recordar un solo rastro de miedo. Era sólo movimiento, avanzar, dispersarse, esquivar piedras otra vez. Había solamente acción, sin pensamientos. Sólo instinto, presencia, conciencia extrema, un claro sentido de la inmanencia, y entonces...

De repente y de forma totalmente inesperada, mi madre me hizo a un lado y se impuso en medio de la zona de guerra. Vi ojos inyectados de sangre blandiendo barras de acero, deseando su cabeza. Dos, tres manos se extendían para evitar el golpe, más ojos inyectados de sangre, rabia, perplejidad y, de repente, la película se detuvo.

La escena era extraña. Mi madre sobresalía entre todos, gritando, llorando, chillando, con sus brazos que se movían ampliamente sobre su cabeza. Había detenido el mundo. Más de una docena de hombres salvajes cambiaron su rabia por desconcierto, mirando este fenómeno inesperado. Aquellos con los ojos inyectados de sangre todavía guardaban el remanente de cordura que había en los demás.

Me vi corriendo hacia la alacena para agarrar dos botellas enormes de cerveza. Sosteniéndolas frente a mí, grité todas las buenas palabras en singalés que conocía: "Yalua, yalua: amistad, hondai, hondai: bueno, bueno". La escena todavía estaba congelada. Rostros blancos, caras molestas, ojos inyectados de sangre. Pero entonces, desde la parte de atrás, un joven muy bien vestido caminó lentamente hacia nosotros. Todos los ojos estaban sobre él. Se tomó su tiempo, saboreando la atención. Cuando finalmente se paró a mi lado, dijo (en inglés):

—Ellos no quieren romper corales y venderlos. Ellos dicen que ustedes no les permiten caminar a través de la propiedad. Ellos sienten que no les simpatizan.

—Eso no es cierto —respondí rápidamente— Amo este país, estoy escribiendo un libro sobre lo hermoso que es todo aquí y lo amistosa que es la gente. Nunca dije nada de los corales. Todo el mundo es bienvenido aquí. ¿Quién les dijo estas cosas?

Él tradujo cada palabra a los pescadores, que exclamaron en voz alta: "Ah, hm, oh", sacudiendo sus cabezas de un lado a otro, y algunos empezaron a sonreír.

—Kiri Eya dijo eso —contestó finalmente a mi pregunta.

Kiri Eya les dijo eso, por dios. Kiri Eya, ese hijo de puta. ¡Maldito sea!

Todo se volvió claro en un instante. Él pasaba los días bebiendo con los pescadores.

—¿Kiri Eya? —dije— ¿Ustedes saben por qué él ha dicho todas esas mentiras? Porque él quiere que ustedes se deshagan de nosotros para que pueda mudarse de vuelta a la casa después de que gastamos todo este tiempo y dinero en renovarla.

"Ah, hm, oh…", enormes sonrisas y sobresaltos. Ellos entendieron. Kiri Eya no era muy popular entre ellos así que fue fácil para ellos cambiarse de lado. Los ojos inyectados de sangre todavía tenían la muerte escrita sobre ellos, pero los demás se los llevaron, riendo y haciendo olas, algunos incluso tocando a mi madre conforme se iban. Básicamente empezamos a mirarnos unos a otros. Abracé a mi madre por largo rato.

Después aquel joven regresó para devolvernos la cerveza.

—Lo sentimos —dijo— por favor tomen de vuelta la cerveza.

—No, por favor no —contesté— quédense con las botellas, también lo sentimos mucho, no teníamos idea de todo esto, de Kiri Eya…

Después se fue, haciendo señas y sonriendo.

Esa noche tuvimos protección policiaca. Mi madre se tomó un par de Valiums.

Al día siguiente nos fuimos de viaje por una semana alrededor de la isla antes de dejar a mi madre en el aeropuerto.

El paraíso se había perdido.

Una realidad aparte

Había sido un despertar abrupto. Nuestro paraíso soñado había sido destruido y por ello decidimos mudarnos a las montañas, donde la gente estaba más acostumbrada a los extranjeros después de siglos de colonización y comercio del té. Con mucha suerte encontramos una antigua finca que se dedicaba a dicho cultivo, justo a las afueras de un pequeño pueblo llamado Bandarawela. La propiedad todavía poseía medio kilómetro cuadrado dedicado a sembrar té, café y frutas tropicales; lo pudimos rentar por la misma cantidad: cuatrocientas rupias al mes. De hecho el dueño estaba tan emocionado de que viviéramos ahí y le cuidáramos la propiedad, que ni siquiera quería cobrarnos. Insistimos, sin embargo, en darle lo mismo que habíamos pagado en otros lugares.

Era un buen hombre. Entrado en los ochenta años, era un horticultor que había estudiado en Oxford y era primo de la antigua Primer Ministro, Sirimavo Bandaranaike, la primera mujer en ser dirigente de una nación. Todo lo que quería de nosotros era que le mandáramos ocasionalmente un paquete con café y frutas de su finca, un favor que el cuidador que tenía a cargo no hacía por él. Accedimos con gusto y él comenzó a recibir al menos dos envíos al mes en su casa en Colombo.

Nuestra adorada Ariyawatti y el perico Felix se mudaron con nosotros a las montañas. Nuestro mono cachorro, por desgracia, había muerto de neumonía después de que una tarde se salió y

pasó toda una noche bajo la lluvia. Así que a finales de la primavera de 1979 llegamos al inicio de mi mágica aventura: en una finca
llamada "La Cima de la Colina", en Bandarawela, Sri Lanka.

¿El perico Felix? Pues sí, ese fue el nombre que se nos había ocurrido. Cuando los niños nos lo trajeron su nombre era sencillamente
"Petapu", que significa "perico" en singalés. Todos los perros se
llaman "Perro", todos los gatos "Gato" y todos los pericos "Perico". Las mascotas no tienen nombre en Sri Lanka. Felix era un
buen nombre para un perico, aunque nunca se acostumbró del
todo a él y siempre se refirió a sí mismo como "Fewix".

Por supuesto que no bauticé al perico con mi nombre. Por
aquella época aún me llamaba Paul, y fui Paul hasta pocos meses antes de la muerte del Nahual, cuando él me otorgó mi nuevo
nombre: Felix. Pero esa es otra historia y todavía no llegamos a
esa parte.

La Cima de la Colina era un regalo del espíritu. Era un lugar
completamente diferente a todos. Situado justo sobre la parte más
alta de la colina, algunas veces parecía flotar sobre unas pequeñas
nubes blancas que, después de las lluvias, llenaban los valles cir-
cundantes. La vista al sur, donde se podía distinguir el inicio de la
jungla a unos dieciséis kilómetros de distancia, era sobrecogedora.

La casa estaba rodeada por un jardín de rosas, hermosamente
diseñado por nuestro ingenioso casero, rodeado por un marco de
jazmín y cubierto por vainas de maracuyá. En el patio trasero, ro-
deando las habitaciones de los sirvientes, crecían papayas, toron-
jas, chirimoyas, plátanos y había todo un bosquecillo de árboles
de café. Las laderas de la colina estaban plantadas con té que se
cosechaba para comerciar.

La vida era diferente en Bandarawela. A unos diez mil metros
de altura, el clima era más templado y el ambiente más refinado.
Tuvimos cuidado de no molestar a nadie. El recuerdo de nuestra
batalla en Weligama permaneció con nosotros, para bien. Esta lec-
ción se fortaleció por noticias trágicas que supimos meses después

gracias a la familia de Ariyawatti. Kiri Eya se había vuelto a mudar a su casa y un día, mientras su hermano estaba ahí, se había enfrascado en una discusión con un grupo de pescadores. En la pelea su hermano fue asesinado y Kiri Eya terminó en el hospital con múltiples fracturas de cráneo. Esos pescadores no estaban bromeando.

Pero Weligama había quedado atrás, a unos ciento sesenta kilómetros más allá de lo que alcanzaba a ver desde La Cima de la Colina. Ahora estábamos sentados en el pabellón de nuestro pequeño jardín entre rosas híbridas y buganvillas, tomando té y observando las aves. Una vez más todo era soberbiamente hermoso, pero había un mundo de diferencia entre esto y la vida en la playa. Yo sentía cierta inquietud en el aire claro de la montaña, y al mirar a través del valle a la distancia se despertaba un profundo anhelo en mí.

Nos hicimos amigos de algunos vecinos dueños de plantaciones y nos iniciaron en el intrincado negocio del té. También aprendí el proceso para cosechar y tostar nuestro propio café y pasé mucho tiempo ocupándome de la tierra.

Mientras tanto, mi proyecto de escritura seguía estancado, aunque la pintura de Mona realmente mejoró. La serenidad de nuestro nuevo medio ambiente le sentó bien. Cada vez se ausentaba más, se iba a su propio mundo y al final del mes terminaba un óleo de grandes dimensiones. Sus temas eran femeninos, esotéricos y surrealistas.

Casi nunca teníamos visitas y pasábamos los días, literalmente, sobre las nubes. Cuando me quedaba sin cosas qué hacer en el jardín, jugaba con acuarelas, tratando de satisfacer mi cada día creciente anhelo por algo aún indefinible. La serenidad de La Cima de la Colina estaba despojándome lentamente de mi hedonismo, transformándolo en algo así como un vacío de nihilismo.

Aun así, hubo momentos grandiosos. Nunca olvidaré el día que comenzaron las lluvias, después de que la estación de secas había deshidratado la tierra por tantos meses. En nuestras caminatas a través de las plantaciones encontrábamos pequeñas margaritas por todos lados y las tomábamos para volverlas a plantar en nuestro jardín. Había cientos de ellas, cubriendo cualquier área que estuviera vacía. Sólo había que mantenerlas vivas durante la sequía y parecía que casi todas habían echado raíz.

Y luego, un día, empezó el monzón y el cielo quedó totalmente negro. Fue algo indescriptible y sobrecogedor. Nunca habíamos experimentado algo similar. Las lluvias cayeron durante días y todo lo vivo brotó. Nuestras margaritas salieron, literalmente, disparadas de la tierra. Varias mañanas seguidas pudimos ver hasta cinco centímetros de tierra adheridos a sus tallos.

Sus flores, grandes y llenas de color, abrieron todas al mismo tiempo el primer día que salió el sol. Fue algo magnífico. Parecía que se nos quedaban mirando con sonrisas rojas, naranjas y amarillas en el instante en que salíamos al jardín. El vapor aún emergía de la tierra fría por todos lados, disolviéndose en el sol matinal. Fue algo deslumbrante.

Pero pronto volvía el nihilismo, incluso con cierta violencia. En Weligama el cannabis, el alcohol, las fiestas, la playa y las palmeras habían creado el espejismo de un paraíso y habían alimentado mi hedonismo. Aquí, los clichés y licencias tropicales no existían. Habíamos perdido lo que creíamos que era el paraíso y mi falta de sentido se reveló dolorosamente en su totalidad. Pronto tendríamos que empezar a ganar dinero otra vez y yo no tenía un plan para nuestra vida que fuera en alguna medida atractivo.

Así que incluso con todas las flores sonriéndome, con toda la serena y despampanante belleza a mi alrededor, yo estaba solo, profundamente insatisfecho y en algunas ocasiones con tendencias suicidas.

En un universo mágico hubieran sido precisamente mi desesperación y mis intensos anhelos los que hubieran provocado los misteriosos eventos que siguieron. Pero en mi mundo de aquella época, que aún carecía de magia, todo pareció ocurrir sencillamente por casualidad.

Pero incluso entonces no pude dejar de notar los elementos oníricos que caracterizaron esos eventos. Cada uno de ellos fue amplificado o exagerado de una forma extraña, no del todo inexplicable pero un tanto improbable. En retrospectiva, puedo ver que todos siguieron la misma dinámica, como si hubieran sido parte de un guión. Un evento parecía alimentar al siguiente, formando gradualmente un vórtice que me jalaba a una realidad diferente para cuando salimos de Bandarawela.

Todo empezó en la mañana en que Ariyawatti llegó corriendo a la sala con sus ojos llenos de pánico:

—Señor, señora, vengan rápido, cobra grande en la cocina —gritó.

La seguimos inmediatamente.

La cobra en verdad era inmensa, como de unos dos metros de largo más o menos, y en ese momento se enrolló en una esquina y alzó la cabeza, asumiendo la clásica pose para atacar.

Esto era un gran problema. Aunque estábamos aterrados, amábamos a las serpientes —particularmente a las cobras— y teníamos que deshacernos de ella. No había contravenenos disponibles en Bandarawela, y una mordida de una serpiente como esa hubiera significado la muerte instantánea.

Cerré la puerta de la cocina y fui al galpón a tomar el tridente que había preparado para cazar víboras. Era como de cuatro metros de largo, para tener una distancia segura. Tuve que adecuarlo un poco porque esta cobra era mucho más grande que las otras con las que habíamos tratado hasta entonces. Le puse un alambre a las puntas del tridente, lo suficientemente apretado para poder acorralar a la víbora contra el piso o la pared. Armado con el tridente y un gran machete, volví a la cocina. No tenía idea de cómo capturar y deshacerme de la cobra para que permaneciera viva sin poner en riesgo nuestras vidas. La única opción que veía era matarla una vez que la tuviera bien sujetada.

Abrí la puerta de la cocina y miré hacia dentro con cuidado. La cobra seguía en la misma esquina, donde parecía que había crecido. Era una criatura hermosa. Las manchas de su cabeza eran espectaculares, incluso desde el frente. Su lengua, ansiosa, probaba el aire. Titubeando deslicé el tridente por la abertura. Mientras el tridente se acercaba a su cuerpo, la cobra empezó a atacar. Seguí deslizando mi arma hacia ella, lentamente. Cuando ya estaba como a unos treinta centímetros lancé el tridente con fuerza y pude sujetar a la víbora contra la pared al primer intento.

La cobra estaba furiosa. Mostró sus inmensos colmillos, empezó a sisear y a atacar en nuestra dirección. Estaba sujetada fuertemente y sólo medio metro de su cuerpo estaba libre. Me cercioré de que no pudiera escaparse. Cuando estuve seguro de que podíamos acercarnos, le pedí a Ariyawatti que tomara el machete y le cortara la cabeza a la cobra.

Ari era un alma valiente. La cobra era sagrada en su cultura y matar una era de mal agüero. Pero la idea de tener una inmensa víbora ponzoñosa alrededor de su cocina era aún más aterradora que la idea de matarla. Y ella por nada del mundo hubiera permitido que lo hiciera Mona. Así que sin dudarlo un instante, Ari entró y con unos pocos golpes desesperados, le cortó la cabeza a la cobra.

Fue un momento horrible. Aunque nos sentíamos aliviados, también estábamos en shock por haber matado una criatura tan magnífica.

Su cabeza no había sido destruida durante la decapitación, así que la corté cuidadosamente del cuerpo, quité todo el tejido de la piel y la puse sobre un trozo de madera para que se secara. La guardé por muchos años como un talismán, y como un recuerdo de ese encuentro tan impactante.

El resto del cuerpo —que medía, en efecto, más de dos metros— lo llevé abajo, a la carretera, donde teníamos un gran bote de basura. Cuando llegué a la puerta estaba un hombre ahí, parado junto al camino. Esto era raro. No había ni vecinos cercanos ni una parada de autobús ni nada cerca. Pero estaba ahí, sencillamente parado, como si se hubiera materializado de la nada, y él parecía estar igualmente sorprendido de verme a mí. De hecho debió haber sido extraño para él ver a este extranjero de un metro noventa y tres centímetros de alto, bajando de la colina cargando una inmensa serpiente muerta. Me sonrió, con los ojos inmensamente abiertos por el asombro.

—Hola —le dije— ¿cómo está?

No podía ubicarlo. Tenía algo de juvenil y energético, aunque no era necesariamente joven. Llevaba unos tenis blancos y tenía un modo de andar ligero y felino. Se acercó a mí. No era caucásico, pero tampoco parecía del lugar. Su inglés no tenía errores y tampoco tenía un acento distinguible.

—Hola, estoy bien, gracias. Lo que llevas en el hombro, ¿es una cobra? —dijo casi sin aliento.

—Sí —le dije, poniéndome serio, sintiéndome culpable, como si me hubiera descubierto en algo malo— Estaba en nuestra cocina y tuve que matarla, desgraciadamente.

—Qué extraordinario —dijo, poniéndose de cuclillas y acariciando el cuerpo de la serpiente muerta que había dejado en el suelo.

Le conté lo que había pasado, aliviado de poder desahogarme con alguien. Me escuchó muy atento, asintiendo frecuentemente, y dándome palmaditas en la espalda en un gesto de apoyo.

Me cayó muy bien este hombre. Tenía un no sé qué extraterreno, cosa que sólo pude apreciar tan pronto como se fue. No emitió ni un juicio. Me apoyó y su amabilidad fue genuina. Creo que nunca he conocido a nadie como él.

—¿Estás interesado en la astrología? —me preguntó de la nada, después de un momento de silencio.

Debí haber alzado mis hombros.

—Conozco a un astrólogo excelente —continuó— Si te interesa puedo traerlo un día a tu casa.

—Ah, sí —contesté, aunque ahora con bastante curiosidad— Ven cuando quieras, generalmente estamos aquí.

Se alegró y se despidió.

—Mucho gusto en conocerte —dijo sonriendo, dándome la mano.

—Al contrario —contesté, dándole la mía.

Después se alejó con rapidez, diciéndome adiós con la mano y sonriendo. Desapareció tras la curva del camino hacia el pueblo, deslizándose delicadamente con sus tenis blancos, dando la sensación de que la gravedad se había olvidado de él. Ni siquiera sabía su nombre.

No pude olvidar este encuentro extraño y onírico. No podía entender por qué. Y pronto me descubrí esperando impacientemente que mi nuevo amigo llegara con el astrólogo, deseando que esto, de alguna manera, reconstruyera mi relación con el mundo.

Menos de una semana después los vi venir por la carretera mientras yo trabajaba en el jardín. Estaba emocionado. Le dije a Ari que fuera por Mona a su estudio y que nos sirviera a todos un poco de té en la sala.

El astrólogo resultó ser un hombre oscuro de apariencia implacable. Parecía ser muy viejo y me sorprendió ver que la subida a la colina no le había producido ni el más mínimo síntoma de cansancio. No sonrió ni una vez y me saludó de manera muy formal. Mi amigo, al lado del viejo, parecía aún más ligero e insustancial de lo que recordaba. Su nombre era Samuel, lo supe después de que se presentó, y sirvió de intérprete. El astrólogo, que no dijo su nombre, no hablaba inglés. Pero tampoco hablaba singalés. Cuando le pregunté a Samuel, me dijo que el astrólogo era de la India y que hablaba un dialecto hindú. No lo hubiera sabido.

Nos sentamos e intercambiamos algunas pocas palabras de bienvenida. El viejo quería saber qué hacíamos en Bandarawela. Le contestamos lo mejor que pudimos. Luego yo llevé la conversación hacia el tema de la astrología. Con un poco de pena le pregunté cuánto cobraría por un horóscopo. Contestó a través de Samuel diciendo que no hacía falta un horóscopo. Podría sólo leer mi mano y decirme lo que yo quería saber, y que lo que yo quisiera darle estaría bien.

Yo estaba sorprendido. Sus ojos se suavizaron y sonrió cuando me pidió, con un gesto, que le mostrara la palma de mi mano derecha. Acepté. Tomó mi mano y la miró por un buen rato. Después de haber visto suficiente le dijo algo a Samuel. Éste tradujo.

—Tu padre murió antes de que tú hubieras nacido. ¿Es cierto? —me quedé paralizado.

—Sí —dije— un mes antes de que yo naciera, en un accidente de motocicleta —¿cómo diablos sabía algo como eso?

—Tienes problemas con tu rodilla derecha y tu codo derecho —continuó.

Eso también era cierto. Me había roto el menisco derecho jugando fútbol de niño. Mi codo derecho se había dislocado y roto mientras luchaba con un amigo cuando tenía como doce años. Estaba asombrado.

Luego el viejo volvió a decirle algo a Samuel, quien empezó a traducir detalles muy precisos de cosas que nos iban a pasar los siguientes dos años. Mona escribió todo. Luego miró la mano de Mona y añadió más detalles en relación a ella.

Cuando dejamos de anotar, el viejo se me quedó viendo con severidad y dijo algo que Samuel tradujo:

—Toda tu vida estará dedicada al ejército y a la medicina.

Cuando Samuel vio mi cara de desconcierto, habló con el viejo y éste volvió a decir:

—Los próximos veinte años llevarás una vida de guerrero o militar, después te dedicarás a la medicina o a la curación.

Me quedé sin palabras. Sonaba intrigante, pero no quería decir nada en ese momento.

Viendo que eso era todo lo que el viejo tenía que decir, y después de otras breves palabras de cortesía, le dimos veinte dólares. Los aceptó gustoso y se fue. Samuel no dejó de decir adiós hasta que se perdieron de vista.

Más o menos al mismo tiempo que conocimos a Samuel y al astrólogo, Lucy se apareció en Bandarawela. Era una mujer misteriosa y etérea de unos sesenta años. Decía ser francesa, pero cuando le pregunté por su acento, me dijo haber crecido en Bélgica, pero que había vivido en todo el mundo, pues trabajaba para el Servicio Exterior. No teníamos por qué dudar de su historia en aquel momento. Era alta, delgada, su cara aún era bella y su cabello blanco usualmente estaba peinado hacia atrás y terminaba con una colita de caballo. Con su encantador acento francés, y con sus facciones delicadas, hubiera encajado perfectamente en una mesa en uno de los cafés de Montparnasse, en París. Aún así, y para nuestro desconcierto, había decidido retirarse en esa remota montaña en un pueblo de Sri Lanka, completamente sola, siendo la única blanca, aparte de nosotros.

Poco después de la visita del astrólogo, ella llegó, tocó la puerta y se presentó con nosotros. La invitamos a pasar y a tomar un té; ella a su vez nos invitó a su casa para tomar helado casero y pocos días después, para un juego de Scrabble. Su casa era muy linda y estaba muy cerca de la nuestra, sólo cruzando el valle, a la orilla del pueblo. Lucy nunca habló mucho de ella misma, le gustaba permanecer enigmática y misteriosa. Uno de los secretos más intrigantes que nos compartió, fue que acostumbraba comer una cucharadita de tierra cada día. Según ella esto la había mantenido saludable durante toda la vida. Hablaba en serio. De hecho la vimos una vez, con su cucharita, caminando en el jardín, buscando un poco de tierra que se viera bien. Se la tomó y después pidió un vaso con agua.

Jugando Scrabble y tomando helado en su cocina, dijo que la banca en que estábamos sentados estaba llena de libros.

—No sé si estén interesados en alguno de ellos —dijo— pero si quieren véanlos y si les gusta alguno llévenselo.

A Mona no le gustaba mucho leer, pero a mí sí y por curiosidad abrí la banca. Era una banca que hacía esquina que, bajo la tapa, tenía dos grandes compartimentos llenos de libros. Al menos unos treinta o cuarenta. A mí siempre me habían gustado los libros, y en ocasiones sólo su olor me entusiasmaba. No había leído un libro desde que habíamos llegado a Sri Lanka.

Los saqué todos, uno por uno. Además de algunas guías de viajes locales, y de algunas revistas de horticultura, sólo había novelas de amor, toda una serie de novelas románticas con los títulos más tontos que uno se pudiera imaginar. No había nada más, excepto un libro. Lo había visto inmediatamente, estaba justo arriba, encima de los otros, pero no lo consideré como una opción al inicio. Ya había leído otro libro del mismo autor antes, hacía algunos años, y me había disgustado tanto que lo había arrojado a la pared, harto, después de haber leído poco menos de la mitad.

Resultó ser que en la banca de la cocina de Lucy, me encontré con el segundo libro de Carlos Castaneda: *Una realidad aparte: nuevas conversaciones con don Juan*. Estaba defraudado. Pero no habiendo nada más que me llamara la atención, decidí llevármelo para darle otra oportunidad. Si ahí hubiera habido al menos un ejemplar de "verdadera literatura", o al menos una novela de espías o de misterio, ni siquiera lo hubiera considerado.

Lucy sólo alzó los hombros, sonriendo.

—No sé de quién sean esos libros, puedes quedarte con los que gustes.

De regreso a casa puse el libro en el escritorio de mi estudio, donde se me quedó mirando durante días, antes de que me atreviera a tocarlo. El estudio era, de hecho, un pórtico cerrado con ventanas grandes en el frente y a los lados, que lo hacían parecer más un invernadero. Había dos de estos pórticos cerrados, uno en cada lado de la casa. Los dos estaban enmarcados con rosas que subían por el marco, y ambos veían hacia el jardín y hacia la parte sur de la propiedad. Los árboles filtraban la luz del sol y eso hacía que nunca estuvieran muy calientes, pero aun así había suficiente luz para pintar ya entrada la tarde. Era perfecto para el trabajo de Mona e incluso me había inspirado a mí a empezar con las acuarelas.

Mi estudio también era el área de juegos de Felix. Le había construido un pequeño gimnasio en la esquina, un lugar donde no podía causar muchos destrozos y donde podía practicar sus capacidades comunicativas sin enfurecer a Mona.

Pocos días después empecé a leer.

Después de hojear las primeras páginas me detuve y leí el fragmento de la contratapa. Llamó mi atención. Era una cita de don Juan: "Un hombre de conocimiento es libre... no tiene honor, no tiene dignidad, no tiene familia, ni casa ni país, sólo tiene una vida para ser vivida".

Me gustó. Tocó una fibra en mí y me enganché. La introducción me sedujo aún más, y pronto toda mi resistencia desapareció. Resultó que no pude dejar el libro hasta que leí la última página.

Algo inexplicable estaba sucediendo. Era como si el libro hubiera cobrado vida en mis manos. Una concentración poderosa y profunda había surgido y me había conectado a un nivel visceral con un aspecto diferente de la realidad. Me sentí profundamente afectado y transformado, en una manera fundamental, después de la primera lectura. De hecho, no sólo me había conectado con un aspecto diferente de la realidad. Sentía más como si el libro hubiera abierto una puerta, descubriendo un mundo de posibilidades infinitas que trascendían mis constreñimientos filosóficos. Lo que esas líneas transmitían era algo vivo y tangible, conectándome con una fuente que existía fuera del libro.

No podía creer lo que estaba pasando. En un nivel profundo e intuitivo sentía como si todas mis preguntas existenciales se hubieran resuelto, aun cuando yo no tuviera idea de cuáles eran las respuestas.

Pero lo más extraño de todo fue que toda esta experiencia parecía no tener relación alguna con el contenido del libro. Aunque las historias y las experiencias que Castaneda relata son extraordinarias e interesantes por mérito propio, podían leerse desde una perspectiva antropológica y, en sí mismas, no tenían ningún tipo de significado trascendental.

De esta manera, y hasta donde puedo entender, este humilde librito me sirvió como un camino, conectándome con algo insondable y tonificante, y de repente mi vida empezó a cobrar sentido y propósito.

Todo esto pasó en pocas semanas. La energía se había transformado y sentíamos que nuestra estancia en Sri Lanka estaba llegando a su fin. Decidimos partir a la India a finales de febrero, lo que significaba un mes más disfrutando la abundante belleza de nuestro pequeño Shangri-La[2].

---

2 Shangri-La es un lugar ficticio inventado por el escritor británico James Hilton para su novela *Horizontes perdidos*, cuyo valle místico y armónico ha sido adoptado en la cultura para referirse a cualquier paraíso terrenal aislado del mundo exterior. *(N. del E.)*

Después, en nuestras últimas semanas, el último misterio empezó a desarrollarse.

Lucy apenas se había establecido, cuando nos sorprendió con su inesperada decisión de mudarse de una casa maravillosa a una casita humilde a unos ocho kilómetros fuera del pueblo. Cuando nos enseñó la casa nos quedamos boquiabiertos. Estaba en la cima de una colina sin jardín y casi sin vegetación. Era una locura, pero tuvimos que reprimir nuestras opiniones porque nos dijo que todos los arreglos ya habían sido efectuados. Había accedido a dejarle su casa a un doctor peruano que, al parecer, trabajaba para las Naciones Unidas y que había venido al área por pocas semanas. Parecía que habían estado en contacto por bastante tiempo.

Era totalmente incomprensible. A Lucy le encantaba su casa. Había trabajado sin descanso en el jardín y había plantado muchísimas cosas. Era muy importante para ella poder caminar al mercado. ¿Qué diablos había pasado? Su única explicación era que la casa nueva era mucho más barata y más fresca. No tenía caso discutir con ella.

Teníamos curiosidad por conocer a este doctor peruano tan persuasivo. Le pedimos a Lucy que lo trajera a casa para tomar el té. Al parecer él también quería conocernos. Además de curiosidad, teníamos otra razón para verlo: queríamos que contratara a Ari una vez que nos mudáramos.

Desde que Ari supo que nos iríamos, se volvió loca. Intentó golpearnos, se encerró en su cuarto por días enteros, lloraba, alegaba, amenazaba con suicidarse y se convirtió en algo insoportable. Consideramos seriamente llevárnosla a Alemania, pero las implicaciones de eso en términos legales de inmigración, diferencias culturales y nuestros pocos recursos, lo hacían imposible.

Debido a que pertenecía a la casta más baja en Sri Lanka, su única opción en su propia cultura era trabajar como empleada doméstica sin pago alguno, y sin libertad. Obviamente ya no podía volver a eso. Lucy ya tenía una sirvienta y estaba contenta con ella, así que la posibilidad de que Ari encontrara trabajo con el doctor peruano parecía un regalo del cielo. Ella no quería saber nada, pero sabíamos que eventualmente tendría que calmarse y considerarlo como una alternativa. Así que todo lo que teníamos que hacer era convencer al doctor peruano de que necesitaba a Ariyawatti.

El Dr. Miguel Pereira, como dijo llamarse, nos dio la impresión de ser un lindo y bien educado caballero sudamericano. Nos dijo que estaba ahí para hacer una investigación en la estación agrícola de las Naciones Unidas que estaba cerca de Bandarawela. Su vestimenta era un poco exagerada: sacos deportivos con zapatos negros de charol. Pero lo que me importaba era descubrir su integridad, así que me satisfizo su impecable apariencia. Ari había sido como una hija para nosotros y estábamos preocupados por saber a quién se la íbamos a dejar.

Nos llevamos bien con Miguel. Era divertido y agudo, y pasamos una tarde agradable a su lado. Cuando finalmente dirigimos la plática al tema que nos importaba, al principio pareció retraerse por nuestra sugerencia de contratar a Ari. Incluso parecía alarmado. Dijo que no necesitaba a nadie, que comería fuera y que viajaría mucho. Pero nosotros tratamos de convencerlo y poco después hicimos que al menos la tuviera a prueba por un tiempo.

Finalmente, Miguel cedió y aceptó contratar a Ari, al menos por unas semanas, para después revaluar y tomar su decisión final. Esto era suficiente para nosotros. Sabíamos que Ari pronto se haría indispensable y empezaría a consentir y apapachar a "Miguel Mahatja".

Miguel quería saber qué nos había traído a Sri Lanka y parecía genuinamente impresionado por nuestras aventuras. No dijo nada de él mismo. El único detalle que obtuvimos fue que era originario de Lima, Perú, donde al parecer enseñaba en la universidad.

Yo de inmediato saqué mi libreta de direcciones y le pregunté si podíamos visitarlo si alguna vez estábamos en Perú. Yo siempre me había sentido intrigado por ese país y estaba seguro que nuestros viajes nos llevarían ahí tarde o temprano. Mi libreta de direcciones estaba llena de nombres de amigos y conocidos con los que me había topado alrededor del mundo durante mis viajes, y nadie jamás me había negado una dirección o información de este tipo.

Así que empecé a escribir: Dr. Miguel Pereira, Lima, Perú, y después lo miré y le pregunté si tenía dirección o número telefónico.

Sólo me sonrió. Con una chispa en sus ojos negros, después de unos segundos en silencio, dijo:

—Me encontrarás.

Asustado, cerré la libreta de direcciones.

—Ah… ok, bueno, creo que podré buscarlo en la sección amarilla una vez que esté por allá —balbuceé confundido por esa respuesta tan extraña.

Él sólo se me quedó mirando, sonriendo con malicia.

No volvimos a ver a Miguel hasta el momento de nuestra partida. Sin embargo, en las noches que siguieron a nuestra reunión reaparecía en mis sueños. Cuando quería decirle algo de esto a Mona, el sueño se me olvidaba de repente. El recuerdo del sueño parecía fresco, pero no podía ponerlo en palabras, ni siquiera en pensamientos coherentes. Lucy estaba en algunos de ellos, y también estaba Samuel y otras personas que nunca había visto. Tras despertar, siempre experimentaba un sentimiento de urgencia y veía el significado del sueño claramente, pero por más que intentaba no podía recordar cómo había sido. Lo que no podía olvidar es que en la mayoría de estos sueños me había sentido raro, como si no estuviera preparado, como si me estuvieran retando. La única imagen recurrente que se me quedaba, era la sonrisa maliciosa de Miguel y sus palabras medio burlonas repitiéndose en mi cabeza: "Me encontrarás".

Ari había aceptado la situación, pero para asegurarnos del todo, habíamos mandado traer a su madre de la costa para que estuviera con nosotros durante la transición. Trajo consigo a una de las hermanas pequeñas de Ari y, como todos estábamos haciéndole fiesta, parecía asumir el cambio con tranquilidad.

En ese momento nosotros no la estábamos pasando mejor que ella. Fue una despedida muy dolorosa. La queríamos profundamente. Amábamos La Cima de la Colina, Bandarawela, a Lucy y a

Felix. Nuestro corazón sangraba cuando le dijimos adiós a nuestro jardín de rosas, cerramos la puerta a nuestras espaldas y llevamos a Ari, con su madre y su hermana, a la casa de Miguel.

Descargamos todo en el pórtico de su casa. Felix estaba agitado, brincando y volando en su jaula. Recitaba su vocabulario a todo pulmón: "Petapu, Petapu, Fewix, Feewix, Feeewix, hola, buenos días", y una plétora de palabras en singalés y sonidos animales. Cómo iba a extrañar a ese bichito. Había estado con nosotros prácticamente desde el primer día. Cuántas risas y alegrías nos había dado. Ahora teníamos que abandonarlo a él también.

Ya no podía ver bien. Mis ojos estaban llenos de lágrimas. Ari estaba en los brazos de Mona, temblando y llorando fuertemente.

Teníamos que hacer esto rápido. Se estaba volviendo insoportable. Abracé y besé a Ari para despedirme. Las lágrimas corrían por mis mejillas. Abracé a Lucy, le agradecí a Miguel, a la mamá de Ari, a su hermanita y otra vez a Ari, por última ocasión.

—Escribiremos, te lo prometo.

Nos metimos al carro y le pedimos al chofer que arrancara. Después sólo nos dijimos adiós, nos mandamos besos, más adioses, y un parpadeo de mis ojos llenos de lágrimas los borró para siempre.

Al único que volvería a ver fue a Miguel. Como él dijo, lo encontré… quince años después. No en Lima, sino en Los Angeles. Pero por el momento nos olvidamos de él. Tenía tantas cosas en la cabeza. Apenas si recordaba su misteriosa sonrisa unas semanas después, cuando me di cuenta de que la página de mi libreta de direcciones donde había anotado su nombre ya no estaba ahí. Mona no sabía qué había pasado con ella, así que no le dimos importancia, aunque fue algo raro.

La segunda ocasión que lo recordé fue cuando supimos, gracias a una carta de la familia de Ari, que él había tenido que irse de Bandarawela poco después que nosotros. Sin trabajo, Ari se afilió a una agencia laboral que reclutaba a gente de Sri Lanka para trabajar de empleados domésticos en Medio Oriente. Ella también había partido poco después. Eso explicaba por qué nunca había contestado ninguna de nuestras cartas. Desgraciadamente, ni nosotros ni su familia volvimos a saber de ella. No me gustaría pensar en aquel fatídico encuentro con la cobra y el mal agüero al que se suele asociar. Nos sentimos devastados y responsables por lo que le hubiera pasado.

La tercera vez que Miguel se me vino a la cabeza fue diez años después, en el verano de 1990. Apenas venía saliendo de un retiro de meditación silenciosa de diez días en un monasterio budista en Surat Thani, Tailandia. Era el primero que hacía. Consistió en pasar diez días en completo silencio, meditando entre ocho y diez horas al día. Las únicas distracciones eran dos comidas vegetarianas al día, media hora de yoga en la mañana y una plática por un monje o monja del monasterio, en la tarde. Había sido la experiencia más intensa de mi vida y el grado de silencio interior que adquirí resultó ser muy profundo. Una semana después estaba de vuelta en Alemania, solo, en la casa de un amigo que estaba fuera de la ciudad. Estaba sentado en mi sillón de meditación, rodeado de algunos libros que leía cuando hacía un alto en mis ejercicios. Quería mantener la claridad y la paz del silencio interior el mayor tiempo posible, así que continué practicando la meditación durante el día entre mis otras actividades. Uno de los libros que tenía a la mano era el libro más reciente que por entonces había salido de Carlos Castaneda: *Silence Knowledge*[3]. El libro estaba abierto, con las hojas hacia abajo. Junto al él tenía una copia de un dibujo a lápiz con el rostro de Castaneda, realizado por uno de sus antiguos alumnos. Era la única imagen que se tenía de él y la estaba usando de separador.

Mientras salía de una larga y profunda meditación, abrí los ojos, vi el dibujo e inmediatamente reconocí a Miguel. ¿Cómo es que no hubiera notado eso antes? No había duda, Miguel Pereira y Carlos Castaneda eran la misma persona. Me quedé boquiabier-

---

3 *El silencio interno*, libro sin traducción al español. *(N. del E.)*

to, pero mi silencio mental era bastante fuerte y pude asimilar este descubrimiento con calma.

Después llevé a cabo algunas pesquisas y descubrí que nadie con el nombre de Miguel Pereira había estado impartiendo clases en una universidad limeña y que no había ninguna estación de agricultura cerca de Bandarawela.

Incluso en ese dibujo a lápiz sus ojos tenían ese aire malicioso, y pude oír claramente esa voz con acento diciéndome:

—Me encontrarás.

Enfrentar el tiempo

Tomamos un tren para Colombo. La vía que atraviesa las montañas de Sri Lanka, fue construida a finales del siglo XIX para transportar café y té a la capital. Cuenta con algunas de las vistas más maravillosas del mundo. Reservamos dos asientos en el salón panorámico, el último vagón, que tenía sillones reclinables y ventanas amplias para ver esos paisajes espectaculares. Después de guardar el equipaje, nos sentamos frente al vidrio convexo que formaba la parte trasera del tren. Poco después empezó el viaje.

Amable, pero inexorablemente, nos empezamos a alejar de Bandarawela y tanto nuestro corazón como nuestros ojos trataron de aferrarse al paisaje. Por un momento pudimos ver claramente La Cima de Colina sobre su colina, y buscamos por el valle la casa de Miguel, pero pronto todo se convirtió en un laberinto.

El efecto de sentir que nos alejábamos de nuestro lugar ideal en Sri Lanka fue algo mágico y muy significativo. Ocurrió que los recuerdos que dejábamos atrás fueron sustituidos por un paisaje arrobador que nos impresionó y se fue instalando sobre el pasado.

Sin prisas, el pequeño trencito subió, dio vueltas y zigzagueó por las montañas, revelando una sinfonía visual de jardines de té, plantíos de arroz, cascadas, desfiladeros con ríos en el fondo, túneles y nubes que cubrían bosques. Todo esto frente a nosotros, alejándonos del pasado.

Estábamos colmados por la experiencia, distanciándonos de nuestros recuerdos y emocionados por nuestros próximos viajes por la India y Nepal. En aquel momento no podíamos saber el poder metafórico de nuestro mágico viaje en tren.

La salida de Bandarawela marcaba el inicio de una nueva vida para mí. Era el comienzo de un viaje con los ojos abiertos, basado en el arte de la navegación. Mi encuentro con el Nahual al leer *Una realidad aparte* me había despertado a un nuevo tipo de funcionamiento, un nuevo tipo de vivir la vida. No estaba muy consciente de esto mientras me alejaba entre las nubes del bosque de Horton, pero algo comenzaba a reaccionar y a afectar mi forma de pensar.

Los eventos de las últimas semanas me habían acercado al Propósito, al espíritu, a la conciencia del universo. Todavía estaba lejos de la conciencia total, y me iba a tomar toda una vida alcanzar este nivel, pero no había marcha atrás. La postura cínica, nihilista y egoísta de una vida dirigida sólo por el pensamiento, estaba paulatinamente abriéndole el paso a una relación más orgánica e interactiva con el mundo. Esa es la esencia de la navegación.

En retrospectiva, empezar este viaje en el salón panorámico alejándome de mi vida anterior me parece una hermosa y simpática metáfora del Propósito.

El Nahual siempre decía que el hombre común viajaba en el último vagón toda su vida. Siempre mirando para atrás, siempre muy atento a su propia historia, a sus experiencias y a su identidad, entendida como una acumulación de pasado. Era una de sus metáforas favoritas. Sin embargo, un guerrero que quiere convertirse en un hombre de conocimiento tiene que voltear a la vida que se muestra delante de él. En lugar de observar el tiempo pasado, tiene que enfrentar el tiempo, como él decía. La vida en el último vagón contra la vida en la máquina.

Me encanta esta analogía. Es increíblemente intuitiva y es fácil ver la diferencia. El furgón de cola puede ser cómodo, familiar e incluso divertido. Pero la acción está en la máquina. Es ahí donde sopla el viento a través de nuestro cabello, donde la percepción es inmediata y estimulante. La navegación sólo puede ocurrir si enfrentamos al tiempo, ahí donde nada es familiar. Mirar atrás por un sólo instante puede impedirnos percibir un gesto importante del espíritu.

Una vez en Colombo quisimos terminar nuestra estancia en Sri Lanka con un toque espectacular: nos registramos en el hotel Galle Face. Un monumento colonial magnífico donde habíamos tomado té en varias ocasiones pero nunca nos habíamos hospedado ahí. La estructura de pilares de mármol se sentía tan sólida y telúrica, que fue fácil absorber mucha de la energía que nos haría falta para nuestro viaje por la India.

Sólo necesitábamos dos días para ver a unos pocos amigos, decir adiós y mandar algunas pertenencias y cuadros de Mona a Alemania y así poder viajar ligeros.

Lo que no podía quitarme de la cabeza desde hacía semanas era encontrar las secuelas de *Una realidad aparte*. No sabía cuántos libros había escrito Castaneda hasta ese momento, pero sabía que había más de dos. Llamé a las librerías más grandes de la ciudad, pero nadie había oído hablar de él.

Durante nuestro último día, al caminar cerca de la estación de trenes, nos cruzamos con un hombre que llamó mi atención. Algo vi en su sonrisa que me llevó a preguntarle si sabía de alguna librería con una buena selección de libros en inglés. Sin dudarlo un instante señaló un hotel cerca de la estación, a pocos metros de nosotros, y dijo que ahí estaba la mayor colección de libros en inglés de Colombo.

Nos dirigimos ahí inmediatamente. Estaba en lo cierto. Me emocioné al encontrar una copia de *Viaje a Ixtlán: las lecciones de don Juan* y *Relatos de poder*, el tercer y cuarto libro de Castaneda. Estos eran los únicos libros que tenían de él en la tienda.

Mona estaba contenta con mi renovado entusiasmo y propósito. Estaba realmente entusiasmada cuando encontré mis libros.

—¡Es increíble! —exclamó— Siempre tienes tanta suerte. Nunca pensé que encontráramos algo aquí. Esto será excelente para nuestros próximos viajes en tren. Vas a tener mucho tiempo para leer.

—Lástima que no tengan traducciones al alemán —contesté.

—No importa, así voy a poder practicar mi inglés —dijo con cara de agobio.

No le había gustado leer *Una realidad aparte*. Había muchas palabras que tenía que buscar en el diccionario o preguntarme qué significaban. Esto había hecho de la lectura algo molesto. Tampoco se enganchó con el propósito velado del libro y, por ende, no quedó muy intrigada.

Desde mi perspectiva, Mona vivía ya en una realidad aparte casi todo el tiempo. Era perfectamente práctica y funcional. Era muy exitosa en su carrera de publicidad pero su alma vivía en un mundo aparte. Su hermana gemela había muerto al nacer y algunas veces yo pensaba que eso le había dado a Mona un vínculo personal con la otra dimensión.

Había nacido en Lituania, y creció en el campo, donde había pasado su niñez caminando sola por entre los sembradíos haciéndose amiga de las hadas y de otras criaturas etéreas. Estos eran sus mejores recuerdos, y cuando me contaba yo sabía con sólo ver sus ojos azules que esos seres habían sido más reales para ella que cualquier otra persona. Sus padres no habían entendido su sensibilidad, así que abandonó su casa en la primera oportunidad que tuvo y nunca volvió la vista atrás.

La conocí en Francia, en un paseo en bicicleta por el Vallée de la Loire. Yo era el guía y ella era parte del grupo. Recorríamos entre treinta y sesenta kilómetros al día a las orillas del río Loire en grupos pequeños de quince personas, visitando castillos. Por las noches nos quedábamos en hotelitos hermosos y cenábamos platicando por horas. Había tomado este trabajo después de graduarme de la carrera para tener un poco de tiempo para pensar en qué iba a hacer con mi vida.

Mona era un cliente difícil. No podía seguir el paso del grupo, así que siempre terminaba atrás, sola. Por ello yo tenía que ir y venir todo el día, para asegurarme que no se perdiera y para seguir guiando al grupo. Me mantenía en condición, y pasé mucho tiempo pedaleando junto a Mona, tratando de apurarla.

Nos enamoramos y al final del verano la alcancé en Hamburgo, Alemania, donde vivía en esa época. Éramos una pareja dispareja, no sólo por la diferencia de edad, sino por nuestras personalidades: eran lo más diferentes que podrían haber sido. Pero ambos éramos soñadores y soñamos juntos casi diez años.

Nuestro sueño de Sri Lanka se fue desvaneciendo lentamente mientras el tren se alejaba de la estación central de Colombo. En esta ocasión era un tren ordinario. No viajábamos ni en el furgón de cola ni en la máquina. Sólo nos sentamos en un vagón normal que estaba atestado. Mona leía una guía turística, preparándose para nuestro viaje por la India, y yo me sumergí en *Viaje a Ixtlán: las lecciones de don Juan*.

Efectivamente, tuve mucho tiempo para leer. El viaje de Colombo a Talaimanar, la terminal de transbordadores en Rameswaram, India, nos tomó ocho horas. El viaje en trasbordador por el estrecho de Palk, que cubre sólo cuarenta y cinco kilómetros, fue de otras cuatro. Y el tren de Rameswaram a Madras tomó dieciocho horas. Así que para cuando llegamos a Madras ya había terminado de leer los dos libros, que habían integrado su contenido a mi ADN.

Viajar en tren en la India no es cómodo pero no me importaba. Tengo un romance con los trenes desde que me acuerdo. Mi abuelo, que compartía mi entusiasmo, me llevaba a la estación de trenes sólo para verlos. Todavía recuerdo ese olor tan peculiar del vapor de las máquinas y escucho el silbato del encargado de la estación, el humo, el rechinar del metal y oigo vocear destinaciones lejanas. Seguramente ahí nació mi deseo, ahí comenzó mi búsqueda por la libertad, que por siempre ha sido sinónimo de viaje y movimiento.

Para no poner a prueba mi amor por los trenes, compramos boletos de primera clase para nuestros viajes en la India. Era válido por noventa días y no había límite de trayectos. No podía ser de otra manera. Para cuando me harté de los trenes ya habíamos recorrido veinte mil kilómetros sobre las infinitas vías de la India. Mi deseo por viajar así desapareció durante muchos años.

Ahora estábamos en Madras con todo por delante. Al haber asimilado el contenido de los dos libros estaba en el humor del guerrero y fascinado otra vez. Sentía como si las páginas hubieran estado cosidas con químicos mágicos que ahora estaban afectando mi percepción de la realidad. Procesar el contenido de los libros de Castaneda no era una cuestión intelectual. Penetraba cada aspecto de mi vida.

Viaje a Ixtlán resultó ser un mapa de viaje, un manual para "detener el mundo". Detener el mundo significa detener el incesante y compulsivo río de pensamientos que sostiene nuestra interpretación de la realidad. Detener el mundo significa permitirle a nuestros pensamientos desaparecer mientras la mente se queda completamente alerta y consciente.

En ese estado de inmovilidad, o de conciencia silenciosa, la percepción es pura y directa. No hay conocimiento sobre lo que percibimos que no sea directo, mundano, un puro saber intuitivo. Conocer, de esta manera, es experimentar una percepción corporal completa, antes que experimentar una percepción diferenciada por nuestros cinco sentidos. Es un despertar al cuerpo del sueño del pensamiento.

El contenido del libro consiste en diferentes técnicas que don Juan le enseñó a Castaneda. Técnicas tales como poner atención a signos y augurios, borrar nuestra historia personal, perder la soberbia, romper la rutina, volvernos cazadores y usar la muerte como consejera. La suma de estas técnicas se denomina el camino del guerrero porque están designadas para crear y afinar la actitud y la concentración de un guerrero en batalla. Hablo de estar alerta, ser valiente, estar listo, ser preciso, intachable y despreocupado. Seguir y practicar estas técnicas hace que el ejecutante pueda salir de este mundo de pensamientos y se mude a un momento presente; que esté en contacto directo con la vida. Un guerrero que ha ganado una relación así de directa con la vida puede llamarse un "hombre de conocimiento".

El camino del guerrero, y la transformación de guerrero a "hombre de conocimiento", es la esencia de todas las enseñanzas de don Juan. *Viaje a Ixtlán* muestra un mapa, *Relatos de poder*, por su parte, es una explosión de sabiduría y magia que impulsa y guía al lector en su propósito de algo que parece imposible: saltar del sueño del pensamiento a la inconmensurable vida total.

Estaba enganchado. Pero no importaba qué tan emocionado estuviera en ese momento. Detener el mundo de los pensamientos y despertar en un estado de ser puro me eludía completamente. Seguía profundamente dormido, soñando en lugar de experimentar la magia y el poder que todavía tardarían en venir.

Pocos años después viajaría cientos de kilómetros a través de México visitando los tres diferentes pueblos llamados Ixtlán, esperando secretamente que algo mágico sucediera cuando llegara al verdadero lugar. Parece tonto ahora, pero el entusiasmo, el misterio y la sabiduría práctica que este tesoro trajo a mi vida no tenía precedente.

El Ixtlán que proveyó de nombre al libro es una metáfora. Don Genaro, uno de los seguidores de don Juan, solía experimentar el giro profundo en la conciencia que sucede cuando el guerrero finalmente "deja el mundo". En la metáfora, don Genaro trata desesperadamente de volver a "casa", a Ixtlán, que en la historia es su pueblo natal. Pero en la metáfora representa al mundo, ese mundo que existía antes de que lo hubiera detenido, el mundo que ha sido su casa por toda la vida. Detenerlo es como despertar de un sueño, un sueño de pensamientos que nos proporcionan certezas, datos, familiaridad, tiempo, identidad. Incluso un despertar parcial destruye todo eso, tal como despertar de un sueño normal desenmascara y destruye la realidad del sueño. Una vez que don Genaro ha despertado y se da cuenta de la naturaleza onírica de su vida hasta ese momento, una parte de él quiere volver a lo acogedor del sueño, quiere volver a Ixtlán. Pero después de despertar, Ixtlán, lo acogedor y lo familiar se han perdido para siempre.

Pensé que entendía la metáfora pero, al parecer, no tenía prisa por despertar. Mi sueño sólo empezaba a volverse ligero, más si consideramos todos esos viajes en tren. Mi vida apenas empezaba a convertirse en una búsqueda del tesoro y estaba emocionado, me sentía como un guerrero cabalgando un "caballo de hierro" a través de la India, buscando poder y magia.

Me gustaba jugar con mi recién descubierta sabiduría, mi nuevo entendimiento de cómo podíamos encontrar pistas en el mundo a nuestro alrededor para que nos sirvieran de guía en nuestra propia cruzada por el poder y la magia. La India, vibrante de energía y empapada de misterio, parecía ser el lugar idóneo para ello. El poder que buscaba, por supuesto, no era del tipo convencional, el que se asocia a la influencia y el dinero. Estaba intrigado por el poder que sentí alguna vez al pararme cerca del océano durante una tormenta o al estar sentado bajo un árbol que tenía más de mil años. Quería tocar el poder de las antiguas ciudades sagradas, o sólo encontrar un punto arbitrario en el que la energía de la tierra fuera abundante.

La verdad es que no tenía ni idea de a dónde me iba a llevar esta búsqueda del tesoro, pero no me importaba mucho. Era claro que las ciudades a donde nos dirigíamos eran lugares poderosos, llenos de energía e intensidad.

Nuestro itinerario fue un poco errático. Cuando lo sentíamos, seguíamos corazonadas o recomendaciones de otros viajeros. Algunas veces interrumpíamos el viaje por un capricho y terminábamos en situaciones completamente impredecibles, quedándonos con extraños o en lugares donde nadie hablaba inglés. No teníamos expectativas de ningún tipo. Sólo era divertido y emocionante actuar bajo la idea de que había algo parecido a una ruta ideal o mágica que podíamos descubrir al estar alertas y al encontrar las pistas adecuadas.

Probablemente, muchas de nuestras decisiones fueron demasiado caprichosas, embebidas de "masturbaciones mentales", como al Nahual le gustaba designar a las extravagantes operaciones de la mente humana. Pero aunque nuestras habilidades en navegación eran pobres, esta forma de viajar tenía algo de onírico y eso nos resultó adictivo. Al final, sin embargo, surgió un patrón coherente y poderoso: al seguir la ruta del espíritu, y al enfrentarnos al tiempo, descubrimos el tiempo mismo. Más específicamente, nos encontramos con la impermanencia y la muerte.

Una danza con la impermanencia

La India es un universo en sí mismo. Un festín para los sentidos al que ningún otro lugar puede equiparársele en intensidad. Esos tres meses ahí, en los que viajamos más de veinte mil kilómetros, nos proporcionaron cientos de experiencias. Muchas de ellas se fueron diluyendo con el tiempo, perdiéndose en el inmenso mar de la memoria. Sin embargo, algunas se quedaron. Una serie de eventos sobresalieron, eventos que recuerdo como si hubieran pasado ayer, y que sigo rememorando y relatando aun ahora.

De una forma amable y generosa, la India y el Propósito nos dieron una serie de lecciones memorables sobre la muerte y la impermanencia. En retrospectiva resulta lógico que cualquier intento serio por transformarme en un "hombre de conocimiento" tuviera que empezar con un análisis de la mortalidad.

La muerte no había sido una parte integral de mi vida hasta este punto. El único cadáver que había visto era el de mi abuelo, durante una breve ceremonia con ataúd abierto en su funeral. No lo vi de cerca, todo lo que alcancé a mirar fue cera en su cara. Esto me impresionó mucho porque yo lo amaba profundamente, pero este recuerdo pronto se esfumó.

Mi segundo encuentro con la muerte fue diferente, mucho más personal y dramático. Apenas había conseguido mi licencia de conducir y manejaba mi primer coche, un Volkswagen Sedán. Loretta, mi novia de juventud, y yo emprendimos en él un viaje por la

Selva Negra en Alemania. Estábamos perdidamente enamorados. Siguiendo un impulso romántico dimos vuelta en un camino estrecho que llevaba a las faldas de una montaña cubierta por viñedos. Había oído que desde la cima de esa montaña era posible ver el sol ponerse justo detrás de la famosa catedral de Estrasburgo, al otro lado de las riveras del Rin.

Se hacía tarde y estaba manejando más rápido de lo usual. El camino zigzagueaba a través de los viñedos, empinándose por la ladera de la montaña. Daba las curvas con cuidado y después aceleraba, empujando el pedal hasta el fondo. Antes de la siguiente curva frenaba y, con cuidado, volvía a dar la vuelta. Íbamos muy bien: aceleraba, frenaba, daba vuelta, aceleraba una y otra vez, y subíamos rápidamente por la montaña.

Ya casi habíamos llegado a su cúspide, estábamos muy cerca del mirador, cuando pasamos por un trecho del camino en el que la lluvia que había caído poco antes dejó arena húmeda sobre el pavimento justo antes de una curva. Lo vi demasiado tarde. Frené pero no hubo reacción alguna. Como si estuviéramos patinando, nos deslizamos y salimos del camino rumbo al precipicio.

Ahora, cuarenta años después, puedo recordar esta experiencia con precisión. En lo primero que reparé fue la facilidad con la que podía dar vuelta al volante mientras estaba volando por los aires. Después, de una forma muy nítida y clara, el tiempo se paró. Estábamos completamente suspendidos en el espacio cuando la película se detuvo. Estaba sujetando un volante que no servía para nada cuando toda mi vida pasó frente a mis ojos. No fue un flash momentáneo de recuerdos comprimidos. Fue la más hermosa reexaminación de cada aspecto de mi vida que considero importante. No sentí ni la más mínima sensación de prisa. No sentí pánico, ni miedo, ni siquiera preocupación. Sabía, estaba seguro, que estaba a punto de morir y que eso no era tan grave. Y me sentí extrañamente bendecido al saber que Loretta estaba conmigo en ese momento crucial. Cuando terminé la revisión de mi vida me sentí feliz y luego las luces se apagaron.

Desperté de rodillas sobre el techo, dentro del carro. Loretta estaba debajo de mi pero por suerte mí cuerpo no la estaba aplastando. La miré a los ojos.

—¿Estás bien? —le pregunté.

Durante un segundo se mostró confundida.

Sí, eso creo —me respondió al fin.

Luego, sin dudarlo, me zambullí literalmente a través de la ventana, abrí la puerta desde fuera y saqué a Loretta del coche, que estaba volteado. Corrimos a través de la ladera de la montaña convencidos de que el carro explotaría en cualquier momento. Luego nos unimos en un abrazo, compartiendo un momento de indescriptible sensación de renacimiento. Uno de los instantes más memorables de mi vida.

El automóvil se había salido de la curva, había caído en la falda de la montaña en algún momento y después había empezado a rodar hacia abajo hasta que se detuvo con las llantas arriba. Lo que había impedido que siguiera rodando fue una malla de alambre grueso que marcaba el inicio de un viñedo. El carro quedó colgando del alambre, estaba envuelto en él, en una bajada que al menos seguía por otros trescientos metros. Tuvimos mucha, mucha suerte. Ninguno tenía heridas.

Mi viejo Sedán no explotó, el radio aún seguía escuchándose y el motor seguía encendido. Poco después tuve el valor de volver y apagué el coche.

Mientras nos abrazábamos e intentábamos comprender el milagro, el dueño del viñedo llegó corriendo en su tractor, gritándonos, morado de la rabia.

—¡Estúpidos, cómo se atreven, van a pagar por todo esto, van a pagar…!

Estaba fuera de sí y no dejaba de quejarse por el pequeño destrozo que le habíamos provocado a su propiedad, daño que se reparó con unos pocos cientos de dólares que pagó rápidamente el seguro. En él no había rastro de preocupación por nosotros, ni una pizca de compasión y mucho menos agradecimiento por el milagro que apenas había presenciado. Al ver su exabrupto de locura, nos sentimos como dos extraterrestres recién materializados en un mundo más allá de nuestra comprensión.

Este evento me otorgó una perspectiva muy grande sobre la naturaleza de la realidad. Pero era más una historia de supervivencia y de renacimiento que de impermanencia o, en última instancia, de muerte.

Reconocer la impermanencia y usar la muerte como una consejera, eso era un elemento central en las enseñanzas de don Juan en los libros de Castaneda. Pero para lograrlo no requerimos hacer un ejercicio intelectual o filosófico. La impermanencia tiene que ser sentida y entendida a un nivel celular. Tiene que ser tangible y estar realmente presente para que afecte nuestra experiencia de vida. Al suprimir la realidad y, por ende, lo inevitable de la muerte, estamos forzándonos a vivir en un sueño, una realidad virtual en la que nada es finito, en la que nos comportamos como si fuéramos a vivir para siempre, en el que las palabras y los actos no tienen la capacidad de ser, potencialmente, los últimos de nuestra vida.

En culturas modernas existe una realidad virtual que es incapaz de entender la muerte. Esto se ha convertido en algo común. La muerte real se esconde. Los cadáveres son maquillados y pintados para que parezca que están vivos o, al menos, dormidos. Por otro lado, esa muerte irreal, esa muerte virtual, se transmite y se celebra constantemente. Nuestras películas y programas de televisión están llenos de muerte, y particularmente de muertes violentas. En los Estados Unidos se calcula que, para los dieciocho años, una persona promedio ha presenciado más de dieciocho mil asesinatos y ochocientos suicidios, sólo en la televisión.

Si todo esto no es suficiente para arrebatarle a la muerte su realidad y finalidad, las especulaciones religiosas sobre algún tipo de resurrección o una suerte de vida después de la muerte aparecen por todos lados y en realidad no tienen sentido. Basadas en una radical incomprensión de las escrituras y del saber espiritual del pasado, la vida eterna se concibe como una vida después de la vida, en lugar de entenderse como un despertar en el ahora a la naturaleza eterna de nuestra vida. Esta confusión sucede con facilidad porque nuestro concepto de lo eterno está viciado. La mayor parte de mi vida entendí la eternidad como un tiempo infinitamente largo. Desgraciadamente esto estaba equivocado. Debido a que no podía conceptualizar un tiempo infinitamente largo, terminé pensando en la eternidad como un tiempo muy extenso, en lugar de entenderla como la absoluta ausencia de tiempo. Por ende, la eternidad tiene que estar más allá del horizonte de nuestra existencia terrena. Tiene que estar después de la vida. Una vez que entendí que la eternidad significaba la ausencia de tiempo, la vida eterna adquirió un significado totalmente nuevo también: la vida fuera de la experiencia del tiempo, la vida del ahora, la vida como experiencia de la presencia.

Al permitir que la finalidad y la realidad de la muerte penetraran en mi vida pude ver, paradójicamente, la única forma de trascenderla: sólo lo podía hacer aferrándome al ahora, sacando de mi percepción de la vida al tiempo.

Aparentemente nuestra lúdica y despreocupada navegación por la India sí produjo, después de todo, algún tipo de magia. Sin un esfuerzo consciente, sólo provocado por nuestra propia intención, la muerte empezó a ofrecernos su sabiduría. Lo hizo de una manera tan artística y poética que era imposible pensar que sólo se tratara de una asombrosa coincidencia.

Nuestra primera cita con la muerte tomó lugar en Bombay. Poco después de llegar fuimos recogidos de la estación de trenes por unos amigos de Mona: Karin y Gunther. Eran los representantes de una gran compañía naviera alemana y vivían en un alto y lujoso edificio de departamentos en la Colina de Malabar, el vecindario más exclusivo de Bombay. Los conocíamos bien porque hasta hacía poco tiempo estaban viviendo y trabajando en Colombo y usualmente nos hospedábamos con ellos cuando íbamos ahí.

Estábamos contentos de volvernos a encontrar, e incluso nos habían organizado una fiesta de bienvenida. Fue un lindo descanso de la intensidad del viaje y de las vías. Teníamos planeado permanecer unos días con ellos para poder descansar antes de explorar Bombay.

Tan pronto como descargamos el equipaje en el cuarto de los invitados, Karin nos dio una visita guiada a través del departamento, que estaba en el piso treinta y dos. Estábamos impresionados y maravillados con la fabulosa vista que tenía cada una de las ventanas. Karin nos dijo dónde estaban algunos lugares de interés y nos señaló un área de mucha vegetación que estaba en la cima de la Colina de Malabar.

—Ahí es Doongerwadi, las Torres del Silencio de los parsi —dijo con voz siniestra.

—¿Las Torres del Silencio de los parsi? —no tenía idea de lo que hablaba.

—Ahí es donde los parsi otorgan su cadáver a las aves —Karin hizo un gesto de malicia, consciente del efecto que habían tenido sus palabras.

—¿Ahí hacen qué? —dijo Mona con los ojos muy abiertos.

—De hecho no se pueden ver las torres desde aquí. Están escondidas detrás de los árboles, pero siempre puedes ver las aves —continuó Karin, pasándonos unos binoculares.

Tenía razón. Podíamos ver claramente cuatro buitres volando en círculos sobre el área. Se podían ver incluso sin binoculares, y los cuervos estaban por todos lados.

Los parsi, después supimos, son una comunidad religiosa pequeña pero poderosa que radica en la India. Son seguidores de Zoroastro o Zaratustra, un profeta y poeta persa que vivió hace unos tres mil años. Entendía el universo como una batalla cósmica entre la verdad —o la realidad real— y la mentira —o falsa realidad. El propósito de la humanidad, de acuerdo a Zoroastro, es ir de una realidad falsa hacia una realidad real, a través de una participación activa en la vida y en la puesta en práctica de pensamientos, palabras y hechos positivos. La realidad falsa parece ser el sinónimo de la realidad virtual que está siendo generada todo el tiempo por nuestra actividad intelectual. Por ello palabras, pensamientos y hechos positivos se traducen rápidamente en impecabilidad e integridad. Todo esto nos indica que nuestro fin último —y la receta para alcanzarlo— no ha cambiado mucho a través de los tiempos.

Los ritos parsi, en relación a la muerte, están basados en su creencia de que el fuego, la tierra y el agua son elementos sagrados que no deben ser desafiados por la muerte. Por ello el entierro y la cremación siempre han estado prohibidos en su cultura. En lugar de esto, los cuerpos se ponen en la cima del Dokhma, también llamado las Torres del Silencio, donde los buitres se comen su carne, ayudando al espíritu a liberarse. El ofrecimiento de sus cuerpos a las aves es también entendido como el último acto de caridad de los zoroastros.

Las Torres del Silencio en la Colina de Malabar tienen un gran techo circular que levemente se alza hacia el centro. Está dividido en tres secciones por tres anillos concéntricos. Los cadáveres de los hombres se depositan en el tercer anillo, los de las mujeres en el anillo intermedio y el anillo interior es para los niños muertos. Una vez que las aves se han comido toda la carne, los huesos se dejan ahí para que sean blanqueados por el sol. Después son recogidos y juntados en un osario que se encuentra al centro de la torre. Ahí los huesos se van desintegrando poco a poco y lo que va quedando termina en el mar gracias a las lluvias.

Me encontraba completamente intrigado. En los días siguientes me paraba frente a la ventana una y otra vez, y veía a los buitres descender a las torres ocultas. El lugar estaba prohibido para todo no practicante parsi, pero mi atalaya estaba lo suficientemente cerca para que estos fascinantes ritos funerarios dejaran un indeleble recuerdo en mi memoria.

No podía evitar imaginar lo que se sentiría ser un parsi y tener que dejar el cuerpo de un ser amado en la cima de la torre para que fuera destrozado y comido por aves. Yo ya había visto en otras ocasiones a estos buitres de cuello largo comerse el cadáver de un animal. En comparación a esto, el rápido fin de una cremación, o la integridad relativa (incluso engañosa) de un entierro, se me hacían algo mucho más tolerable.

Dejé correr mi imaginación. En ese instante traté de decidir qué haría al momento de mi muerte y qué quería que se hiciera con mi cuerpo. Me di cuenta de que no quería que mi destino final fuera así. Había algo desconcertante en la idea de estar tan expuesto y de poder ser desmembrado, aún estando ya muerto. Me imagino que este escenario era incompatible con mi sentido de la vanidad que, por entonces, se extendía incluso a la imaginación de mi cadáver.

—¿No te estás poniendo muy morboso con esto? —me preguntó Mona mientras veía una vez más a los buitres con los binoculares.

—¿Morboso? —negué con la cabeza— Me fascina. Me encanta esto.

No quería dejarlo ir. Era como un gran regalo haber encontrado una ventana tan fascinante hacia los intríngulis de nuestra moralidad. No había nada mórbido en mi interés. Había aprendido que para convertirme en un "hombre de conocimiento" tenía que usar a la muerte como un consejero, y esto había derruido la barrera que usualmente sentía durante un duelo después de algo tan terrible como la muerte. Incluso sentía cierta liberación. Me gustaba la idea de usar la muerte como un consejero, pero para poder hacerlo antes tenía que establecer una relación con ella.

Bombay fue bastante directo en este aspecto. Incluso tuvo el detalle de darnos un regalo de despedida en el taxi, camino a la estación de trenes el día de nuestra partida. No sabíamos cuánto tiempo haríamos a la estación así que le pedimos al taxista que acelerara. Fue un grave error.

Manejar en el tráfico de Bombay ya era, en condiciones normales, una experiencia bastante surrealista. Para empezar, y desde nuestra perspectiva, todo mundo estaba manejando en sentido contrario. Semáforos, señalamientos y cualquier otra forma de regulación eran esporádicos y arbitrarios, en el mejor de los casos. Además de automóviles, autobuses y motocicletas, había una infinidad de bicicletas, triciclos, gente y animales en la calle. Añadan a esto un taxista suicida que, evidentemente, vivía en otro mundo, y tendrán una idea de lo que ocurría: la peor montaña rusa de nuestra vida.

Desde el momento que arrancó nos quedamos sorprendidos. Gritamos, paramos de respirar y nos reíamos al mismo tiempo, histéricamente. No tenía idea de las leyes de la física: rebasaba a todo y a todos, por la izquierda y la derecha. Literalmente volamos a través de un laberinto de intersecciones, grandes espacios circulares sin señalamientos donde confluían seis o más calles. Era un caos absoluto en cámara rápida. No era lo que podríamos llamar un buen conductor, pero tampoco parecía que estuviera preocupado o haciendo algo audaz. Estaba completamente tranquilo, relajado, navegaba en medio de ese caos casi en una ensoñación, algo que era muy raro para nosotros. Nos pusimos en posición fetal transidos de miedo. Por momentos protegíamos nuestra cabeza con los dos brazos para estar a salvo del inminente impacto. Nos golpeábamos con el techo, con las puertas y entre nosotros mismos. Pero su fe y serenidad eran contagiosos y poco a poco nos empezamos a relajar también y nos resignamos a lo que pudiera pasar. Todo fue una larga, continua y aterradora experiencia y, finalmente, llegamos a la estación. Fue como si hubiéramos sido expulsados del hiperespacio.

Claramente la muerte había reparado en mi interés por ella y venía hacia mí con algo de sentido del humor. Este último paseo en taxi había sido una última probadita, menos poética, sin duda, que la de los buitres sobre las Torres del Silencio, pero ésta había sido más inminente y dramática. Ambos eventos parecían predestinados, lo que me dejó pensando en cómo continuaría nuestra danza.

El estado de Goa, que se ubica en la costa occidental de la India central, estaba fijo en mi mente debido a sus vastas e infinitas playas blancas. Algunas de ellas medían hasta medio kilómetro, extendiéndose hacia el horizonte en ambas direcciones. Era en verdad maravilloso.

Goa fue una colonia portuguesa por cuatrocientos cincuenta años, hasta 1961, y era un lugar único en comparación a las otras regiones de la India. Recuerdo una visita a un mercado de la comunidad de Margao donde todo tenía algo diferente, como si hubiéramos entrado de repente a un estudio cinematográfico. Muchos parecían portugueses y su ropa y accesorios eran de colores extravagantes y exóticos. Había iglesias católicas por todos lados, a veces junto a templos hindúes o estupas budistas. Era un lugar fascinante, un territorio ubicado al final del arcoíris que parecía estar fuera del tiempo y del espacio.

Nos quedamos en un pequeño y acogedor *bungalow* de playa, rodeado de palmeras con cocos, con vista hacia la impresionante arena blanca y frente al mar azul profundo. Cada mañana los botes pesqueros descargaban sus redes en la arena y nosotros comprábamos una canasta llena de langostas y camarones por cantidades ridículas. El restaurante de la playa los cocinaba por un pago razonable y, gracias a ello, teníamos bufete de camarones y langosta todos los días para comer y cenar. La mayoría de las veces sólo las cocinaban en un sartén con cebolla, les añadían curry y las movían. Siempre quedaban deliciosas.

Después de poco más de una semana, me empezó a dar comezón en todo el cuerpo y tomamos esto como una señal de que era tiempo de partir. En el tren que tomamos me empezaron a dar escalofríos y fiebre. Estaba asándome, mis pulmones estaban ardiendo, mi corazón latía rápidamente y casi no podía respirar. Entre más nos alejábamos del mar más calor hacía y peor me sentía, pero no había forma de abandonar el tren. Para cuando empezamos a subir por las faldas de las Ghats occidentales, que es la cordillera que separa a Goa del interior de la India, estaba acostado sobre la rejilla del equipaje, que se encontraba sobre nuestros asientos, desmayándome y volviendo el estómago. Me congelaba, me asaba, alucinaba y finalmente perdí la conciencia. Mona no sabía qué hacer. Sólo trataba de darme agua cuando podía.

No sé si lo que tenía era una reacción alérgica a la gran cantidad de mariscos ingeridos, o si había sido atacado por un virus, o incluso si habían sido ambas cosas. Cuando empecé a perder la conciencia mientras el tren zigzagueaba lentamente por las montañas, estaba pensando seriamente que podía morir. Nunca me había sentido tan enfermo y débil durante toda mi vida.

Una vez que el tren llegó a la meseta del Decán ya era de noche. El aire estaba más frío y seco y lentamente me empecé a reponer. Poco después de que volví en mí pude sentarme otra vez en mi asiento, tomé agua y comí un poco. Pune, nuestra siguiente parada, todavía quedaba lejos así que me acomodé para seguir perdiéndome entre los delirios de la fiebre.

Una hora más tarde desperté por una conmoción alrededor de un pasajero que estaba sentado del otro lado del pasillo, unas cuatro filas delante de nosotros. Cuando abrí los ojos dos hombres lo estaban levantando del asiento y lo pusieron con precaución sobre el pasillo. Era un hombre bien vestido, de unos setenta años tal vez, que parecía estar inconsciente. No sabía por qué nadie había puesto una almohada bajo su cabeza cuando un pasajero que estaba junto a él tomó una bufanda y le tapó su pecho y su cara.

Hasta entonces me di cuenta de que el hombre había muerto.

—¿Viste lo que pasó? —le pregunté a Mona.

—No, estaba durmiendo. Apenas ahora abrí los ojos cuando lo sacaron de su asiento. Es impresionante… a nadie parece importarle —movió su cabeza.

—Probablemente esté viajando solo —sugerí.

Mirábamos para todos lados, intrigados de cuál sería la reacción de los otros pasajeros, esperando que pasara algo, pero todo lo que vimos fueron caras cansadas, indiferentes, descansando, volviendo a dormir.

Yo estaba en el asiento del pasillo y el cuerpo estaba a escasos metros enfrente de mí, meciéndose rítmicamente por el movimiento del tren. La pequeña bufanda que lo cubría era casi transparente y el ventilador del techo hacía que ésta se pegara a su rostro marcando sus rasgos. Tenía una presencia contundente estando muerto. No podía quitar mis ojos de él, y aún cerrándolos podía ver el cuerpo, como si lo hubiera enterrado en mi retina. Estaba vestido de blanco y, con la bufanda blanca sobre su cara, la luz de neón parecía levantarlo del piso café y hacerlo flotar. Nadie reparaba en él. De vez en cuando alguien pasaba sobre de él para salir o volver a su asiento. El conductor lo ignoró completamente. Meciéndose tranquila y amablemente, con la bufanda y sus ropas ondulándose por la brisa, el muerto se quedó con nosotros hasta Pune, estación tras estación.

Empezó a aparecer en mis delirios por la fiebre, y empecé a tener visiones en que yo salía de mi cuerpo y podía ver mi propio cadáver. En un momento desperté bañado en lágrimas después de un sueño en que vi a mi madre de luto sobre mi propio cuerpo. A ratos permanecía despierto, sentado, y me le quedaba viendo al cuerpo con los ojos entrecerrados, tratando de imaginar cómo había sido la vida del viejo. Después de considerar varias versiones, decidí que había sido un empleado retirado del gobierno que apenas había perdido a su mujer. Ahora vivía con la familia de uno de sus hijos en Goa y estaba de camino para visitar a su hija y a sus nietos en Pune. Probablemente soñaba con jugar con sus nietos cuando murió.

Llegamos a Pune. El personal del tren nos hizo quedarnos en nuestros asientos hasta que los paramédicos sacaron a mi querido amigo en una camilla.

Sentí una pérdida cuando dejé de verlo. Desde mi perspectiva, bien pude haber sido yo.

Mumtaz Mahal, la hija de un noble persa, y aparentemente una mujer de belleza y encanto legendario, vivió en Agra de 1593 a 1631. A los diecinueve años se casó con el príncipe Khurram, quien después se convertiría en el emperador Shah Jahan I. Se dice que durante su vida los poetas cantaban su incomparable belleza, gracia y compasión. Khurram estaba completamente enamorado de ella, y según los cronistas e historiadores de la corte, la pareja real tenía la relación más cariñosa y erótica que se pudiera imaginar. Una devoción y lealtad semejante era inédita en un mundo polígamo como el de la realeza musulmana. A pesar de cuidar a trece hijos, Mumtaz viajaba con él a donde fuera y era su compañía más fiel. Cuando murió, dando a luz a su catorceavo hijo, dicen que Khurram se recluyó en su dolor durante todo un año, dedicándose exclusivamente a la creación de su tumba, el Taj Mahal, sin duda el mausoleo más magnificente en la historia de la humanidad.

Siempre he evitado las atracciones turísticas, y aún con la incuestionable magnificencia del Taj Mahal no me fue fácil sobreponerme a mi convicción. Lo visitamos a una hora en que todavía no llegaban los autobuses de turistas y afortunadamente la cola para entrar no era muy larga. Como es usual en esos lugares, tuvimos que esquivar a hordas de mendigos y vendedores. Para cuando llegamos a la entrada los dos estábamos acalorados e irritables. Cuando entramos a la tumba me dieron náuseas. Hay una pequeña estancia donde todo mundo tiene que quitarse los zapatos y el olor es repulsivo. Abrumado por esto empecé a respirar por la boca, pero no sirvió de nada. El olor nos seguía a donde fuéramos. Seguramente una corriente de aire venía de fuera y pasaba a través de la estancia de los zapatos. De esa forma el olor perfumaba todo el Taj Mahal.

Seguimos a un guía de turistas un rato, interesados por algunos detalles pertenecientes a la construcción del mausoleo. Toda esa estructura colosal fue construida exclusivamente en mármol blanco traslúcido, que tuvo que ser transportado desde Rajastán. Todo fue decorado minuciosamente con incrustaciones, en las que usaron veintiocho diferente tipos de piedras preciosas que fueron traídas desde lugares tan lejanos como China o Arabia. Le tomó veinte años, veinte mil trabajadores, mil elefantes e innumerables especialistas de todo Asia para terminar el Taj Mahal. Los datos me mareaban tanto como ese olor nauseabundo. Tuvimos que dejar el *tour* y caminamos hacia la salida.

Estaba desilusionado. Nos perdimos un rato más en los jardines, tratando de absorber todo su esplendor desde fuera. Era impresionante, pero no importaba cuánto nos esforzáramos, no podíamos sentirnos cautivados por esta maravilla del mundo.

Nos fuimos de Agra pocos días después, muy temprano. Al salir del hotel casi nos atropella un triciclo. El conductor se detuvo, se bajó e intentó convencernos de que lo contratáramos. Nunca me han gustado esos triciclos. Me hace sentir mal ver que el conductor está sudando y resoplando mientras el pasajero está cómodamente sentado en la parte de atrás. Me daba cuenta de que esta era su manera de ganarse la vida, pero usualmente prefería utilizar un taxi tradicional.

El hecho de que prácticamente nos hayamos topado con él me pareció una linda coincidencia, y debido a la sonrisa que nos mostró el chofer, hice una excepción.

—Conozco un atajo bonito —dijo contento cuando se aseguró de que lo contrataríamos.

Echamos nuestras maletas y nos subimos. Estaba por amanecer y hacía un frío reparador, así que no me sentí mal por el conductor. Nos llevó por callejones estrechos, dejando atrás el pueblo a través de un sendero que bordeaba el río Yamuna, que todavía estaba cubierto de niebla. En verdad era un lindo atajo. El Fuerte Rojo apareció ante nuestros ojos entre la bruma. Era otro monumento magnífico de arquitectura musulmana y había sido un palacio durante el reinado de Shah Jahan.

Cuando pasamos justo frente al Fuerte Rojo, nuestro conductor se detuvo y apuntó a una de las ventanas de la fachada.

—Aquí fue donde Shah Jahan estuvo preso durante catorce años antes de su muerte, después de que fuera derrocado por su propio hijo —dijo nuestro chofer— Desde aquí es donde se puede apreciar la mejor vista del Taj Mahal.

Bajamos del triciclo y volteamos.

Lo que vimos sólo puede describirse como un acto de gracia, como un poema visual.

Bajo los primeros rayos del sol, y brillando a través de la neblina de la mañana, el Taj Mahal se nos revelaba finalmente. La gran tumba blanca poco a poco emergía como un espejismo traslúcido de proporciones perfectas, creciendo en luminosidad y volumen cada segundo. Estaba enmarcado por un brillo rosado y rojo, y cambiaba según subía el sol sobre el horizonte, despertando a esa bella durmiente, esculpiéndola de la bruma.

Nos quedamos ahí intimidados. Mi corazón estaba sobrecogido por la magnitud de ese gesto de amor y devoción que había provocado la obra de un genio, Shah Jahan, quien además había estado condenado a presenciar esta vista a través de su ventana durante lo que seguro le pareció una eternidad.

Durante un segundo el mundo y el tiempo se detuvieron.

Flotando frente a nosotros en la distancia, el Taj Mahal había abierto un portal a otra dimensión. Cuando el mundo volvió a girar y yo pude volver a reflexionar, me quedé perdido en el acertijo del amor y de la muerte.

Varanasi o Benares, como se le conocía en la época colonial, es un lugar donde se acumula el poder más que en ningún otro sitio. Ubicado en una curvatura en forma de luna sobre el río Ganges, es la capital religiosa de la India y una de las ciudades más antiguas de la tierra.

Mark Twain escribió:

"Benares es más antigua que la historia, más antigua que la tradición, es más antigua incluso que las leyendas y se ve más vieja que todas las leyendas juntas".

Se puede entender muy bien lo que dice después de recorrer el laberinto de más de ochocientos templos y santuarios que van delineando los estrechos callejones que llevan al río. El aire olía mucho a incienso y vibraba con la energía devota de los miles de peregrinos que desembocan en esta ciudad día tras día.

El Ganges es adorado por los hindúes y ha sido personificado en la diosa del hinduismo. Los hindúes creen que bañarse en el río y beber su agua purga los pecados y ayuda a obtener la salvación. La mayoría de ellos hacen el peregrinaje al Ganges al menos una vez en sus vidas. Pero no sólo vienen a Varanasi a bañarse en sus aguas.

Es común ver a peregrinos muriendo y cadáveres envueltos que, sobre camillas y asientos de bambú, son llevados al río. Varanasi es tan sagrada que se cree que aquellos que sean cremados en una de las innumerables piras funerarias a la rivera del Ganges, obtendrán el *moksha*, es decir, la liberación del ciclo de nacer, morir y renacer.

La creencia central en la trascendencia del hinduismo es, esencialmente, la misma que en las otras religiones importantes. La mayor parte de los hindúes creen que el espíritu, el alma o la esencia verdadera de cada persona, llamada *atman*, es eterna, está fuera del tiempo. *Atman* es, finalmente, indistinto del Brahman, el espíritu universal. Según los upanishads, uno de los libros principales del hinduismo, la *moksha* o liberación se consigue cuando nos damos cuenta de nuestra naturaleza eterna y nuestra unidad con el Brahman. Los diferentes métodos que tienen los sabios para enseñar a adquirir este descubrimiento se llaman yogas.

Debido a que nuestra mente pensante no puede entender ni relacionarse con la naturaleza eterna e infinita del *atman* o del Brahman, las prácticas religiosas giran en torno a dioses personales y concretos tales como Vishnu, Brahma, Shiva y Shakti, o una de las innumerables deidades menores como Genesha y, desde luego, Ganges. Todos estos son arquetipos universales con los que nos podemos relacionar y utilizar como escalones hacia la realidad insondable del Brahman.

Varanasi también es el lugar del Parque de los Venados, donde Buda Gautama dio su primer sermón señalando las bases de su enseñanza, cosa que lo hace uno de los lugares más reverenciados y visitados también de los budistas. Buda inculcaba un tipo de vida que pudiera mostrarnos la verdadera naturaleza de la realidad. Esta verdadera realidad está descrita como una unidad indiferenciada y, como tal, parece ser esencialmente idéntica a la idea de Brahman en el hinduismo. Ambos sistemas de creencias son hermosamente tolerantes y coexisten pacíficamente. Nosotros pudimos ver pequeños grupos de monjes budistas en sus túnicas azafranadas, otorgando un toque de serenidad mientras transitaban por el delirio devoto de Varanasi.

La muerte estaba por todos lados en esa ciudad, especialmente cerca del y en el Ganges. Durante todo el día se puede ver a gente en botes dispersando las cenizas de sus seres queridos. Decenas de piras funerarias ardían junto al río todo el día y, por momentos, si la familia no podía costear toda la leña para cremar el cuerpo hasta las cenizas, echaban el cuerpo medio carbonizado al río. A veces se observan grupos de mujeres vestidas en *saris* blancos con sus cabezas recién rapadas por la muerte de sus maridos. Las nuevas leyes de la India las han librado del *sati*, la antigua costumbre que les exigía lanzarse a la pira funeraria del marido muerto.

Una tarde después de cenar, salimos a dar un paseo a las orillas del río y nos sentamos en unas piedras cerca de una familia que estaba construyendo una pira. Todos estaban haciendo algo y parecía que sabían muy bien qué estaban haciendo. Me di cuenta de que hacer una pira adecuada es muy difícil. Se colapsan, se deshacen o el cuerpo rueda en medio de la ceremonia. La familia nos sonreía y parecían sentirse honrados de la atención que les poníamos, así que no sentimos que nos estuviéramos entrometiendo. El cuerpo de una anciana, envuelto en muselina, descansaba en una hermosa sábana decorada y estaba cubierta de flores. Cuando la pira ya les llegaba a la rodilla, dos hombres cargaron el cuerpo con todo y sábana y lo pusieron sobre la madera. Con cuidado la envolvieron en la sábana y siguieron haciendo la pira hasta que el cuerpo quedó completamente cubierto.

Un sacerdote realizó una breve ceremonia y luego uno de los hombres, tal vez el hijo mayor, dijo una elocuente loa antes de encender la pira con ayuda de keroseno y una antorcha. La leña debió haber estado seca porque las flamas salieron poderosamente hacia el cielo nocturno en instantes. La pira crepitaba, y todos vimos asombrados cómo la sábana, las flores, la muselina y el pelo de la mujer se incineraban casi inmediatamente. Sin brisa, el humo y el vapor salían del cuerpo hacia arriba, y sólo ocasionalmente nos llegó un olor a carne quemada. Seguramente fue bueno no poder ver el cuerpo cuando las llamas lo empezaron a quemar. Todavía estaba cubierto de leña y rodeado de flamas.

Una vez que pasó la primera llamarada, el fuego empezó a disminuir y se convirtió en pequeñas flamas blancas que cada vez estaban más calientes. El cuerpo aún despedía agua en forma de vapor y podíamos oír el chisporroteo que hace la grasa al quemarse. Después de un rato la pira se había vuelto un pequeño horno y el cuerpo chamuscado era visible en la parte superior. De vez en cuando alguien se acercaba al fuego y agregaba más leños aquí y allá. Para entonces el fuego era caliente y continuo, y casi nada pasó por un buen tiempo. Pequeñas flamas amarillas bailaban alrededor del cuerpo emitiendo nubecillas de humo negro. No podíamos dejar de ver este pequeño infierno que nos hacía pensar nuevamente en la vida y la muerte.

De repente algo voló al fuego espantándome y causando revuelo en las llamas. Volvió a pasar lo mismo y en esta ocasión le pegaron al cuerpo carbonizado. Voltee y vi que dos jóvenes estaban buscando piedras para tirarlas al fuego intentando golpear la cabeza de su abuela. Me impresioné mucho al principio, pero a nadie más parecía molestarle. De hecho el padre de los muchachos estaba junto a ellos y no hizo nada para interferir.

Los chicos siguieron compitiendo y se emocionaban en su intento por atinarle. Yo me avergonzaba cada vez que lanzaban una piedra. Finalmente una de estas golpeó la cabeza con fuerza suficiente y el cráneo se abrió haciendo un chasquido. Manó un líquido rosa y espeso, y explotó al entrar en contacto con el fuego, convirtiéndose en una densa nube de vapor. No sé si la nube blanca era en realidad tan densa, o si mi mente en shock no le permitía disiparse. Fue una escena muy poderosa que nunca podré olvidar.

Uno de los hombres más viejos de la familia, el que estaba más cerca de nosotros, ha de haber visto nuestra consternación. Se acercó y nos dijo que era inusual que el cráneo siguiera intacto, y que los chicos lo rompieron para que el alma pudiera dejar el cuerpo y sólo quedaran los huesos y las cenizas.

Esa noche no había luna y el reflejo del fuego en la lentitud del río creaba una espeluznante atmósfera medieval. Los perros ladraban a la distancia. Voces malhumoradas y los lamentos de la música india parecían llegar de todos lados. Al caminar de regreso al hotel nos tomamos nuestro tiempo. Nos detuvimos varias veces a las orillas del río, mirando hacia la otra ribera. Prácticamente no había olas en la superficie. El Ganges se había unido con los cielos de la noche y todo era paz. Cerré los ojos para unirme en el silencio. Vi un cráneo expulsando un estallido rosa y transformándose en una densa nube blanca, suspirando algo que no podía entender.

Paramos en Calcuta en nuestro camino a Katmandú. Ahí obtendríamos nuestras visas para ir a Nepal. Calcuta era el reverso del Bombay. Mientras Bombay podía verse como una ciudad gigante con algunas barriadas, Calcuta era una gran barriada con algunas zonas urbanas.

No estábamos preparados para lo que hallaríamos. Era la Calcuta de la Madre Teresa, una de las barriadas más pobres y grandes del mundo. La vista desde el tren, y el trayecto en triciclo entre una estación de trenes y otra, nos proporcionó más imágenes de dolor y sufrimiento que las que pensamos que pudieran existir. Tratar de compartir esta experiencia resulta inútil. Ni siquiera las imágenes en televisión pueden comunicar esta miseria de forma verídica. Y, honestamente, estábamos tratando de bloquear el impacto mientras transitábamos a través de la noche.

Decidimos refugiarnos en una de las zonas urbanas: el centro financiero. Ahí las cosas son diferentes. Había tiendas de diseñadores, parques, campos de golf e incluso de polo. Era hermoso. Escuchábamos el piano y el canto de aves tropicales mientras nos reponíamos comiendo sándwiches y tomando té en la terraza del Gran Hotel Oberoi, "el epítome del lujo y la hospitalidad", como decía la portada del menú.

Cada vez que las "idiosincrasias culturales" nos abrumaban y amenazaban nuestra idea del mundo, nos refugiábamos en el mejor hotel de la ciudad por un rato hasta que el ataque de la realidad cedía y el aire acondicionado nos enfriaba para poder enfrentar el segundo round con la realidad.

Durante el té reflexionamos sobre cómo una de las más antiguas y espirituales civilizaciones del mundo no había podido hallar un mejor sistema de coexistencia.

O tal vez hubiera sido más divertido echarle la culpa de todo a los ingleses. Después de todo ellos apoyaron y reforzaron el sistema de castas indio durante el periodo colonial. Sí, creo que culpar a los ingleses podría haber sido una buena idea. Nos habría hecho sentir mucho mejor, sencillamente porque no éramos ingleses.

O pudimos haber aceptado que nos seguimos sintiendo molestos e incómodos, en lugar de compasivos, cuando vemos pobreza y sufrimiento.

Pero probablemente en aquella ocasión sólo nos quejamos de que los sándwiches eran muy caros.

¿O culpamos a los ingleses?

Dejamos el Grand Oberoi para dar un paseo por una de las calles con boutiques. Estaba atardeciendo y las banquetas estaban atestadas de peatones atareados, muchos de ellos de traje, a pesar del calor. Era el centro financiero principal de una metrópolis de doce millones de personas. Apenas habíamos caminado unos cien metros cuando notamos una pequeña desviación delante de nosotros. Era un pequeño obstáculo que afectaba al río de compradores, algo en la banqueta.

Lo vimos hasta el último momento y lo esquivamos. Mucha gente lo veía demasiado tarde y lo pisaba. Era la criatura más espantosa que se pueda uno imaginar: un hombre, tal vez de cincuenta y tantos años, que no era más que huesos cubiertos de piel. Estaba completamente desnudo y su cuerpo estaba cubierto de excremento. Estaba inerte, acostado bocabajo, sobre el asfalto y bajo el brillo del sol. Vi que su pecho se movía un poco. Gracias a dios no estaba muerto... sólo estaba muriendo.

Nadie hizo nada al respecto. Nosotros tampoco. El río de peatones nos volvió a zambullir y seguimos adelante. No recuerdo si me sentí molesto o conmovido, o si sólo me quedé en silencio. Nuestra danza con la impermanencia tocaba una música triste. Deseábamos algo más alegre.

El camino en autobús hacia Nepal, cruzando los Himalayas, es una trampa mortal. Cuando vi al chofer del autobús nocturno a Katmandú, me sentí inmediatamente obligado por primera vez a mirar completamente en serio por encima de mi hombro. Había aprendido que el guerrero siempre podía consultar a su muerte mirando por encima de su hombro izquierdo y la muerte le aconsejaría.

Otros viajeros y guías de turistas nos habían advertido de que en esta ruta había accidentes frecuentes. Tanto los autobuses como las carreteras estaban en pésimas condiciones y un solo chofer manejaba, por lo general, las dieciséis horas de camino con pocos descansos, principalmente durante la noche. Un largo trecho del camino linda con desfiladeros que van a dar a un río, con caídas de hasta trescientos metros. Por supuesto no había barandilla protectora alguna. En algunas partes del camino el río estaba bordeado por restos de autobuses.

Nunca me han gustado los viajes en autobús, y toda esta información era más de lo que quería saber en ese momento. Mientras tanto, un chofer malencarado, que tenía el ego de un capitán de avión, estaba impaciente tratando de encender el motor y fumaba como si su cigarrillo le pudiera proporcionar oxígeno. Su cuerpo parecía asolado por la cafeína, o por lo que fuera que tomara, para permanecer despierto detrás del volante. Sus dos "azafatos", que también se daban mucha importancia, guardaron el equipaje, revisaron los boletos y asignaron los asientos.

Miré sobre mi hombro izquierdo con un poco de preocupación, pero sólo vi las caras cansadas de los otros pasajeros. No vi una sombra fugaz, ni sentí ningún escalofrío por la espina dorsal, nada que me hubiera indicado la necesidad de huir de ahí.

—¿Qué piensas de este chofer? —le pregunté a Mona.

—Va a estar todo bien —dijo encogiéndose de hombros— Al menos no parece estar tomado.

—Buen punto —me reí y me recosté, decidiendo que aceptaría mi destino.

En realidad no sabía qué pensar acerca del destino. Sólo sabía que los nativos que estaban detrás de mi hombro izquierdo, y en los otros asientos del autobús, tenían una actitud hacia su destino muy diferente a la nuestra. Esto me impresionó siempre, una y otra vez, durante los dos años que estuvimos viajando por la región. Al haber estado inmersos toda la vida en los conceptos de karma y reencarnación, tanto los hindúes como los budistas producían una relación muy diferente con el destino, la vida y la muerte. Aquí la mayor parte de la gente crecía con una percepción de que la vida es algo continuo, antes que algo singular y único.

Apenas hacía unos días, durante la loa en la cremación de la anciana en Varanasi, esta actitud diferente había sido asombrosamente obvia. El hijo honró y describió la vida de su madre en términos kármicos solamente, hablando de sus vidas previas y futuras. Primero recordó todos los eventos buenos y positivos de su vida, que eran resultado de aspectos virtuosos de sus vidas pasadas. Luego habló, con mucho detalle, sobre cómo toda su bondad y devoción religiosa en esta vida le garantizaba la felicidad en la siguiente. Incluso los momentos difíciles tenían que agradecerse ya que, según él, éstos resolvían el karma de vidas pasadas y producían buen karma para las siguientes.

Esta era la forma en que veían las cosas, lo habíamos presenciado infinidad de veces. Comúnmente nos parecía que esta perspectiva tenía un aspecto fatalista, y es que así casi no se valora una vida individual, tal como lo mostraba el moribundo de Calcuta. Uno podría explicar y disculpar todas las tragedias de la vida diciendo que son el resultado del karma en vidas anteriores, por eso había poca motivación para mejorar las cosas.

Por otro lado, también hay algo que aprender de esta forma de pensar. Al concebir la realidad como una serie de vidas, puede ayudarnos a identificarnos con aspectos de nosotros mismos que son, esencialmente, constantes durante todas esas vidas. Nos puede ayudar a identificarnos con nuestra esencia eterna, antes de que lo hagamos con esas manifestaciones temporales que llamamos vida.

Con un rugido del motor y el desafiante sonido del claxon, el chofer anunció nuestra partida. Tan pronto como el último vendedor
de comida se bajó del autobús, empezamos nuestro camino. Las
primeras horas el autobús viajó por un valle y la carretera era aún
decente. Era obvio que nuestro chofer de autobús pertenecía a la
misma tribu que nuestro taxista en Bombay. Con una indiferencia
onírica, y con su cabeza echada un poco hacia atrás y a un lado,
con un cigarrillo colgando de su boca, pasó como una centella por
los pueblos, sin darse cuenta del tamaño y de la velocidad de su
autobús. Con sus lentes de aviador, que sólo se quitó hasta que se
había hecho completamente de noche, parecía estar tan pendiente
del mundo igual que un piloto aburrido de utilizar un simulador
de vuelo. Pero sabía usar su vehículo, y fuera de algunas payasadas,
manejaba de forma impecable.

En algún momento de la noche empezamos nuestro ascen-
so por los Himalayas. La carretera se puso fea y empezaron las
curvas. Afuera la oscuridad era absoluta y no podíamos ver nada.
Tal vez era lo mejor. Traté de permanecer despierto, así al menos
podía observar al chofer, pero no iba a servir de nada. Yo no soy
muy miedoso, pero toda esta contemplación de muerte e impermanencia me había dejado una profunda marca. Me encontraba
en un limbo. Después de atraerla por varios meses, la realidad y la
inevitabilidad de mi propia existencia habían aparecido en mi vida
cotidiana. Pero en lugar de estarle dando una mayor profundidad
y definición a mi experiencia del aquí y el ahora, sólo producía
aprehensión y confusión. El proceso alquímico de convertir este
descubrimiento en liberación necesitaba un salto mortal que todavía no podía concebir.

Desperté debido a un enfrenón. Asumí que tendríamos una parada para ir al baño y me alegró la idea de estirar mis piernas. Pero
cuando me bajé del autobús me di cuenta de que el chofer había
parado por otro motivo. No había ningún baño. Con las primeras

luces de la mañana pude ver que viajábamos sobre la orilla de un desfiladero espectacular y lo habíamos estado haciendo por mucho tiempo. El chofer se había parado aquí para apreciar la vista. Desde donde yo estaba se podían ver ocho diferentes accidentes abajo en el río, seis de ellos autobuses, y por algunos de los pasajeros supe que uno de ellos había caído la semana pasada.

En la hora que siguió paramos dos veces más por el mismo motivo, y entre las paradas sabíamos que pasábamos junto a otro accidente por los entusiastas comentarios de nuestros compañeros de viaje. Para entonces estaba más allá del miedo. El entusiasmo general me había llevado a ver con emoción que formaba parte de una aventura. Era algo increíble. En muchos lugares del camino, los bordes de la carretera no existían, se habían deslavado, y en ocasiones sólo un vehículo podía cruzar. Además, el camino estaba empedrado de rocas que caían. Fallas mecánicas o un segundo de distracción era un lujo que el conductor no podía darse, principalmente cuando empezaban las bajadas.

Cuando finalmente llegamos a la estación de autobuses de Katmandú, algunos de los pasajeros le aplaudieron al conductor y nosotros nos unimos a ellos.

Nuestra danza con la impermanencia había terminado, por ahora.

Un lugar de poder

Resultó que ese viaje a Katmandú, tan extremo y surrealista, fue extrañamente atinado. Fue como haber salido de un túnel de gusano. Desde nuestra perspectiva, la ciudad y sus alrededores estaban atrapados en una cápsula del tiempo.

Nepal ha estado cerrado al mundo exterior por más de dos mil años. Apenas abrió sus fronteras a mediados del siglo xx: el primer vuelo internacional aterrizó en 1974. Nosotros llegamos seis años después y el mundo moderno ya estaba presente en este reino de montañas, pero era en forma de un barniz casi imperceptible.

La mayoría de los visitantes en el pasado eran alpinistas y jóvenes buscadores de lo que llamo "el refugio", tratando de encontrar su idea de Shangri-La. Los últimos han disfrutado la actitud liberal del Reino hacia las sustancias psicotrópicas y las han utilizado para sus exploraciones y escapes, particularmente el ubicuo hashish. Antes que acelerar su modernidad, esta primera oleada de visitantes ha servido como un amortiguador y ha preservado la naturaleza anacrónica y exótica del lugar, lo que hace fácil perderse en esa cápsula del tiempo.

Al caminar al hotel desde la estación de autobuses, el mundo que conocíamos se fue deshaciendo en la memoria. Había algo único en el olor de ese lugar. No era capaz de aislar o identificar los diferentes aromas en los que nos encontrábamos inmersos pero, muy dentro de mí, los sentía familiares, arcaicos. Tan pronto como nos alejamos del camino principal, en el que el olor de gasolina adulteraba el efecto, pudimos atravesar el barniz y adentrarnos en la vida pasada que olía a fogatas, animales, estiércol, paja, tierra, piedras y a una existencia primitiva.

Unos adoquines enormes dificultaban nuestra caminata. Casas pequeñas, chuecas, con puertas bajas y ventanas diminutas, se continuaban en los callejones. Gente proveniente de la montaña bajaba cargada de mercaderías e iban hacia mercados lejanos. Grupos de nativos se juntaban en las esquinas, cocinando sobre fogatas, platicando y riendo. Niños sucios jugaban y nos decían adiós mientras pasábamos. Una niñita salió de una casa de piedra de apariencia milenaria y se paró a defecar sobre el drenaje que pasaba por el callejón. Luego se sentó sobre el adoquín y se limpió con un poco de pasto que crecía ahí antes de entrar corriendo de nuevo a la casa.

Nos acercábamos a la legendaria Casa de Huéspedes de Katmandú, donde esperábamos encontrar lugar. Más y más caras occidentales empezaron a surgir. Empezó a aparecer gente vestida para escalar, oficinas de turismo, cafeterías, así como olor a pan recién horneado y a pasteles. Todo esto enriquecía el paisaje olfativo. Sin sorpresa nos percatamos que una cultura formada principalmente por viajeros aficionados al cannabis había hecho de la pastelería algo suculento. Estábamos tentados a detenernos y sentarnos en una cafetería con todo y nuestros equipajes, pero era mejor asegurar una reservación antes. Pasamos por una oficina de turismo que también servía como una librería de viejo y ahí encontré la secuela de mi mapa de viaje: *El segundo anillo de poder*, el último libro que hasta la fecha había publicado Carlos Castaneda.

Era perfecto. En los últimos tres meses, desde que dejamos Sri Lanka, había leído, releído y consultado sus tres libros previos infinidad de veces y su espíritu me había penetrado profundamente. Habían imbuido nuestro viaje con magia y propósito, lo habían hecho una experiencia invaluable. Pero más que eso, habían cambiado profundamente la forma en que yo me relacionaba con el universo y con la vida en sí misma. Lo que había estado siendo una

batalla solitaria para sacar más de la vida —tal como un parási-
to trata de sacar el mayor provecho de su huésped— se había ido
convirtiendo en una relación mucho más orgánica e integrada con
el universo. Todavía era algo azaroso y distaba de ser una danza armoniosa, pero la aparente muralla de la ilusión se estaba desmoro-
nando y ya alcanzaba a oír la música. Gracias a esto la vida empezó a adquirir una naturaleza interactiva que desconocía. De vez en
cuando perdía su naturaleza fragmentaria y todo lo que quedaba
era un proceso de complejidad infinita donde no había preguntas,
sólo respuestas y un profundo sentido de gratitud.

Fuera de estos momentos excepcionales, era imposible resis-
tirme al autónomo mecanismo en el que mi mente perpetuaba el
sueño de la particularidad. La vida había adquirido una cualidad
diferente, sin duda, pero mi motivación seguía siendo volverme alguien especial, un hombre de conocimiento y de poder, lo que sea
que esto significara para mí en ese entonces.

Compramos el libro y en la Casa de Huéspedes de Katmandú
fuimos afortunados de conseguir un lindo cuarto con vista a los
jardines. Teníamos cuatro semanas más antes de nuestro regreso a
Europa y antes de ver nuestro cuarto ya sabíamos que íbamos a
pasar casi todo el tiempo en Katmandú. Queríamos saber qué se
sentía estar cuatro semanas en una cápsula del tiempo.

La Casa de Huéspedes de Katmandú había sido una mansión
particular, perteneciente a una de las dinastías gobernantes de Nepal hasta que fue convertida en hotel en 1967. Siendo el primer hotel del área, se convirtió en parte integral del aura de Katmandú.
Había algo increíblemente benevolente y relajante en su energía.
Albergaba a un grupo ecléctico de personas y no conocí a nadie
que no estuviera cautivado por su carisma. No había nada lujoso
en él, y a pesar de que los cuartos eran humildes, su libro de visitas
estaba lleno de nombres de gente famosa de todo el mundo y de
todo tipo de personalidades.

Para nosotros esa energía única cumplía un propósito específico. Al llegar a Katmandú en ese autobús que parecía montaña
rusa, y al habernos sumergido en sus olores antiguos, el pueblo

nos había producido un ánimo alterado. Habíamos perdido nuestra orientación. Esto era emocionante y en parte queríamos mantenerlo así de abierto y de ambiguo. Pero en otra parte de nuestro corazón queríamos encontrar un sentido de familiaridad. Podríamos haberlo conseguido al hospedarnos en un hotel tipo occidental o al silenciar inconscientemente el censor que nos hacía percibir lo raro y lo anacrónico. Pero afortunadamente recalamos en la Casa de Huéspedes de Katamandú, que era cómoda y nos daba tranquilidad, sin ser del todo familiar. Ahí nos encontrábamos en un hermoso limbo de disponibilidad y, casi naturalmente, pasamos un buen tiempo en su mágico territorio.

El lugar más poderoso del hotel era un pequeño y exuberante huerto, llamado Jardín Buda. Estaba diseñado de forma primorosa y lo dominaba un Buda sentado de tamaño natural. Este oasis encantado almacenaba la suficiente energía de Katmandú, una energía misteriosa que nos mantenía fuera de la conciencia del tiempo y del espacio, constantemente.

Viajando me había dado cuenta que mi bienestar y mi conciencia estaban fuertemente ligados a mis alrededores. Particularmente en relación a hoteles y restaurantes. Me había dado cuenta de que no era suficiente considerar parámetros racionales como precio, calidad, confort y conveniencia. Me había dado cuenta de que cada lugar tenía su propia calidad energética y que por lo general es lo suficientemente fuerte para afectar nuestras vidas de forma significativa.

Al principio era tedioso estar pensando si tal cuarto de hotel o tal mesa para cenar era adecuada o no para mi cuerpo. Pero al pasar del tiempo, estas percepciones se volvieron cada vez más naturales y fluidas. Entre menos me preocupaba si un lugar era adecuado o no, más relajante era mi navegación. Por supuesto, los lugares no sólo se sienten adecuados o no. Algunas veces resultan ser ampliadores poderosos del estado en el que nos encontramos. En otras ocasiones, lugares con energía poderosa y natural conllevan un propósito especial, como el purgatorio de Varanasi, por ejemplo. En casos como ese resultaría prudente alinear nuestro propio Propósito con el del lugar. En un caso como el de Varanasi deberíamos pensar, respirar y vivir el Propósito de purificación al estar ahí.

Navegar placeres no es un asunto lineal. Implica utilizar todos nuestros sentidos, incluyendo la razón. Pero la razón tiene un papel muy menor en comparación al que le otorgamos generalmente. A través de la historia hemos utilizado la radiestesia, la geomancia, la geométrica adivinatoria y el feng shui para mejorar nuestra relación con los alrededores. Un poblado, un palacio, iglesias, templos y sitios ceremoniales nuca han sido construidos en lugares arbitrarios. La longevidad y el poder de las ciudades, dinastías e incluso las religiones están relacionados, sin duda, al poder de los lugares y las estructuras.

Muchos aspectos de estas energías en particular son obvios y accesibles a la razón. Si un lugar se percibe como extraordinariamente hermoso, majestuoso o antiguo, es naturalmente poderoso. Si millones de personas adoran y realizan peregrinajes a un lugar o templo, entonces se convierte en algo aún más poderoso. Pero para navegar de una forma más delicada y personal necesitamos echar mano del cuerpo, de su percepción e instinto. De su sabiduría silenciosa.

Estaba imbuido en un viaje espiritual, aunque no lo hubiera estado viendo así durante todo ese tiempo. Mi propósito era convertirme en un "hombre de conocimiento" y, en este sentido, Nepal me proporcionaba una energía auspiciosa. Localizado entre las cumbres del Tibet y del Valle del Ganges del norte de la India, Nepal es un vórtice espiritual natural donde se mezclan elementos del budismo y del hinduismo de forma única y ancestral. El Reino fue la cuna de Buda Gautama y Katmandú alberga el más grande templo Shiva del hinduismo. Un sin fin de viajeros han pasado por este vórtice en sus viajes hacia la conciencia, quedándose en *ashrams* y monasterios, o explorando estados de conciencia alterados y formas alternativas de vida. Nepal también es el hogar de ocho de las diez montañas más altas del mundo, lo que le provee a muchos alpinistas y senderistas la experiencia de una vida, además de epifanías espirituales de otro tipo.

La Casa de Huéspedes de Katmandú, con su energía protectora y nutritiva, parecía congregar y reflejar, al mismo tiempo, todos estos elementos sin abrumarnos. Tenía una energía distinguible, notable. Todos los que trabajaban ahí se veían relajados y, literalmente, brillaban de amabilidad. Nuestro cuarto era perfecto. Dormíamos bien y despertábamos repuestos y felices todos los días. Nunca nos enfermamos al comer en el restaurante o en el café del hotel, que en Katmandú es casi un milagro. Debido a que la casa había pertenecido a una de las dinastías gobernantes, estoy seguro que fue construida por artesanos conocedores, familiarizados con el feng shui y las energías de la tierra.

Pero incluso dentro de sus muros encontramos diferencias sutiles de energía. Mi lugar favorito era el Jardín Buda, justo enfrente de la estatua, en la zona sombreada sobre el césped, bajo un viejo árbol. Generalmente estaba disponible una silla de jardín reclinable, que acomodaba para poder ver al Buda cuando mis ojos dejaban de leer. Ahí pasaba la mayor parte de mis días cuando no nos íbamos a viajar en el tiempo a través del valle y sus alrededores. La sensación que tenía al estar sentado en este lugar específico era de satisfacción, una sensación de paz y de no querer pararme. Podía leer por largos periodos de tiempo sin cansarme y mi entendimiento de lo que estaba leyendo parecía más profundo y complejo.

Una vez que mi concentración estaba en relación directa entre los espacios y mi satisfacción corporal, no podía sino detectarlo a donde fuera que iba. Parece ser una sensación básica que sólo necesita ser despertada y calibrada. Siempre lo he considerado algo muy útil en mi vida.

Por ejemplo, muchos años después, mientras buscaba una casa para comprar en Tucson, Arizona, consideré al principio muchos vecindarios. Pero antes de ver propiedades específicas, decidí dibujar un mapa energético de toda la ciudad para hacer más específica mi búsqueda. Para esto me pasé casi un día yendo y viniendo por la ciudad en mi coche, haciendo marcas en mi mapa cada vez que mi cuerpo sentía energías positivas o negativas. Resultó que sólo había un área muy pequeña donde me sentía muy bien y no era el lugar donde la mayoría de las personas me habían sugerido comprar. Fue una misión de búsqueda definitoria. Al manejar por una de las avenidas principales, incluso en partes de la ciudad que parecían igual a otras, sentía de repente un cambio de humor, comúnmente al pasar por alguna colina o a través del cauce seco de un río. No lo pensaba mucho y sólo seguía haciendo marcas. Al final del día tenía delimitada una zona entre quince y veinte kilómetros cuadrados donde podía vivir, a las faldas de las montañas Catalina. Sólo en esa zona me sentía lo suficientemente a gusto como para comprar una casa y asentarme. Sólo vimos una propiedad ahí, la compramos y fue una casa poderosa y maravillosa.

Dependiendo de las predilecciones de cada quien, un viaje espiritual podría ser completamente interno y ocurrir en una cueva o en un monasterio y muchas de estas consideraciones del arte de la navegación resultarían irrelevantes. Mi propio viaje tomó muchos años de largos viajes en un sinnúmero de lugares. Por ello la correlación entre el lugar y la conciencia se vuelve esencial. La confluencia de energías y la coordinación que todo esto adquirió en la Casa de Huéspedes de Katmandú hizo que mi vida diera un giro. Al leer en mi lugar favorito del Jardín Buda, el Propósito de los últimos meses por fin se había unido a mí y transformó mi vida para bien de una forma inesperada.

Mientras tanto, nuestro alrededor, y particularmente las afueras del valle, nos seguían llevando a otras épocas y expandían nuestra percepción de la realidad. Los olores antiguos y las escenas medievales que encontrábamos en muchos de nuestros paseos despertaron un aspecto diferente de mí mismo, uno que no conocía y que aun así me era familiar.

Una tarde estábamos escalando a través de un área rural que estaba poblada por pequeñas granjas y sembradíos. Una nube delgada de humo se encontraba sobre nosotros, convirtiendo la luz del sol en una bruma amarillenta. La escena me recordaba a la portada de un libro de hadas. El humo olía a muchas fogatas diferentes, con un fuerte olor a paja, tierra y animales. Al pasar por una pequeña granja que había sido construida con arcilla café y madera que parecía ser muy antigua, vimos a una familia numerosa descansando sobre unas pacas de paja en la sombra. Al verlos más detenidamente nos pudimos dar cuenta de que todos los miembros de la familia se estaban despiojando unos a otros y mordían con los dientes cualquier cosa que se encontraran en el cabello.

Estaba asombrado. La cruda simplicidad de la escena, así como su poesía arcaica, conectaba conmigo tan fuertemente que me producía una disonancia cognitiva y me ponía en un estado de suspensión. Los pensamientos querían llegar a mi cabeza, pero de alguna manera no tenían cabida.

Mucha de nuestra estancia en Katmandú estuvo caracterizada por este estado de suspensión. En un nivel básico estaba la incertidumbre de nuestro futuro inmediato. Después de vivir dos años en el subcontinente indio volveríamos a Europa, a un territorio aún sin cartografiar, en pocas semanas. No teníamos otro plan más que el de seguir viajando lo más pronto posible, lo que quería decir que teníamos que acumular una considerable cantidad de dinero. Sentíamos que estábamos entre dos vidas, y esa cualidad diferente del tiempo de Nepal sólo subrayaba este sentimiento de transición.

En este estado suspendido todos los eventos de los últimos meses pudieron ordenarse y se integraron a nuestras vidas. Me di cuenta que al reflexionar en la muerte y la impermanencia había hecho que el mundo se acercara más a mí. Había una nueva calidad en la intensidad y en la finalidad, pero también había determinación y propósito.

Uno de nuestros últimos días en Katmandú estaba sentando en mi silla en el jardín, como siempre. Estaba fumando un cigarrillo y leía sobre las cualidades de los guerreros. Leí que el guerrero, antes que otra cosa, tiene que cultivar su fuerza de voluntad.

Me detuve y puse el libro en mi regazo. "Fuerza de voluntad", pensé. "¿Tengo fuerza de voluntad?" Sentí que mis ojos se cerraban y que mi barbilla se hacía un poco hacia delante. "¿Tengo fuerza de voluntad?" Retuve la pregunta un rato más, echándole un vistazo al cielo.

—Muy bien —dijo una voz en mi cabeza—, eso es fácil de comprobar: tienes que dejar de fumar, entonces sabrás si tienes o no fuerza de voluntad.

—No, no, no, no, espera un momento —dijo otra voz de repente— Eso es muy difícil, déjame empezar con algo más fácil...

—¿Qué? —dijo la primera voz— ¿Ahora quieres huir de esto?

—Tengo miedo —admitió la segunda voz.

La voz continuó:

—La apuesta acaba de subir. Ahora no sólo tienes que dejar de fumar, también tienes que dejar de beber para descubrir si tienes fuerza de voluntad o no.

Cerré el libro en pánico, pero era demasiado tarde. Estaba en un dilema. Tenía que dejar de fumar y de tomar en ese instante, o tenía que vivir con la certeza de que no tenía fuerza de voluntad y que, por ende, el camino del guerrero para convertirme en un hombre de conocimiento era tan sólo un sueño.

Estaba fumando más de una cajetilla de cigarrillos al día. Y para entonces acostumbraba beber cerveza y vino diariamente. Una vez que lo pensé, me di cuenta de que no había día en que no bebiera, al menos, dos copas de vino o varias cervezas para cenar; algunas veces hasta más. Nunca había visto esto como algo inusual. Aunque sí había habido momentos en que trataba de dejar de fumar pero mi intento duraba pocos días.

Dudé por algunos segundos. Pero no había salida, además el tiempo y el lugar eran perfectos para tomar esa decisión.

Concluí mi debate interno.

—Claro que tengo fuerza de voluntad —decidí— Voy a dejar de fumar y de tomar en este instante.

Y luego sucedió algo mágico. Tiré los cigarrillos que me quedaban y no fumaría ni bebería una gota de alcohol durante muchos años. Y aún después de que suavicé mi postura, nunca volví a hacerme adicto. Lo que más me sorprendió fue lo fácil que fue. Ni siquiera tuve antojos después de haber tomado mi decisión.

Sin embargo mis compulsiones no habían desaparecido, sólo cambiaron su forma de expresión. Me volví un experto en agua mineral, me obsesioné con la sobriedad y en seguir mi sendero.

Cualquier cosa era posible ahora.

PRUEBAS Y TRIBULACIONES

Comienza cerca, no desde el segundo paso ni el tercero,
empieza con la cosa más cercana, con el paso
que no quieres dar…

DAVID WHYTE, *Empieza cerca*

La parte difícil

El mundo se veía extrañamente familiar conforme pasaba fuera de la ventana del tren. Los árboles eran exuberantes, los jardines hermosamente podados, y las casas y las calles muy nuevas y muy limpias como para ser reales. El tren mismo no parecía producir ningún sonido o vibración y viajaba a una velocidad increíble. Estaba solo y no podía entender completamente todo lo que sucedía. Después de llegar a Frankfurt en nuestro vuelo desde Katmandú, Mona siguió camino a Hamburgo para ver a su familia y organizar una exposición con sus pinturas. Yo tomé el tren de alta velocidad a Munich para ver a mis padres antes de irme a Francia, donde planeaba trabajar de nuevo por los meses siguientes.

Mi rostro estaba pegado a la ventana. No podía recordar que Alemania fuera tan perfecta. Tal vez estaba todavía en un doblez temporal. O había salido ligeramente adelante, y esto ya era el futuro. Me levanté y di una vuelta. Los compartimientos vecinos estaban ocupados por niños de primaria en un campamento, y su maestro estaba parado en el corredor, fumando un cigarro y mirando por la ventana.

¿Tienes una idea de lo hermoso que es aquí? —dije en el momento en que nuestros ojos se encontraron.

—Mmm, sí, creo... —murmuró ligeramente molesto.

Me arrepentí inmediatamente de haberle hablado y me retiré avergonzado a mi compartimento. Nunca me cayeron particularmente bien los alemanes, o ser alemán. Como parte de la generación de la posguerra, estuve conscientemente comprometido a ser antipatriótico. Más allá de eso, siempre percibí a los alemanes como demasiado dogmáticos, serios, materialistas, y obsesionados con la precisión y la limpieza. Admiraba la forma de vida mediterránea, el *laissez faire* francés, el caos controlado de los italianos, y la cultura española de la siesta.

Pero en ese momento algo había neutralizado mi propio dogma sobre "ser alemán". Con mi juicio suspendido, disfruté la precisión y la limpieza de ese tren futurista que alegró mi corazón. Después de dos años de crudeza exótica y viajando diecinueve mil kilómetros en trenes indios, volar en la comodidad silenciosa de este inmaculado paisaje se sentía como estar en el cielo.

Sin embargo, mientras me acercaba a mi casa, esta sensación comenzaba a disolverse y dejaba espacio para que mi aprensión creciera, conforme mi diálogo interno se intensificaba.

—¿Cómo un guerrero logra lidiar con su familia?

—Impecablemente, supongo, como con cualquier otra cosa —me respondía.

Pero yo no tenía idea de qué significaba esto en la práctica. Mi aprensión venía de la ola de presión que podía anticipar, la presión de conformarme con mis expectativas. Después de vivir fuera de casa por tanto tiempo, me sentía como si me acercara a un pequeño campo de expectativas.

Acababa de empezar a vivir en un nuevo paradigma, bajo un nuevo conjunto de creencias. Y eso implicaba vivir en una relación directa con el propósito, utilizando las señales de la vida para orientarme, en lugar de imponer mis propias ideas. En lugar de comprometerme con una planeación estratégica y establecer una carrera, mi interés y atención estaban dirigidas hacia el conocimiento silencioso, la intuición, los signos, augurios, sincronías y otras manifestaciones del espíritu. Había desarrollado una pasión por lo impredecible, por borrar mi historia personal, por acechar y reunir energía. No había forma de que pudiera compartir ninguna de estas cosas con mi familia y amigos sin producir una ola de resistencia.

Pero, desde luego, no podía evitarlo; terminé compartiéndo-lo de todas formas. Como era de esperarse, muchas olas de resistencia y batallas emocionales siguieron por años. Es un problema delicado cuando te das cuenta de que tu Propósito ya no es compatible con el de alguien cercano a ti.

—¿Entonces cuáles son tus planes ahora? —fue una de las primeras preguntas que me hizo mi padrastro manejando a casa desde la estación de trenes— No puedes seguir trabajando como guía de turistas. Esas cosas no se ven bien en el curriculum —continuó.

—¡Déjalo en paz! —intercedía mi madre— Acaba de llegar.

"Fantástico", pensé, pero estaba demasiado cansado como para discutir en ese momento.

El Propósito individual es una fuerza que se origina en nuestras creencias más profundas. Es la fuerza que crea nuestra realidad y da forma a nuestra vida en una compleja interacción con el Propósito de la gente que nos rodea, con el Propósito humano colectivo y con el Propósito universal. El Propósito individual está superficialmente relacionado con querer, pero esencialmente, estos dos impulsos son algo distinto y algunas veces incluso opuesto. Por ejemplo, si en un nivel muy profundo estoy condicionado a creer que el dinero corrompe mi alma, preferiré mantenerme lejos de este. Y, al mismo tiempo, en el nivel de mi mente probablemente deseo éxito material. Esto definitivamente terminará siendo un problema. Por decirlo de algún modo, el Propósito puede ser visto como la voluntad del corazón, y el querer como la voluntad de la mente. Idealmente deberían estar alineados.

La alineación es el principio clave cuando se trata de la fuerza del Propósito. Cuando eso está dado no hay conflicto entre el corazón y la mente, mientras más alineado esté mi Propósito con el Propósito de la cultura a mi alrededor, se manifestará en mayor y mejor medida. Sabemos esto intuitivamente, por eso todos queremos que los demás crean lo que nosotros creemos. Esto, desde luego, resulta en más problemas. Los propósitos conflictivos son como campos de energía opuesta. La ola de resistencia que se formó en la habitación, mientras yo compartía algunas de mis nuevas formas de ver la vida con mis padres, era tan fuerte que se volvía casi tangible. Era como si la viscosidad del aire hubiera cambiado, creando una presión en la sección media de mi garganta. A pesar de que mis padres pretendían seguir interesados en las complejidades de la navegación, una batalla de voluntades y propósitos había comenzado. Ellos estaban convencidos de que lo mejor para mí era que me estableciera, hiciera una familia y ejerciera una carrera. Esta era su sincera creencia. Si su Propósito hubiese sido lo suficientemente fuerte, hubiera afectado de forma significativa mi navegación. Ellos no creían en la validez de mi nuevo acercamiento a la vida. Su Propósito estaba jalando al mío en una especie de campo magnético. Y esto se manifestaba como distracción, desatando inseguridad y falta de confianza en mí mismo. Sucedía lejos de mis convicciones y minaba el foco y fuerza de mi Propósito. En consecuencia, gasté mucha energía contrarrestando este jalón en lugar de dejar mi atención libre en el momento presente en el que tiene lugar la navegación. A veces era suficiente con escuchar más y hablar menos. Finalmente aprendí que no es necesario alinear el Propósito de nadie con el mío. La única estrategia que vale la pena, a fin de llegar más allá de los problemas, era alinear mi Propósito con el Propósito universal. Esto, desde luego, es propiamente el arte de la navegación.

Interactuar con mi familia y amigos me mostró cuánto y cuán poco había cambiado. Es tan fácil caer en viejos modelos, tan fácil sentirse importante, molesto, inseguro o aburrido. Nadie estaba particularmente interesado en mi historia. Percibí una gran fuerza tratando de enderezarme y hacerme olvidar lo anterior. Y el resultado fue que deseé irme, otra vez, y mientras más pronto mejor.

Afortunadamente, mi nuevo descubrimiento de la sobriedad era una piedra sólida e hizo toda la diferencia. Contra la tentativa de convertirme en un "hombre de conocimiento", el haber dejado de fumar y beber parecía algo bastante mundano, pero lo suficientemente concreto como para asirme de ello. En lugar de mantenerme claro y fuerte, mantuve mi propósito en su lugar, y eso comenzó a catalizar una serie de otros cambios. Mejoraron mis hábitos de alimentación. Tomaba decisiones más saludables y desarrollé un sentido por la energía de la comida. El principio del placer superficial que me había dictado completamente hasta ese momento, estaba roto. Mis prioridades habían cambiado.

El hecho de que estos cambios fueran resultado de afirmar mi voluntad me había investido de poder. Estaba casi asustado, a este punto, de pensar en el poder de la voluntad. No quería echarle la sal a nada, ni quería convencerme de otro reto. Pero mi Propósito en cuanto al siguiente objetivo probablemente ya estaba escrito. Al sumergirme en el mundo de Carlos Castaneda había creado un enorme deseo de conocer el Sureste mexicano y el desierto de Sonora. No quería simplemente viajar otra vez y ya; quería dejar Alemania para siempre. La familiaridad con todo, mi historia personal, y las expectativas de mi familia, aunque bien intencionadas, pues todas parecían tratar de alejarme de mi nuevo sueño. Eran cosas que no podía soportar.

Por momentos estaba desesperado. Navegar la vida era mucho más fácil y más emocionante viajando. Mi inicial fascinación por el aura alemana de limpieza, comodidad y conveniencia desapareció rápidamente. Estaba peleando la gravedad del propósito colectivo y tenía miedo de quedarme atorado. No sabía cómo navegar en una situación estacionaria y cómo aplicar apropiadamente los caminos del guerrero con mis padres. Todavía más frustrante fue la posibilidad de tener que trabajar, tal vez por años, para que tuviéramos el dinero suficiente para marcharnos de nuevo.

Me di cuenta, de mala gana, que ahora tenía que lidiar con la "vida real", como mi padre decía. En su forma de ver significaba establecerse, ganar para vivir, pagar impuestos y empezar a ahorrar para mi retiro. Para mí significaba sacar lo mejor de cada situación, siguiendo mi camino impecablemente, y sobre todas las cosas, aprender a ser paciente. Esta era, definitivamente, la parte difícil de la navegación: aplicar mis nuevos principios para lidiar con la "vida real" de la familia y el trabajo y ser paciente.

La paciencia ha sido uno de los grandes retos de mi vida. Yo solía estar completamente convencido de que los eventos más valiosos e importantes sucederían en el futuro. Desde la campana de la escuela, los cumpleaños, la Navidad y las vacaciones, siempre había algo por lo que yo no podía esperar. Después era tener licencia de conducir, cumplir dieciocho, terminar la escuela, viajar, casarme, divorciarme, renunciar a un trabajo, viajar de nuevo, etcétera. Cuando el evento por el que había esperado tanto finalmente llegaba, siempre había más eventos planeados hacia el futuro que nutrían mi impaciencia. Ahora incluso estaba impaciente de volverme un hombre de conocimiento. Esto es particularmente extraño, dado que un hombre de conocimiento sabe que la vida sucede solamente en el espacio del ahora y, por lo tanto, es al ahora hacia donde dirige toda su atención. Con toda esta atención en el ahora, la impaciencia es imposible. Así que, de cierta forma, estaba esperando impacientemente el fin de mi impaciencia.

Pensar continuamente en el futuro desviaba mucha energía lejos de mi vida. Esto quiere decir que no tenía la totalidad de mi energía disponible para lidiar con el presente en la forma más efectiva y, en consecuencia, mi vida no se desarrollaba de forma óptima. Aparte de esto, mi impaciencia continuamente creaba estrés y frustración.

¿Entonces por qué había sido tan increíblemente impaciente toda mi vida?

Sospecho que algo del trabajo de campo de mi falta de voluntad para aguantar el ahora se ubica en la infancia. Cuando tenía hambre o mis pañales estaban sucios, aprendí que lo que tenía que hacer era expresar mi incomodidad y mi madre lo resolvería. Probablemente nunca crecí. La mayor parte de mi vida se quedó expresando mi incomodidad cada vez que aparecía, como si existiera una mamá cósmica o papá que seguiría cambiándome los pañales sólo si yo continuaba quejándome. Mis necesidades como niño podían ser resueltas, mis pañales podían ser cambiados y mi estomago llenado, pero las necesidades y deseos que emergían conforme crecía, no. Como cualquier otro, a mi alrededor empecé a vivir en mi cabeza. Era demasiado tentador. Nadie me enseñó cómo usar mi mente apropiadamente. En lugar de utilizarla solamente para resolver problemas, me perdí en la realidad virtual de los pensamientos. En lugar de hacer de mi mente una herramienta controlada y eficiente para calcular y resolver problemas, dejé que mis pensamientos se convirtieran en una imparable y auto generadora orgía de masturbación mental.

Desde luego muchas veces era entretenido, pero conforme mi estómago podía ser llenado, mi mente, al dejarse llevar por sus propios dispositivos, era un abismo sin fondo. Nunca terminaba de generar nuevas necesidades y deseos, creaba continuamente realidades ficticias que parecían más atractivas que el momento presente. Mientras me sentaba en una luz roja, mi mente podía imaginar que la luz podría ser verde y la impaciencia aparecía. Mientras trataba de aprender una nueva habilidad, mi mente imaginaba que yo debía desempeñarme mejor, y aparecía la frustración. Mientras trabajaba para ganar dinero, mi mente imaginaba que debería estar acostado en una hamaca en una playa tropical, y aparecía la infelicidad.

En lugar de ver a través de este mecanismo disfuncional, mi propósito estaba puesto sobre todo en aumentar mi poder personal para llenar todas las necesidades artificiales posibles. A pesar de haber aprendido que un guerrero no necesita nada, nunca reivindiqué este conocimiento, y no podía hacer la conexión. Para mí, no necesitar nada me llevaba inevitablemente a no tener nada, aunque no existe ninguna correlación entre ambas. De hecho, si no necesitaba nada, tenía todo.

Aprender a ser paciente no era un asunto fácil, definitivamente. La raíz de la palabra paciencia significa "sufrir", "aguantar", y eso no suena inmediatamente como una virtud. ¿Quién quiere sufrir? Suena más heroico negarse a sufrir y negarse a aguantar, y eso, desde luego, significa ser impaciente. Probablemente no soy él único en haber visto un elemento ocasional de fuerza y desafío en mi cultivación de la impaciencia. La mayor parte del tiempo la paciencia sólo ha tenido una connotación positiva en un nivel racional y superficial. En el fondo se siente como la supresión de una dinámica e intensidad naturales. No quería sufrir y aguantar. Si algo quería era trascender el sufrimiento.

Eventualmente, me di cuenta de que no había entendido el valor de la paciencia. Mis instintos habían estado bien al pensar que la paciencia no describe, por sí misma, un estado trascendental. En lugar de eso es un ejercicio del Propósito. Al forzarme a ser paciente pretendía desconectarme del futuro, que implicaba proponerme un énfasis en el presente. Ahora que me encuentro cada vez más envuelto en el aquí y ahora, la paciencia se ha vuelto gradualmente un concepto hueco. Ahora ya no pienso en que debo ser más paciente, o en tener más voluntad de aguantar. Solamente estoy más en el presente y no hay nada qué esperar en el presente. Todo está aquí. Simplemente estoy concentrando mi atención alrededor de lo que es, en lugar de lo que podría ser, debería ser o posiblemente será.

Desafortunadamente, por aquellos días yo no estaba ni presente ni paciente con mis padres, pero ellos me querían y me apoyaban de todas formas. La mayor parte de mi visita fue armónica, y después de algunos días me fui a Francia. En respuesta a una postal de Sri Lanka, mi antiguo empleador, el operador del *tour* de bicicletas, me ofreció mi viejo trabajo de vuelta cuando regresará. Esta era una señal de navegación que seguí gustoso. Había sido el trabajo perfecto. Tenía que andar en bicicleta con grupos de gente alegre a lo largo del río Loire y la costa de Bretaña. La comida y el alojamiento eran absolutamente exquisitos y gratis, cosa que me permitió ahorrar mi sueldo.

En menos de una semana yo estaba andando en bicicleta frente al grupo con los brazos cruzados sobre mi pecho sintiendo la brisa fresca de la mañana. Prometía ser otro glorioso día, el último de este grupo. En la tarde llegaríamos a Angers, y esa noche daría la bienvenida al siguiente grupo para el viaje de vuelta a Orleans. Había sido un *tour* perfecto. Todo sucedió tranquilamente, sin sorpresas. Nos encontramos en el Cheval Blanche, un hermoso hotel de pueblo en Orleans. Como siempre, pasados unos minutos de la junta de orientación, supe quién sería el quejoso, el que encontraría las fallas y problemas en todos lados; quién sería el más perceptivo y me daría el mejor consejo al final; quién sería el más competitivo y me retaría compulsivamente a hacer carreritas; y quién sería el payaso del grupo y trataría de ser gracioso todo el tiempo. Los grupos de quince a dieciocho turistas, casi todos alemanes, son usualmente variados, pero nunca fallan en producir una dinámica predecible, con estas cuatro posiciones siempre ocupadas.

El clima había estado sobresaliente y los *picnics* en bosques encantados, claros y castillos misteriosos en ruinas fueron todo un éxito. Visitamos algunos de los castillos más fascinantes de los más de trescientos que se encuentran a todo lo largo del río Loire y meditamos en monasterios que tenían más de mil años de antigüedad. Incluso convencí al grupo, en un *tour* nocturno en las construcciones medievales de Loches, de "permitirnos ser llevados al pasado". La comida había estado divina y cada uno de los hoteles fueron una experiencia única. Durante el día hacíamos los recorridos en bicicleta a través de los más bellos y románticos escenarios que se puedan imaginar. Todo había sido perfecto, menos yo.

En la privacidad de mi mente y al teléfono con Mona, yo me había convertido en un quejoso, encontraba fallas y problemas en todos lados. Hice mi mayor esfuerzo en echar a andar una operación de tranquilidad y darle a todos una experiencia fantástica, pero mi corazón no estaba comprometido. En ocasiones anteriores, yo me había mezclado con mis grupos usualmente desde el primer día y me había ganado sus corazones con mi entusiasmo y pasión por todos los aspectos de mi trabajo. Ahora necesitaba toda mi energía para ocultar mi desdén hacia todo aquel que no tuviera un comportamiento del "tipo guerrero", particularmente por su obsesión con el alcohol. Parecía tan poco inteligente la forma en que todo mundo celebraba los *picnics* con champaña y ostras y las catas de vino, los aperitivos, cervezas, licores, digestivos y el brandy, que acompañaba las horas de la cena cada noche. Muchos no sabían más que fumar un cigarro entre cada platillo, o fumar un enorme puro con su Brandy al final. Parecía que se me había olvidado completamente cuánto solía disfrutar todo esto en el pasado, mientras seguía cuidando testarudamente mis aguas minerales y mi sobriedad superficial. Me sentía enfermo al prepararme para este reto. Oscilando entre la rectitud y las tentaciones, carecía completamente de sabiduría.

El aire de la mañana era refrescante. Continuamente pedaleaba con las manos fuera del manubrio, y algunas veces mi mente se quedaba dormida con mis ojos a medio cerrar mientras mi cuerpo parecía fundirse con la bicicleta, avanzando. Íbamos manejando por un camino suavemente pavimentado con el río a nuestra derecha y una hilera de sauces a nuestra izquierda. El aire era suave, saturado con la esencia familiar del agua que corre suavemente y la fragancia acre de los sauces. El río Loire seguía su propio curso y vagabundeaba en el exuberante y fértil valle, creando muchas islas pintorescas. Además de pasar ocasionalmente a algún pescador, no encontramos a nadie más esa mañana en que el sol quemaba lentamente los últimos pocos parches de neblina que persistían en las sombras. Tan confundido como estaba con todos los asuntos de mi trabajo, quedé encandilado con la belleza que la naturaleza me permitía disfrutar. La luz cambiaba marcadamente todos los días, se hacía más rica y más brillante conforme nos acercábamos al océano Atlántico. Cuando el sol finalmente rompió en claridad desde las copas de los árboles, sentí que respiraba champaña, y un escalofrío de gratitud me recorrió la espina dorsal. Había una razón por la que los más de trescientos castillos habían sido construidos a lo largo de este río, y yo era increíblemente afortunado de estar ahí.

—¿Por qué no puedo dejarme llevar y disfrutar el simple hecho de estar aquí? —me preguntaba.

Me tranquilicé, dejé que mi ser entrara de nuevo al grupo. Todo mundo parecía sonreír esa mañana.

Desde luego, me las arreglé para terminar y, a largo plazo, disfrutar todos los *tours* a los que me había comprometido. Pero se había vuelto evidente que algo fundamental había cambiado. Era que había perdido mi inocencia o, tal vez, había llegado al término de mi periodo de gracia. Mi vida tenía ahora un Propósito y no podía evitar evaluar todo lo que hacía en relación a ese Propósito. Una parte de mí estaba todo el tiempo monitoreando qué tan bien estaba llevando mi camino del guerrero, y otra parte estaba desafiándome furiosamente, constantemente tratando de disuadirme. Me había distanciado totalmente, tirando al limbo el lugar en el que estaría los próximos años. Estaba más desconectado del orden social que nunca, incapaz de suscribirme a sus valores y objetivos. Por otro lado, me sentía a años luz de ser un guerrero impecable, sin mencionar el convertirme en un hombre de conocimiento. Lo que veía en el espejo en aquellos días, sobre todo, era un farsante solitario, confundido con el sueño de ser diferente y especial. Pero generalmente decidía no pensar demasiado en esta parte de mi reflexión y, en lugar de eso, me aseguraba de que mi cabello se viera bien. Solía tener el cabello chino con esa molesta tendencia de que se crispaba con la humedad. Como resultado, pasé cientos de horas de mi vida luchando con él hasta que finalmente me lo rasuré en un extraño destello de sabiduría quince años después.

Mona había estado trabajando sin descanso y había logrado organizar una exposición con su trabajo. La noche de la inauguración estaba llena de muchos de sus antiguos colegas y compañeros de trabajo. Recibió mucho aprecio e incluso una crítica decente en el periódico local, pero al ser una artista desconocida y autodidacta, se le dificultó encontrar compradores para sus pinturas. Cuando la exposición terminó, dos semanas después, sólo había vendido una pieza y estaba completamente desilusionada.

Sin tener realmente muchas opciones, decidimos desafiar nuestras frustraciones y nos mudamos a Munich a buscar un "trabajo real". Después de todo, yo había ido a la escuela de negocios y después de un par de entrevistas, tomé un trabajo como consultor de servicios financieros y corredor de firmas.

Nos establecimos y empezamos a "hacer" dinero. Era bastante honrado. Llamaba a mi clientela, hacía citas, analizaba sus "necesidades", sugería "soluciones" y "cerraba tratos". Todo iba bien, tan bien que incluso metí a Mona al negocio un par de meses después, y cerramos muchos más tratos. Nuestro campo de navegación, en cambio, estaba constreñido. Tratamos de mantenernos abiertos a las señales del Propósito, pero nuestros sentidos estaban apagados por la monotonía y tensión de nuestro trabajo. No hicimos mucha interacción social. Mona era una solitaria natural, y como todo estaba puesto en irnos lo más pronto posible, yo no estaba más motivado que Mona en conectarme con la gente en un nivel más profundo, aquel que es necesario para hacer amigos. Junto con Yana, nuestra nueva cachorra pastor adoptada, pasábamos la mayor parte de nuestro tiempo libre en la naturaleza.

Yo seguía leyendo y releyendo todos los libros de Carlos Castaneda, alimentando despiadadamente mi inflexible propósito de juntar suficiente poder personal para encontrar esa puerta hacia la libertad, tan difícil de alcanzar. Noche tras noche, en mis caminatas nocturnas con Yana a través de los extensos parques de Munich, me quedaba parado a menudo mirando silenciosamente hacia la oscuridad, llamando y esperando a que sucediera magia, para terminar relajándome con una sonrisa al mirar a Yana, sentada pacientemente frente a mí, con la cabeza inclinada, pensando.

Mi nueva línea de trabajo me daba grandes oportunidades siempre que afilaba mi disciplina, impecabilidad e integridad. Tal vez el aspecto más desafiante era el de lidiar de forma apropiada con esa significativa área gris que se hizo evidente muy pronto. Como agente recibía un sueldo por comisiones, y a menudo el producto que pagaba la mayor comisión no era el que más le convenía al cliente. Tenía que hacer decisiones éticas significativas todos los días. Afortunadamente, como guerrero, sólo tenía una opción. No podía cortar las esquinas. Tenía que aspirar a una completa integridad en cada caso. Esto mantenía mis comisiones por debajo del promedio por un tiempo, pero mis clientes admiraban mi forma de trabajar y, poco después, una base de remisión creciente hizo despegar nuestro negocio.

Después de dieciocho meses de trabajo intensivo habíamos ahorrado cincuenta mil marcos. Teníamos la esperanza de que esto sería suficiente gasolina para salir del campo gravitacional alemán. Conforme nos acercábamos, compré un viejo Mercedes repartidor y lo comencé a convertir en casa. Esto resultó ser muy divertido y me distrajo del tedio de los "tratos de negocios". Trabajé en él casi todas las tardes hasta la noche y todos los fines de semana por casi tres meses. Como planeábamos viajar a través de Centroamérica, que la considerábamos peligrosa, nuestra casa rodante terminó pareciendo más un vehículo armado que algo hecho para la recreación. Tenía ventanas pequeñas con barrotes, una pantalla desmontable para el viento, una rejilla en todo el techo, varios compartimentos secretos, candados por todas partes, y un elaborado sistema de alarma. Tal vez había llevado demasiado lejos el camino del guerrero en este proyecto. Cada vez que queríamos probar el "tanque", como terminamos llamándolo, acampando en la jungla Bávara en fin de semana, éramos perseguidos por granjeros, guardias forestales, o cualquier otro preocupado dueño de propiedades. Desafortunadamente no quedaba nada de jungla en Alemania.

Finalmente, renunciamos gustosos a nuestro trabajo, vendimos nuestras pocas pertenencias, y borramos cualquier huella que hubiéramos dejado en los últimos dos años. Estábamos determinados a embarcarnos en la peregrinación del guerrero, un viaje sólo de ida a la aventura, la magia y la transformación.

Ya habíamos vendido nuestro coche y yo manejé el "tanque" alrededor de todo Munich durante las últimas semanas antes de irnos a la ciudad portuaria de Bremen, desde donde nos embarcaríamos a los Estados Unidos. Uno de los últimos días, literalmente, manejé la calle Leopold, la avenida principal, cuando me fijé en un enorme póster colgado en la librería inglesa cerca a la universidad. Anunciaba el último libro de Carlos Castaneda: *El don del águila.*

Sin duda este era un regalo.
La parte difícil parecía haber terminado.

Cazando el espíritu

Yana estaba gruñendo cuando oyó a la *pickup* acercarse. No habíamos visto a nadie por varias semanas y nos alarmamos. Con ayuda de los mapas del servicio forestal encontramos un hermoso y remoto lugar para acampar dentro del bosque Nacional de Arizona central. Fue difícil llegar, pero el "tanque" había sorteado todos los desniveles del camino y los cruces de riachuelos del abandonado camino de mineros que habíamos seguido por los últimos treinta y cinco kilómetros. Sólo las puertas y los lados se habían rayado ligeramente al hacernos camino a través de una espesura de arbustos secos por alrededor de cien metros, luego de que dejamos la carretera. El área plana y cubierta de hierba a un lado del riachuelo, donde armamos nuestro campamento debe haber sido la hacienda de un explorador en busca de oro mucho tiempo atrás. Todavía había cimientos, tuberías rústicas de metal, equipo para dragar, y para nuestro deleite, algunos antiguos árboles de manzana que cargaban fruta.

La *pickup* se detuvo. Mona y yo nos miramos preocupados.

—Esto no me gusta —dije.

Yana se levantó y empezó a ladrar.

—¡Silencio, Yana! —la corté en seco.

Siempre que teníamos uno de estos encuentros remotos nos sentíamos completamente vulnerables. Todo mundo cargaba armas, excepto nosotros: y como no éramos residentes, no podíamos hacer mucho al respecto... al menos no legalmente.

Parecía haber sólo una persona en la *pickup* que estaba haciendo respaldo tras los arbustos, apuntando hacia otro pequeño claro cerca del arroyo, diez metros río abajo de nosotros. Después de un rato el motor se apagó y pudimos oír un portazo.

—Espero que no esté planeando acampar aquí —murmuré.

—Probablemente sí —dijo Mona moviendo la cabeza consternada.

—Necesito ver quién es —dije— Ven Yana, vamos a ver quién es. ¡Trata de actuar amenazante! —le recomendé.

Siempre feliz de dar un paseo, Yana brincó, tomó un pedazo de rama seca y se adelantó corriendo.

—Te dije amenazante, perra tonta.

Ella sólo podía pensar en encontrar una víctima a la que pudiera convencer de aventarle ramas.

Puse mi cara de amigo y saludé al recién llegado.

—Hola, cómo estás, soy Paul, gusto en conocerte. Este es un gran sitio, ¿no crees?

Yana dejó caer la rama frente a sus pies.

—Qué tal —dijo encogiéndose de hombros y mirándome apenas. Parecía estar igualmente molesto de encontrarnos ahí, pero parecía lo suficientemente civilizado como para alejar algunas de mis preocupaciones.

Seguí hablando hasta que lentamente ambos nos fuimos relajando. Él también estaba montando su campamento y decidí quedarme ahí por un rato para conocerlo. Mona se nos unió trayendo una taza de café como muestra de bienvenida para John, justo cuando éste nos decía su nombre. Tenía rasgos nativos americanos y después supimos que era mitad Cherokee, cosa que nos pareció fascinante.

John y yo nos hicimos buenos amigos durante las siguientes semanas. Resultó ser una suerte de fugitivo. Nos contó que su esposa lo engañó, lo dejó y que ahora lo estaba demandando por una pensión alimenticia. Por eso él había partido y estaba viviendo en el bosque, alimentándose de la tierra. Recogía y vendía madera para fogatas y así conseguía dinero para gasolina y casi toda su comida la obtenía pescando, cazando y juntando plantas. Yo no tenía razones para dudar de su historia. Parecía ser un buen hombre, y me enseñó muchísimo conocimiento práctico. En la vecindad inmediata de nuestro campamento él encontraba berros, dientes de león verdes, cebollas salvajes, hojas de frambuesa, y una gran variedad de otras plantas y bayas comestibles. Desenterraba raíces, pelaba y cocinaba pequeños brotes de los arbustos e incluso hacía un tipo de pasta cortando la corteza de los sauces. No había peces en nuestro pequeño riachuelo, así que él cazaba con flecha y arco ardillas para cocinar su carne. Su guiso de ardilla era delicioso. La carne era suave y sabía a pollo.

Durante el día normalmente nos dedicábamos a nosotros mismos. John hacía excursiones y se mantenía ocupado consiguiendo provisiones. Mona había empezado a hacer bolsos coloridos en crochet, o se iba a vagabundear con Yana para colectar hierbas y bayas. Yo había encontrado una pequeña cueva a mitad de camino arriba de un cañón, donde pasé la mayor parte de los días recapitulando.

La recapitulación es una técnica poderosa que un guerrero utiliza para reorientar su energía y ayudar a su navegación. Es un ejercicio poderoso y liberador. Castaneda puso un énfasis particular en la recapitulación, y yo había estado muy entusiasmado con la idea de empezar. Esto implica hacer una lista de toda la gente a la que se ha conocido y con la que se ha interactuado. Empecé por el presente y llegué hasta mis primeras memorias y conseguí veintidós páginas llenas de nombres. Ya había hecho esto durante el viaje a través del estado de Nueva York hasta Arizona, pero había esperado para comprometerme completamente cuando mi navegación me pusiera en un lugar adecuado y propicio para tal tarea. La pequeña cueva se sentía ideal, y después de hacerme de un lugar cómodo para sentarme, comencé.

Empecé con el primer nombre de la lista, me puse a recordar el encuentro más reciente con esa persona con el mayor detalle posible. Después, mientras inhalaba con un movimiento de abanico de izquierda a derecha, intenté recuperar todas las emociones y energía que había invertido en el encuentro, y mientras exhalaba de derecha a izquierda, expulsaba toda la energía y emociones que estaban protegidas dentro de mí en ese momento. Continuaba hasta que recordaba una escena completamente libre de carga.

Para seguir adelante con este ejercicio de reorientación, Castaneda sugiere empezar con nuestras relaciones sexuales, que son las que mayor energía guardan. Me salté a Mona porque no quería alejarme de ella. Sentía que me iba a trabajar. Era una experiencia increíble. Después de pasar al menos cuatro horas al día en la cueva durante casi seis semanas, sentí que había cambiado. Con práctica, las recolecciones se volvieron cada vez más y más vívidas, cerca de alcanzar la realidad de los sueños lúcidos. Terminé reviviendo los finales de relaciones con una intensidad inverosímil. La recapitulación de los encuentros sexuales a veces era tan realista —tenía sensaciones táctiles, olfativas y excitación— que terminaba sintiéndome culpable por traicionar a Mona cuando volvía de la cueva.

A veces me rehusaba a dejar el recuerdo. Exhalaba todas las emociones que Loretta, mi primer gran amor, había dejado en mí, pero inhalar y reclamar todo eso que yo había proyectado en ella era muy doloroso. Me sentía más dramático e irreversible que cuando quemamos todas nuestras cartas de amor juntos, en una ceremonia solemne después de que nuestra relación terminó. Después de recapitularla a ella, todas las emociones se habían ido. Se me dificultaba incluso mantener una imagen mental de ella. Parecía irrelevante. Todas mis memorias de ella seguían intactas, desde luego, pero se habían neutralizado. Muchos años después, mi segunda esposa, Victoria, accidentalmente me recapituló mientras todavía estábamos juntos. Ella no sabía en ese momento que debemos saltarnos a las personas con las que queremos mantener una relación íntima. Como resultado, nuestra relación quedó irreparablemente dañada y comenzó a transformarse.

Además de reorientar y aclarar la energía, la recapitulación también proporciona valiosos elementos sobre nuestros patrones de comportamiento. Me abstuve de analizar conscientemente mis recuerdos, pero fue inevitable ver lo predecibles y repetitivas que eran todas mis maniobras. Darme cuenta, una y otra vez, de cómo la mayor parte de mi comportamiento era llevado por la inseguridad y el miedo a la soledad, fue una experiencia humillante.

—Creo que he comido suficientes ardillas —dijo John una tarde sentados en su campamento.

—Todavía nos queda algo de carne enlatada si quieres —le ofrecí.

—No, gracias —sonrió— no hay espíritu en la carne enlatada. He visto muchas huellas de venado río arriba. Mañana en la mañana veré si puedo conseguirnos un venado. Si todos comemos, no se desaprovechará nada. Si quieres, puedes venir conmigo Paul.

Estaba emocionado. Ir a cazar venados con arco y flecha en Arizona con el hijo de un indio Cherokee era un sueño hecho realidad para mí. Don Juan había llevado a Carlos en muchos viajes de caza mientras le enseñaba el camino del guerrero, y yo no podía evitar dibujar paralelos y sentirme absolutamente lleno de magia con esta aventura.

Había algunos venados en el área. Justo el otro día un macho enorme había pasado frente a mi cueva. Estos hermosos animales me han fascinado toda la vida. Crecí en el límite de un enorme bosque y pasé buena parte de mi infancia sentado en casas de árbol observando la vida del bosque. Los venados siempre habían encarnado el espíritu de alerta y presencia para mí. En los bosques de mi infancia, el venado, con su silenciosa intensidad, encarnaba la conciencia de la naturaleza como no podía hacerlo ningún otro animal.

Nos fuimos al amanecer y escalamos silenciosamente uno de los cañones. John examinaba cuidadosamente las huellas y excrementos todo el camino. En cierto punto nos sentamos debajo de varios arbustos, a un lado del camino y esperamos inmóviles por lo menos una hora. No pasó nada y John decidió terminar la caza por ese día. La mañana siguiente fuimos de nuevo, seguimos otra pista.

—Ahí —susurró John, apuntando a dos que estaban pastando tranquilamente en la pendiente a unos doscientos cincuenta metros de nosotros— El pequeño tiene el tamaño perfecto —continuó— Veamos si podemos acercarnos lo suficiente.

Íbamos en la dirección contraria al viento, pero no había suficiente cubierta, y eventualmente nos vieron y escaparon. Fuimos cada mañana por casi una semana pero nunca lográbamos acercarnos lo suficiente a un venado que John alegaba sería del tamaño perfecto. Era concienzudo y no quería gastar carne o arriesgarse a un disparo que no lo mataría instantáneamente. De todas formas yo no estaba demasiado ansioso de que John matara a una de estas magníficas criaturas. Me encantaba la experiencia de ir a cazar, acechar pacientemente, la espera sin movimiento, y arrastrarme sin sonido sobre el suelo rocoso, avanzando por pulgadas para estar cada vez más cerca de la presa. Se sentía tan primordial, cien por ciento natural y pleno.

—Mañana voy a traer un rifle —decidió John después de una cena de carne enlatada y frijoles que Mona preparó para nosotros luego de un día de caza poco provechoso.

—¿No te asusta que alguien pueda oír los disparos? —le pregunté sabiendo que la sesión de caza no duraría otra semana.

—Bueno, creo que simplemente tendremos que correr el riesgo —murmuró.

Salimos nuevamente al amanecer, escalamos corriente arriba a lo largo del riachuelo. La tierra estaba suave y húmeda, y no hicimos un solo sonido. Habíamos caminado al menos un kilómetro cuando dimos vuelta en curva y miramos justo frente a nosotros un pequeño venado hembra. Se quedó parada ahí en la pista, sin moverse, tal vez a unos treinta metros de nosotros. John saludó con la cabeza, cargó su rifle, apuntó y le disparó justo en medio de los ojos. Se estremeció casi imperceptiblemente y cayó directo al suelo.

John corrió al animal y con unos pocos movimientos la degolló, le abrió la cavidad del pecho y le quitó el corazón. Sosteniendo el corazón en su mano izquierda cortó una punta y me la ofreció con su cuchillo.

Solamente dijo: ¡Come!

Sus ojos brillaban de orgullo y autoridad. No sentí que tuviera otra opción, así que tomé el pedazo de corazón de su cuchillo y me lo comí, crudo y caliente, literalmente segundos después de que dejara de latir. John cortó otro pedazo para él, lo puso en su boca y lo masticó lentamente con los ojos cerrados.

—Esta es la forma en la que le hacemos honor al venado y tomamos su espíritu —explicó— Ha sucedido tan rápido.

Después procedió a limpiar al animal, enterramos sus entrañas unos pocos metros adelante, detrás de algunos arbustos. Ahora John se movía rápido, parecía consternado por el ruido del disparo. Cargamos el cuerpo a un lugar donde el riachuelo era lo suficientemente profundo para poder limpiarlo. Cuando terminamos, lo llevamos a una sombra bajo una cornisa rocosa y lo escondimos bajo un arbusto, cubierto de ramas.

—Volveremos al atardecer para llevárnoslo cuando esté oscuro —dijo John ahora ligeramente nervioso. Yo no lo sabía en ese entonces, pero la caza furtiva estaba considerada como un delito grave, de todas formas no podía culparlo por no querer arriesgarse, particularmente en su situación. Limpiamos lo mejor que pudimos y comenzamos nuestro camino de vuelta al campamento.

Unos doscientos metros abajo de donde dejamos el rastro, nos topamos con un grupo de tres hombres que buscaban huellas de venado, preparándose para una sesión de caza. Esta era una increíblemente desafortunada coincidencia. No habíamos visto a nadie durante semanas. Habían conocido a Mona en el campamento y habían sido amigables. Intercambiamos algunas palabras con ellos y seguimos camino. John ahora estaba frenético.

—Van a encontrar al venado, seguro —dijo— Maldita sea, son cazadores. Tienen los ojos en el campo. No importa qué tan bien hallamos borrado nuestras huellas y todas las demás pistas. Ellos lo van a encontrar.

Él estaba prácticamente corriendo y yo lo acompañaba, sin saber qué pensar. Al momento en que llegamos al campamento, John empacó, y media hora después se había ido.

—¿Qué crees que debemos hacer? —le pregunté a Mona después de contarle todo.

—No creo que tengamos que irnos —contestó— Tú no hiciste nada malo, ni siquiera tienes un arma.

Decidimos sentarnos. Además, no queríamos que ese venado se malgastara. Eso sería una pena. Todavía sentía el sabor de su corazón en mi lengua. Aunque John realmente me había asustado, y todo el día habíamos estado nerviosos esperando que el guardabosques se apareciera. Enterré los zapatos que había usado así no podría ser conectado con la "escena del crimen", en caso de que todavía hubiera huellas de las que no nos dimos cuenta. Los tres cazadores volvieron luego de un par de horas y se fueron sin darnos ni una pista. La noche vino y se fue, y nuestra preocupación se convirtió en resolver qué debíamos hacer con el venado.

A la mañana siguiente fui a dar una larga caminata a lo largo del arroyo con Yana, y cuando nos acercamos a donde el venado estaba escondido, le di tranquilamente la instrucción:

—Busca el conejo Yana, ¿dónde está el conejo? —cosa que ella recordaba bien de nuestras tardes en los parques de Munich. Inmediatamente empezó a olfatear y a buscar en los alrededores, y unos segundos después había encontrado el cuerpo del venado. Pretendí ruidosamente estar alarmado por su encuentro, en caso de que un guardabosques estuviera cuidando el área, pero nada pasó. Después de haber establecido mi encuentro accidental con el cuerpo del venado, regresé más tarde con un cuchillo y bolsas para desollar y cortar al venado. En los días siguientes freímos, cocimos, enlatamos, ahumamos y secamos toda la carne que pudimos, y huelga decir que por un largo tiempo no tuvimos ganas de venado.

Mientras tanto, las noches se habían puesto algo frías y unas dos semanas después, cuando había terminado la recapitulación de mis relaciones sexuales, nos sentimos listos para ir a México.

Había probado el espíritu y estaba hambriento por más.

El águila y la serpiente

—¿Ha escuchado hablar de un antropólogo llamado Carlos Castaneda? Escribió algunos libros sobre un yaqui llamado Juan Matus —dije con nerviosismo.

Anselmo Valencia no intentó ocultar su fastidio.

—Sí, he oído hablar de él —dijo molesto— Alguien me dio uno de sus libros alguna vez. Son puras tonterías. ¿Cómo es que se atrevió a hablar de los indios yaqui? ¡No sabe nada! Me hubiera consultado a mí. Hay muchos Juan Matus, pero ninguno de ellos conoció al tal Carlos Castaneda. Mucha gente me ha preguntado lo mismo.

Anselmo Valencia era el jefe espiritual de la tribu Pascua yaqui del poniente de Tucson. Habíamos decidido visitarlo mientras nos quedábamos en la reservación.

Traté de apaciguarlo.

—Disculpe. Venimos de Alemania y los yaqui allá se han vuelto muy famosos por esos libros.

—Alemania, hum —alzó su rostro— Bueno, algo positivo ha pasado con todo esto —dijo con un brillo travieso en los ojos— Por esos libros todo mundo supo de la existencia de los yaqui y el Congreso reconoció nuestra tribu formalmente en 1978. Sin este tipo, Castaneda, no hubiera pasado. Tal vez debería buscarlo y agradecerle —rió.

No estaba muy sorprendido por su reacción. Es poco probable que el verdadero nombre de don Juan no haya sido Juan Matus, y tal vez ni siquiera fuera un yaqui. Pero al acampar por unos días en el parque nacional Saguaro, al poniente de Tucson, no pude evitar ir a ver la reservación yaqui. Para mí, y por el mundo en que vivía por entonces, estaba en "tierra santa". Los libros de Castaneda se habían vuelto, en pocas palabras, mi Biblia, eran mi mapa para la salvación. El sur de Arizona, el desierto de Sonora, México, eran lugares mágicos para mí… lugares que irradiaban el espíritu de don Juan. Era impresionante la fuerza con que mi Propósito afectaba mi experiencia de la realidad. Con sólo acostarme en el techo de la camioneta, rodeado de los cactus de Saguaro y bañado por la luz de las estrellas del desierto, podía detener mi mundo.

—Aquí fue donde Carlos Castaneda conoció a don Juan —le dije a Mona mientras pasábamos la estación de autobuses en Nogales, justo al lado de la frontera con México. En retrospectiva puedo decir que mi forma de entender los aspectos personales del mundo del Nahual era ingenua. Pero esto también alimentaba mi entusiasmo y me permitía experimentar la vida como una incesante búsqueda del tesoro.

Estaba muy emocionado cuando finalmente cruzamos a México. No teníamos una ruta particular, ni una expectativa específica. Sólo quería estar lo más alerta posible, confiando en que el espíritu me guiaría. Inconscientemente, por supuesto, quería encontrar un hechicero poderoso como don Juan que me enseñara.

Una enorme bandera mexicana ondeaba con el viento de la tarde. Al centro tenía un águila temible, parada en un nopal, apresando a una serpiente con sus garras y pico. Según la leyenda, el dios Huitzilopochtli le dijo a los aztecas que construyeran su ciudad capital en el lugar exacto donde encontraran un águila con una serpiente sobre un nopal. Después de buscar la señal por más de doscientos años, vieron a la mítica ave en una pequeña isla en medio de un lago pantanoso en lo que ahora es el zócalo, o plaza de armas, de la ciudad de México.

—Alemanes, hola, bienvenidos a México… ¡qué bonito Mercedes! —el oficial de frontera mexicano revisó nuestra camioneta con gusto— ¡Que tengan buen viaje! —nos despachó sonriendo.

Instantáneamente me enamoré de México.

Aunque había sentido a los Estados Unidos como algo mucho más ligero y abierto que Alemania, al cruzar la frontera con México la música volvió a cambiar y de una manera positiva. Cerca de la frontera la energía todavía se sentía algo densa y de alguna forma agresiva, pero entre más nos internábamos en el país, la energía se volvía más telúrica, genuina, pasional y poderosa. Afortunadamente, mi español era lo bastante bueno y con un poco de práctica rápidamente se transformó en un mexicano que fui enriqueciendo con coloquialismos aprendidos de algunos choferes que conocíamos en el camino. Había algunas idiosincrasias que requerían de cierto ajuste, por supuesto. Como el empleado de la gasolinera que aseguraba haberle puesto al coche cinco galones más de lo que le cabían. Tan pronto me quejé con algunas groserías mexicanas, el empleado se disculpó y todos terminamos riendo. Este tipo de cosas nos mantenían alertas, pero no nos echaron a perder la experiencia.

La mayor parte del tiempo preferimos no seguir rutas turísticas. Estábamos en una búsqueda diferente. Y tan pronto como lo sentía apropiado yo mencionaba mi interés de conocer "brujos" o "curanderos". Esto provocó todo tipo de reacciones.

Algunas personas nos daban inmediatamente la dirección de "don Fernando" o de "doña María" porque habían curado misteriosamente a una tía de posesión diabólica, o de algo tan común como dolor de espalda.

Otros sólo se reían. Decían:

—¿Brujos? ¿Creen en brujos? Todos son unos charlatanes, sólo les van a quitar su dinero.

Algunos otros eran más prácticos:

—¿Ah sí?, qué bueno que me preguntaron a mí. Yo conozco al brujo más poderoso de la región. ¿Cuánto me pagaría por llevarlos con él?

Otros más se espantaban y casi se molestaban:

—¡Brujos! —decían persignándose— Santa Madre de Dios, Virgen de Guadalupe, ¿para qué quieren ir a ver brujos? Trabajan para el diablo.

La mayoría de los "curanderos" y "brujos" que terminamos conociendo no se parecían en nada a la imagen mental que yo me había hecho de don Juan y sus discípulos. Lo más común era encontrarnos con un anciano chimuelo, rodeado de fotografías y figuras de santos, crucifijos y una variedad de artículos cristianos, que no entendía bien nuestro interés. También nos llevaban con señoras viejas, apestosas y gordas que, con ojos codiciosos, nos querían vender pociones, hierbas y cristales mágicos. Las pocas veces que pudimos establecer una conversación normal con alguno, yo les preguntaba sobre nahuales, toltecas, transformaciones de hombres en animales y sueños lúcidos pero, generalmente, no sabían de qué estaba hablando. Algunos se molestaban e incluso nos amenazaban y teníamos que salir corriendo de ahí.

Aun así, algunos encuentros fueron memorables. Una vez, viajando por las montañas de Michoacán fuimos a ver a Alejandro Montero, quien parecía ser un sabio y poderoso curandero. Se veía poderoso, sin duda. Era un brujo sacado de un libro, con penetrantes ojos negros. Cuando llegamos a su casa ya estaba en el jardín, como si nos estuviera esperando. Fue educado y no se mostró sorprendido por ninguna de mis preguntas. Sin embargo, repetía, él no podía ayudarnos con nuestra búsqueda. No nos invitó a pasar a su casa. Toda nuestra plática tomó lugar en la carretera, junto a su jardín. En algún momento nos pidió que lo esperáramos y entró a su casa. Cuando regresó traía una pequeña jaula con un gran perico verde dentro. Quería que se lo compráramos. Estábamos sorprendidos y le dijimos que no, con respeto. Luego Mona sacó su cámara y le preguntó si podía tomarle una foto a él con el perico. En lugar de contestar sólo alzó los hombros y nosotros lo interpretamos como que no importaba. Mona intentó tomar la fotografía varias veces pero el obturador no funcionaba. La primera vez que lo intentó yo detecté un destello en los ojos de Alejandro, pero no se movió ni dijo nada. En ese momento todos nos quedamos sin hacer nada y el ambiente se puso tenso.

Sin decir otra palabra, Alejandro se dio la media vuelta y entró a su casa. Esperamos unos minutos pero no volvió. Desconcertados volvimos a subirnos a nuestra camioneta. Por un instante temí que no fuera a arrancar, pero todo funcionó bien.

—¿Qué le pasa a la cámara? —pregunté mientras nos alejábamos.

—No sé —dijo Mona— estaba funcionando bien en la mañana —se alzó de hombros, me enfocó con la cámara y apretó el botón otra vez. En esta ocasión la cámara funcionó sin problemas.

—¡Guau! —dijimos al unísono.

—Este tipo no lo permitió —añadió Mona.

—Lo hizo con sus ojos. Yo lo vi. ¡Guau! ¡Detuvo nuestra cámara con sus ojos! —estaba asombrado.

Estábamos en un lugar para acampar a las afueras de Guadalajara, cuando Mona se enfermó del estómago. Fui a ver a algunos hierberos del mercado central y me regresé con algunas plantas para hacerle tés y se empezó a sentir mejor. Mientras ella se aliviaba, yo regresé al mercado varias veces más y me hice amigo de Benito, un indio zapoteca que me había aconsejado con las plantas. Hablamos de muchas cosas y, por supuesto, le pregunté si conocía de buena fuente a un brujo que quisiera hablar conmigo. Al principio se portó evasivo, pero en mi tercer visita él mismo tocó el tema.

—Hay un hombre poderoso que tal vez te interese conocer —me dijo— Nadie sabe mucho de él. La mayor parte del tiempo anda por las montañas recolectando plantas. Su nombre es Francisco Flores. Su familia vive aquí en el pueblo. Puedo llevarte ahí si quieres. Tal vez tengas suerte y él esté en casa.

—Genial —dije intrigado— ¿Cuándo crees que podamos ir? —le pregunté.

—De hecho —dijo Benito un tanto dubitativo— es mejor ir a verlo de día y ahora mismo no puedo ir. Pero si quieres te puedo anotar la dirección y puedes ir en un taxi. No es lejos de aquí —se sentía un tanto aliviado al saber que no iba a tener que ir.

Unos veinte minutos después un taxi me dejó en la dirección que me había escrito Benito. Era una casa rodeada por jardín, sin ventanas a la calle y con una impresionante puerta de madera que daba a una placita adoquinada. El sol estaba muy intenso y la plaza estaba desierta. Ni siquiera podían distinguirse perros. Me quedé parado un buen tiempo frente a la casa, tratando de convencerme de tocar. Cuando lo hice, el timbre sonó en una parte muy lejana. Tomó un buen rato antes de que escuchara pasos que se acercaban.

La puerta se abrió lentamente y apareció una mujer alta, exótica, que sobresalía de un trasfondo oscuro. Tenía como cuarenta y tantos años y sus facciones indígenas se suavizaron cuando me vio y sonrió.

—Buenas tardes —me dijo con una voz profunda y amigable— ¿Qué le trae por aquí?

Había una pequeña escalinata para llegar a la puerta, así que tuve que mirar hacia arriba para verla.

—Buenas tardes —dije—, vine a ver a don Francisco Flores.

—¿Francisco? —rió— Francisco no va a volver en al menos otra semana. Pero pase, por favor. Debe de decirnos qué quiere de don Francisco.

Entonces dos mujeres muy hermosas salieron del pasillo oscuro y se pusieron a ambos lados de la primera. Obviamente eran hermanas, las dos altas y muy bonitas. Las tres me sonreían ahora, mostrándome sus encantadores dientes blancos, invitándome a pasar.

—Pase —repetían—, pase y tómese una taza de café con nosotras —rieron, conscientes de mi cada vez mayor agitación emocional. Estas mujeres eran increíblemente seductoras, y aún así no me pude mover ni un centímetro. Me sentí dolorosamente suspendido, como si me hubiera quedado atrapado en un malévolo cuento de hadas.

—Eh… no, no, muchas gracias —pude balbucear finalmente, poniéndome rojo de vergüenza— Volveré en otro momento.

Empecé a volver hacia la plaza, incapaz de quitar mis ojos de estas tres mujeres. Aún me hacían gestos para que pasara, alternando una decepción fingida con sonrisas atractivas. Había algo absolutamente impresionante en ellas, uno perdía literalmente el habla al verlas. La sola idea de seguir a estas mujeres a través del pasillo oscuro hacia la profundidad de la casa me comenzó a asfixiar. Estaba aterrado y no pude seguirlas. Pero en otra parte de mi cerebro me quedé imaginando toda la vida que me hubiera esperado al final de ese pasillo.

A Mona le dio mucho gusto que no hubiera aceptado el café con las "sirenas de Guadalajara", como las llamo en mis recuerdos. Yo, por otro lado, me lamentaba, por supuesto. Pero me di cuenta de que todavía no estaba listo para la verdadera hechicería; de hecho me faltaba todavía mucha preparación. Cualquier bruja atractiva podría haberme convertido en rana con sólo tirar su sombrero. No habría sabido ni cómo defenderme. No necesitaba ver a Francisco Flores, sus hijas habían hecho ya suficiente magia para mí. Me habían expuesto como el cobarde que en realidad era.

Lo que me había hecho literalmente correr por el campo era la conciencia de que era susceptible a la belleza y la sensualidad de las mujeres. Pero lo que sí sabía en aquella época era que esta susceptibilidad no era ni siquiera mi más grande debilidad. Era un cobarde porque no me atrevía a aceptar y, por ende, asumir esa vulnerabilidad. El valor en este encuentro no hubiera significado permanecer tranquilo dentro de la casa de las brujas. Hubiera sido más valeroso vencerme, aceptar mi vulnerabilidad, aceptar verme a mí mismo como un tonto y haber sido convertido en rana, por decirlo de alguna manera.

Mis instintos no habían percibido ningún riesgo corporal. Había percibido a las sirenas completamente benévolas. Sólo habían sido una amenaza a mi necesidad de mantener el control. Mi conclusión es que al final de ese pasillo me estaba esperando la oportunidad de dejar todo ir, la oportunidad de dejar de pretender y al tomar el café con las brujas estar completamente a su merced. Pero esta no era una opción para mi ego en esa época, así que mi ego corrió por el campo, llevándome consigo.

Aunque sabíamos que *Viaje a Ixtlán* era una metáfora, no pudimos evitar hacer de eso parte de nuestra búsqueda del tesoro. Por lo que pudimos descubrir, hay tres sitios diferentes llamados Ixtlán en México. Estábamos determinados a visitarlos todos. Tal vez llegando al adecuado algo mágico pasaría.

Ixtlán del Río era el primero de nuestra lista y era fácil llegar. Está justo entre Tepic y Guadalajara, por la autopista quince, la principal arteria de norte a sur del país. La carretera prácticamente pasa por la mitad del pueblo. Cuando llegamos descubrimos un lugar caluroso, sucio y ruidoso que no incentivó para nada mi imaginación. Todavía no llegábamos del todo cuando ya me quería ir. Pero no lo hicimos. Nos forzamos a dar una vuelta por el pueblo e incluso decidimos comer en un restaurante de la plaza central que no se veía muy confiable.

La comida resultó muy buena, y el mesero amigable y platicador. Cuando supo que veníamos desde Alemania, se sintió obligado a señalarnos todas las atracciones turísticas de la región. Resultó que además de una hermosa iglesia y algunas fuentes de aguas termales, había un templo de la cultura tolteca, dedicado a Quetzalcóatl, la serpiente emplumada. El templo era considerado el sitio arqueológico más importante del Noroeste de México.

Esto me intrigó de inmediato. Quetzalcóatl era, probablemente, la deidad más importante de Mesoamérica. Era el dios creador en la mitología azteca y se le habían dado muchos atributos diferentes a través del tiempo y de las diferentes culturas que lo adoptaron. La serpiente emplumada era el santo patrono de los sacerdotes, del conocimiento, del saber. Además era el dios de la estrella de la mañana y el símbolo de la muerte y la resurrección. Curiosamente, el último capítulo de *El don del águila* se titula "La serpiente emplumada". En su conclusión, Castaneda describe su último encuentro con don Juan y su grupo de guerreros antes de que se desvanecieran en la conciencia total. El libro termina con el recuerdo de Castaneda de este evento monumental:

Vi a don Juan tomando la delantera. Y luego sólo vi una línea de luces exquisitas cruzando el cielo. Algo como el viento parecía hacer que ese racimo de luces se contrajera y serpenteara. Había una luz muy brillante en uno de los extremos de la línea de luces. Ahí estaba don Juan. Pensé en la leyenda tolteca de la serpiente emplumada. Después, las luces desaparecieron.

Éramos los únicos visitantes en el templo esa tarde. Después de dar vueltas por el sitio arqueológico por un rato, nos sentamos silenciosamente bajo la sombra que hacía una columna de piedra. Apenas si se escuchaba algo, y las piedras en las que estaba sentado aún irradiaban el calor del sol. Estaba pensando en todas las batallas y rituales que estas ruinas habían presenciado en más de dos mil años. Estaba pensando en la serpiente emplumada.

En la mayoría de las religiones la serpiente representa el lado terráqueo de la naturaleza. Las plumas, por el otro lado, son símbolos del aire, del cielo, del espíritu. De esta manera la serpiente emplumada de Mesoamérica simboliza esencialmente lo mismo que el *yin* y el *yan* de la filosofía asiática. Representa los dos aspectos fundamentales que definen la experiencia humana: el cielo y la tierra, la materia y la mente, el ser y el pensamiento.

Un buen ejemplo que ilustra esta dualidad está en el Génesis, el comúnmente malinterpretado mito de la creación judeocristiana. Aquí, una vez más, la serpiente representa la naturaleza o, más específicamente, la fuerza evolutiva de la naturaleza. Como simboliza la analogía en donde la serpiente engaña al hombre para que "coma del árbol del conocimiento", la evolución natural forza a la humanidad para que desarrolle el pensamiento y por ende la autoconciencia. Esto está representado por la percepción que Adán y Eva tienen de su propia desnudez. Debido a que pueden pensar y pueden diferenciar entre lo bueno y lo malo, además de estar ahora autoconscientes, la maravillosa experiencia de ser uno con el todo —en otras palabras, vivir en el paraíso—, se olvidó.

Esta aventura evolutiva del pensar se volvió, obviamente, tan central e importante en la experiencia humana que la noción de la conexión universal se perdió. Todo lo que nos quedó fue un deseo profundo e inestable de la humanidad por ese hogar atemporal en la unidad. No importa qué piense la mente, ese deseo nunca disminuye. No importa cuánta riqueza y poder acumulemos, eso nunca suplanta lo que hemos perdido. En nuestra fascinación con los vuelos del pensamiento nos volvemos sólo plumas, criaturas de la mente.

Pero la serpiente nunca se fue. Habla a través de nuestro deseo y nos guía a través de nuestras mitologías. Ahora que sabemos del poder de las plumas, también deberíamos recordar nuestro cuerpo de serpiente, que es la vida indiferenciada que somos en nuestra esencia. Podríamos querer saber qué ocurre si recordamos que somos vida a la que le han surgido alas de conciencia. Para qué otra cosa sirven los dioses si no es para recordarnos nuestra verdadera naturaleza. Bajo esta luz Quetzalcóatl, la serpiente emplumada, era definitivamente inspiradora.

El sol declinaba lentamente y las sombras se alargaban. El silencio y la serenidad del templo se hacían cada vez más pronunciados. Me sentía a gusto, no me quería ir de este lugar mágico en mucho tiempo.

—¿Crees que el águila y la serpiente de la bandera mexicana tengan algo que ver con Quetzalcóatl? —dijo Mona, rompiendo el silencio.

—Mmm, esa idea es interesante —pensé— Dado que no hay serpientes voladoras en el mundo real, yo creo que un águila que está sujetando una serpiente es lo más cercano que se puede obtener a una serpiente emplumada. Sí, yo creo que sí tienen que ver —continué emocionado— El presagio que buscaban los aztecas era el símbolo de Quetzalcóatl. Y ahora el escudo de la bandera mexicana es un águila devorando una serpiente, que está más cerca de la mentalidad de los conquistadores cristianos. Para ellos las serpientes siempre han sido un problema. ¡Es fascinante!

La imagen de esa águila feroz en la bandera mexicana me hizo volver a pensar en el último libro de Castaneda, *El don del águila*. Su título se refiere a la regla del Nahual que está conformada por una serie de creencias centrales en el mundo de don Juan. El mandamiento fundamental de estas creencias establece que el origen y la finalidad de la conciencia humana es una fuerza que asemeja un águila de proporciones infinitas. Un águila de proporciones infinitas, y particularmente sus ojos salvajes e intensos de conciencia, serían el arquetipo perfecto para la conciencia universal. Esta "águila" otorga la conciencia al nacer, gobierna el destino de la conciencia individual y consume esa misma conciencia al morir. Sin embargo, para poder perpetuar esa conciencia, el águila ha creado una abertura y le garantiza a cada ser humano el poder de atravesar por esa abertura, manteniendo la llama de la conciencia. Esta abertura y el poder de atravesarla es el regalo del águila. El mandamiento continúa y dice: "con el propósito de guiar a los seres vivos a través de esa abertura, el águila ha creado al Nahual".

Tal vez la fórmula más breve de lo que se requiere para hacer uso del regalo del águila se encuentra en un conjuro que le hizo a Castaneda un miembro del séquito de don Juan. El conjuro tiene la finalidad de otorgar fuerza y nutrir a propósito en tiempos difíciles:

Estoy listo gracias al poder que guía mi destino.

No me sujeto a nada, así que no tengo nada que defender.

No tengo pensamientos, así que veré.

No le temo a nada, así que me recordaré.

Indiferente y tranquilo,

pasaré como un dardo por el águila para ser libre.

Ixtlán de los Hervores era el siguiente lugar de nuestra lista. Es un pueblo pequeño en el estado de Michoacán, famoso por sus manantiales y géiseres. Estábamos ansiosos de ver qué era lo que nos esperaba ahí cuando dimos vuelta a la izquierda en un camino de terracería por el que anduvimos un poco más de treinta kilómetros. Apenas habíamos dejado la carretera y conducíamos lentamente por el camino sin pavimentar a través de un pequeño poblado, cuando una piedra se estrelló contra nuestro parabrisas. Sonó como si fuera un disparo y fue un milagro que el parabrisas no se rompiera. Nos detuvimos de inmediato y decidimos regresar, convencidos de que eso era un presagio que nos indicaba que no debíamos visitar Ixtlán de los Hervores. La piedra había sido lanzada en contra de la camioneta, pero no había nadie por ahí.

Ocasionalmente encontrábamos caras de pocos amigos mientras manejábamos por zonas rurales de pobladores que nos confundían con norteamericanos. Cuando descubrían que éramos alemanes su actitud cambiaba drásticamente. Así que después del incidente con la piedra sentimos que era hora de hacer algo. En el pueblo siguiente compramos unas letras adheribles y escribimos en el cofre *Somos Alemanes*. No volvimos a tener problemas. Era muy interesante ver a las personas, una y otra vez, primero malencarados cuando nos íbamos acercando y después ver sus labios moverse al leer: S-o-m-o-s-A-l-e-m-a-n-e-s y después, inevitablemente, sonreírnos amistosamente y hasta saludarnos con la mano. Además de tener sentimientos encontrados con relación a los "gringos", como se refieren en México a los ciudadanos estadounidenses, muchos mexicanos parecían tener una afinidad sospechosa por el pasado fascista alemán, cosa que en ocasiones nos produjo conversaciones incómodas. Por la razón que fuera, la pequeña y práctica maniobra del cofre nos libró de más piedras.

Ixtlán de Juárez, en las montañas del Noroeste de Oaxaca, era mi opción ideal desde el principio. Por todo lo que había aprehendido de los escritos de Castaneda, Oaxaca parecía ser uno de los epicentros del mundo de la brujería. Descubrimos que Oaxaca era un pueblo fascinante, mágico y exótico, lleno de bella arquitectura colonial y lleno de vida indígena. Durante los cuatro meses que viajamos por ese Estado pasamos al menos cuatro semanas en la capital.

Justo como me ocurrió en Tula años después, use todo mi Propósito para conectar con el elusivo espíritu del Nahual, tratando de encontrar una abertura, un punto de partida. Infinidad de horas me senté en las bancas del zócalo, la plaza central, donde según dice Castaneda él se había encontrado tantas veces con el Nahual. Perdí aún más tiempo paseando por el mercado de indios por el mismo motivo. Estaba tan callado y alerta como podía, pero no se abrió ninguna puerta mágica y ningún misterioso chamán me reconoció como el aprendiz largamente esperado. Pero aunque no encontré a mi salvador en Oaxaca, ni la abertura a la libertad total, pasé semanas ahí en un estado de alerta y de presencia que experimenté como algo alterado y maravilloso.

Ixtlán de Juárez, situado a unas pocas horas al norte de la carretera de Oaxaca a Veracruz, no satisfizo mis expectativas, desgraciadamente. Nuestra visita fue completamente anodina. No era un lugar bonito y se veía como inconexo, para nada era el objeto anhelado por un guerrero implacable como don Genaro, cuya historia estaba detrás de nuestra búsqueda por su pueblo mágico. Sin embargo, después de pasear por sus calles polvorientas y de desconcertar a los lugareños con preguntas extrañas, descubrimos que pocas horas al Este, en el corazón de las montañas de la Sierra Madre, había otro Ixtlán. Por las descripciones sonaba a un lugar mucho más romántico. Nos dirigimos ahí.

Fue un viaje lleno de aventuras. El pavimento se acabó pronto y los poblados se fueron distanciando conforme el terreno se iba volviendo montañoso. Andábamos solos, y a juzgar por las caras de los paseantes que nos encontrábamos ocasionalmente, era obvio que nos habíamos alejado bastante de las rutas turísticas. Después de un rato la gente ya ni siquiera hablaba español y no podían ayudarnos con las direcciones. Tal vez debimos haber estado preocupados por nuestra seguridad, pero sólo experimentábamos un sentimiento de entusiasmo. El aire de las montañas era fresco y limpio, y el paisaje seco y rocoso. Poco después surgió una montaña exuberante de bosque, que se extendía a la distancia. Había cientos de kilómetros de vegetación frente a nosotros. Este México era aún precolombino, poderoso y salvaje, nunca había experimentado algo igual. En lo que a mí correspondía, yo estaba otra vez en Tierra Santa.

Poco después llegamos a Ixtlán. Estaba lejos de la carretera, a medio camino en las faldas de la montaña, acunado entre dos colinas, bañado en el sol de la tarde. Era un pequeño poblado, pocos caballos, rodeado de sembradíos; un pueblo de película, si hay algo así. Apagamos el motor y nos sentamos junto a un ojo de agua que estaba junto a la carretera para experimentar un momento sin tiempo. El Ixtlán verdadero, al fin. Al menos eso decidimos.

No había manera de manejar por la montaña. Tampoco queríamos perturbar esta idílica escena con nuestra disonante presencia y haciendo preguntas sin sentido. Puede ser difícil de explicar, pero no podíamos seguir adelante. Nos quedamos ahí, sentados en silencio, ponderando el significado de la metáfora que era Ixtlán. Me sentí extrañamente eufórico, a pesar de que en esta búsqueda del tesoro no había encontrado nada concreto. En la metáfora, Ixtlán representa lo acogedor del mundo familiar que perdemos al despertar a nuestra verdadera naturaleza, esa que no tiene límites. Pero sin importar qué tanto lo intentara, no podía entender por qué alguna vez tendría el anhelo de la familiaridad de lo conocido una vez que tuviera éxito "deteniendo el mundo" y reconectando con mi esencia.

Mientras estaba sentado ahí, viendo cómo Ixtlán se hundía en la oscuridad del horizonte en las lejanas montañas, me di cuenta de que todo lo que me había importado hasta este momento era el viaje; estaba enamorado del viaje.

Antes de irnos llenamos nuestras botellas con el agua de ese yacimiento que burbujeaba ahí entre esas piedras a pocos metros del camino. Estaba rodeado de árboles y de algunos arbustos en flor. Junto al ojo de agua se veía una larga piedra vertical, de más o menos un metro de altura, con una superficie tallada que estaba cubierta de moho y liquen. Al mirar más de cerca descubrimos, para nuestra sorpresa, que era una antigua estela tallada con la figura de la serpiente emplumada.

Adquirir velocidad

Nuestra odisea de navegación en México nos había desbordado de magia y aventuras. Si tuviera que señalar un suceso en particular, el que tuvo el mayor impacto en nuestras vidas fue probablemente un incidente que pasó en nuestra última visita a Oaxaca. Fue un pequeño e insidioso suceso, que para nada tuvo que ver con lo esotérico y la magia que yo había estado deseando conscientemente. Ni siquiera nos dimos cuenta hasta después de unas semanas, cuando ya estábamos yendo de vuelta a Estados Unidos para visitar a algunos amigos en Phoenix, Arizona. Estaba supervisando algunas reparaciones y nueva pintura para nuestra camioneta y aprendiendo todo un nuevo nivel de español coloquial en un taller mecánico oaxaqueño, mientras Mona pasaba los días leyendo en un café del centro. Desafortunadamente, el baño era de los viejos, de esos en los que tienes que juntar agua en una cubeta para tirar del retrete. Tampoco había jabón, y el resultado tangible de todo nuestro Propósito en Oaxaca fue un grave caso de hepatitis A. Mona se dio cuenta en Phoenix, en el baño de nuestros amigos, cuando el color de sus deposiciones, orina y ojos nos lo dijeron todo. Unos días después, mis ojos se pusieron del mismo color que los de ella. Afortunadamente no contagiamos a nuestros amigos, quienes generosamente nos permitieron acampar en su jardín y nos ayudaron a sobreponernos de esta dura prueba.

La hepatitis es una enfermedad única porque el órgano afectado, el hígado, es complejo. Mientras yo empezaba a recuperarme luego de sentirme miserable y débil durante semanas, Mona atravesó un infierno. Ella se sintió absolutamente desdichada y emocionalmente devastada por casi un mes. El hígado está íntimamente ligado con nuestros estados emocionales, y en el caso de Mona, su personalidad cambió drásticamente y nunca volvió a ser la misma. Incluso después de que todos los signos de la hepatitis se habían ido, retuvo una crónica y severa añoranza que nunca desapareció. Todo lo que ella quería era volver a casa a los verdes prados y percibía Alemania como un lugar saludable. Todavía nos quedamos casi un año en el Oeste de Estados Unidos y Canadá, pero ella nunca dejó ir esa nostalgia. No sólo quería volver a casa, había perdido todo interés en la aventura. Un año después logró que volviéramos a Alemania. En ese momento nuestros propósitos ya no eran compatibles y terminaron por separarnos. Siguiendo su propia pasión y navegación, eventualmente Mona se convirtió en una artista exitosa.

Regresar a Alemania no era parte de mi Propósito, y sólo podía pensar en reunir una fresca velocidad.

—¿Podrías imaginarte viviendo en América? —me escuché a mí mismo preguntándole a Victoria.

Los ojos de ella se llenaron de sorpresa e incredulidad.

—Sí —contestó.

—¿Te gustan los perros? —le pregunté seriamente.

—Sí —contestó de nuevo, todavía confundida.

—Entonces todo va a salir muy bien —dije con total convicción. Nos abrazamos una última vez antes de que yo tuviera que abordar el avión de vuelta a Munich. Por un momento nos olvidamos de todos los demás, pero nadie pareció darse cuenta. Me puse mis lentes oscuros para ocultar mis lágrimas. Había una fila de asientos vacíos en ese extraño avión en el que estaría solo; me senté aturdido. No había dormido en treinta horas, entonces cerré mis ojos, pero no tenía ni siquiera la idea de dormir. Todo mi cuerpo estaba vibrando como si hubiera sido golpeado por una iluminación. Y, de cierta forma, eso fue exactamente lo que pasó.

Hace sólo cuatro días que estuve en Budapest, en un estimulante *tour* todo pagado. Desde mi regreso a Alemania, me uní nuevamente a una firma consultora y corredora financiera donde regularmente tratábamos con extravagantes mini vacaciones de instituciones asociadas como recompensa por hacer negocios con ellos.

La primera vez que vi a Victoria fue en la galería del palacio de Buda, un atractivo lugar con mil años de antigüedad en Budapest. El palacio es una exquisita y poderosa pieza de arquitectura religiosa, conocida por su historia y aventuras milagrosas. El piso del palacio está cinco metros por debajo del nivel de la calle. Conforme descendía al interior, mi energía se transformó inmediatamente. Estaba oscuro, fresco y húmedo, y conforme mis ojos se ajustaban eran jalados por la luz del sol, que entraba magnificente a través del vitral, detrás de la galería. Ahí fue cuando la vi.

Ella se paró frente a otra parte de un grupo que había llegado en el primer avión, y yo estaba atemorizado. Ella sería nuestra guía principal por los próximos cuatro días. Completamente anonadado, la vi bajar las escaleras. Era un destello de energía con cabello rubio, ojos abiertos y pómulos prominentes, en control total de los cincuenta colegas hombres que la seguían. Todos ellos tomaron un camión para hacer un *tour* por la ciudad y tuve que esperar un par de horas más para volverla a ver, cuando nuestros grupos se encontraron en una fiesta de bienvenida en el Bastión de los Pescadores, otro atractivo turístico.

Yo estaba inclinado contra una columna de piedra en el cuarto de la torre donde todos nos juntamos, cuando de repente nuestros ojos se encontraron —y quedaron bajo llave. El tiempo se suspendió, justo como en el momento antes de que yo diera vueltas abajo en la montaña con Loretta, en aquel accidente automovilístico en el viñedo. Nuestras almas se sumergieron una en la otra y se fundieron, cambiando el curso de nuestras vidas. Nos enamoramos al instante.

Pero con cien hombres celosos viendo a nuestro alrededor, no fue sino hasta más tarde ese mismo día que tuvimos unos pocos minutos para hablar a solas. Después de cenar todos nos encontraríamos en una discoteca y, conforme los demás subían en los camiones, yo me aseguré rápidamente de conseguirme un aventón en el coche de Victoria. Tuvimos que sentar a dos de mis colegas en el asiento trasero, pero cuando llegamos a la discoteca ella los dejó en la entrada y yo me quedé con ella mientras estacionaba el automóvil. Después de que apagó el motor, nos sentamos en silencio por un largo momento, viendo hacia adelante, sintiendo nuestras presencias.

—Entonces, ¿cuáles son tus sueños? —rompí el silencio— ¿Qué quieres de la vida?

—Paz... —dijo soñando, todavía mirando a través del parabrisas hacia la oscuridad— Una familia, niños, seguridad... paz.

—Qué mal —suspiré— A mí me encanta viajar, la aventura, la incertidumbre... la libertad.

Sentí una opresión en el corazón.

Pero mientras ambos mirábamos hacia adelante silenciosos, como si siguiéramos nuestras palabras conforme se iban a la deriva de la noche, nuestras cabezas comenzaron a juntarse lentamente hasta que nuestras sienes se tocaron. Una carga cálida inundó mi cuerpo y mi corazón instantáneamente, trascendiendo cualquier palabra o pensamiento. Un poco después entramos a la discoteca para ver a los demás. Más tarde bailamos y nuestro cuento de hadas comenzó.

Tuvimos solamente algunos momentos secretos en los siguientes días. Victoria no quería perder su trabajo y yo debía evitar que los "machos alfa" de nuestro corporativo de lobos me descubrieran. Cien hombres lejos de su casa y familia por cuatro días son capaces de sostener dinámicas interesantes, por decir lo menos, particularmente si éstas se combinan con una cantidad ilimitada de alcohol.

La última tarde, como sea, llevados por nuestras propias dinámicas, logramos escaparnos. Victoria dijo que tenía una entrega académica de su tesis doctoral, cosa que era factible pues también hacía investigación farmacéutica en la universidad local. Y yo me fui temprano con dolor de cabeza. Nadie pareció sospechar.

Lo que pasó esa noche está más allá de los intereses de esta historia. Es suficiente decir que los dioses querían asegurarse de que nos llegara el mensaje. A la mañana siguiente, temprano, fuimos a dar una vuelta en la Isla Margarita en medio del río Danubio, en el centro de Budapest. La isla está cubierta de hermosos parques y ruinas medievales, la memoria de un pasado religioso concentrado en la Edad Media. El sol de la mañana comenzaba a disolver los restos de niebla, y en la sombra todas las flores y hojas estaban cubiertas de rocío. Seguíamos vibrando del éxtasis de la noche anterior y casi no lográbamos tocar el piso.

Pero en lugar de simplemente sucumbir a esta exquisita iluminación del ser, me puse a hablar por casi dos horas. Extrañamente llevado y casi sin darme cuenta, inundé completamente a la pobre de Victoria con todo el sistema de creencias del Nahual, incluyendo la complejidad del don del águila y la disciplina del Nahual. Hasta donde puedo decir, ella absorbió cada palabra. Aunque el recuerdo de Victoria de este evento fue bastante distinto. Alguna vez me contó de una conversación que tuvo con su mejor amiga ese mismo día. Su amiga, desde luego, quería saber todos los detalles.

—¡Cuéntame todo! ¿Cómo es él? —preguntó.

—Bueno —contestó Victoria—, está algo loco, pero lo amo.

Volé a Budapest al menos cada semana, y nos casamos tan pronto como el papeleo estuvo completo. Aunque pasó un año hasta que Victoria pudo dejar Hungría. El país estaba todavía bajo un régimen comunista en aquel tiempo, y su emigración requirió resolver una gran cantidad de burocracia.

Victoria era una criatura poderosa y apasionada, y mi vida adquirió un grado extraordinario de intensidad. Mi necesidad de estar con ella durante esos periodos iniciales de separación era tan fuerte que provocó mi primer experiencia fuera de mi cuerpo espontáneamente. Una noche, después de una larga conversación telefónica, caí en un sueño agitado. Un rato después me desperté sediento, me levanté de la cama y fui abajo a beber un vaso con agua. Una vez ahí, me distrajo y me jaló una extraña luz a través de la ventana. La luz resultó ser simplemente la luz de la calle frente a mi edificio de departamentos, pero tenía un extraño halo que me confundió. Traté de enfocar frotando mis ojos varias veces, pero sin éxito. De repente recordé que había leído sobre este efecto perceptivo. Supuestamente ocurre durante experiencias fuera del propio cuerpo, y me emocioné.

"Si estoy fuera de mi cuerpo, entonces mi cuerpo físico debe seguir en la cama, en el piso de arriba", pensé. Mi departamento era un *loft* con dos pisos, y en cuanto completé ese pensamiento, sentí que flotaba sobre la barandilla de las escaleras, dirigiéndome a mi cama. Estaba ahí, efectivamente, en posición fetal, dormido. Fue un signo desconcertante y poco placentero, y nunca me acostumbré a él, incluso después de muchas experiencias en los años siguientes. Siempre percibía mi cuerpo como un pedazo de carne sin vida, poco atractivo y terrorífico cuando lo veía desde esta perspectiva. Me acostumbre a evitar poner atención cada vez que me atrapaba esta visión.

Me quedé consciente y completamente atento a que estaba soñando. Y tratando de sacar ventaja de esto, decidí salir. Caminé a la puerta, crucé el pasillo hasta el elevador. Después de batallar un poco, finalmente me encontraba abajo y caminé a la calle. En este momento las cosas ya no eran reconocibles. La calle se tornó en una escena desierta y con mi último dejo de conciencia del sueño decidí volar, cosa que disfruté muchísimo por algunos momentos. Después la experiencia se volvió un sueño ordinario en el que ya no era consciente de que estaba soñando. Poco después de eso desperté. Ahora, obsesionado, traté durante toda la noche de dejar mi cuerpo de nuevo, pero no tenía la energía. En algún punto logré levantarme unos centímetros, los suficientes como para mirar una de las pinturas en la pared de mi recámara, pero fui jalado hacia abajo instantáneamente, como una liga.

Ahora tenía una misión. Cada noche, justo después de caer dormido, me programaba para dejar mi cuerpo. Incluso conectaba un cronómetro a mi grabadora para que empezara a las dos o tres en punto de la madrugada con sugerencias como: "Estoy soñando, estoy consciente de que estoy soñando, y soy libre de dejar mi cuerpo". Traté muchas variantes distintas y diferentes tiempos, con y sin música o efectos de sonido, pero dolorosamente tuve muy poco éxito. De cualquier forma aprendí que no había necesidad de abrir mi puerta o usar el elevador una vez que estaba fuera de mi cuerpo. Podía pensarme donde quisiera estar, o atravesar paredes, si me inclinaba lo suficiente. Flotar y atravesar los techos y las paredes se volvió mi cosa favorita. Siempre producía un hormigueo estimulante en todo mi cuerpo.

A pesar de mis esfuerzos, estas experiencias siguieron siendo muy raras hasta varios años después cuando había juntado más de la energía específica que parece necesitarse. Una vez que ya no estuve separado de Victoria, cosa que de alguna forma despertó la energía de mi cuerpo fuera de su alojamiento, mis excursiones astrales cesaron. Quemábamos la energía necesaria en otras maneras menos esotéricas.

Con toda esta emoción, mi búsqueda por la libertad y mi propósito de volver a América se quedaron en el quemador trasero, pero no estaban de ninguna manera en el olvido. Victoria tenía un poderoso propósito propio y yo estaba contento con alinearlo al mío. Pero para generar una velocidad fuerte, todavía teníamos que integrar nuestros respectivos sistemas de creencias. Nunca me permití perseguir la abundancia. Tal vez no confiaba en mi naturaleza indulgente o quizá me faltaba confianza, pero en mi forma de ver la vida en ese momento, la abundancia, y particularmente la abundancia material, era antagónica con la "verdadera" libertad y el desarrollo espiritual. Victoria no tenía esta limitación. Para ella, la libertad y la abundancia material eran mutuamente inclusivas, y no tenía miedo a nada, ni carecía de confianza. Sus propósito y sus fuentes energéticas le bastaban para integrar todos los aspectos de la libertad, material y trascendental.

Era muy impresionante cómo el poder de Victoria afectaba mi vida. Nunca había sido ambicioso, particularmente en términos de un éxito material. Una vez que mis necesidades básicas de comida y techo se cubrían, usualmente me iba a buscar dos árboles para poner una hamaca. Al embarcarme en el camino del guerrero, había introducido el poder y la belleza de la impecabilidad en mi vida, pero eso no había afectado mis ambiciones mundanas.

Victoria nunca me presionó, ni mostró tener expectativas particulares. Ella era siempre humilde y agradecida con lo que la vida nos proveía. Fue solamente con masa energética y presencia, y con la fuerza silenciosa en foco de su propósito, que nuestras fuentes materiales comenzaron a crecer. Ella nos proveyó con un motor de cien caballos; yo solamente manejaba el coche. Su participación más obvia en generar ingresos era manteniendo contacto con mi creciente base clientelar. Casi todos los días pasaba una o dos horas en el teléfono inyectando energía en el eslabón entre mis clientes y yo. Así fue como pude producir el cuarto volumen más alto de negocios en una compañía altamente competitiva con cientos de consultores, en menos de tres años. E incluso nos las arreglamos para pasar al menos tres meses de vacaciones cada año, viajando muchísimo. Satisficimos toda clase de placeres mundanos para alegrar nuestro corazón. Teníamos un jaguar de doce cilindros, el coche de mis sueños en ese momento, tuvimos cenas de mil dólares en los mejores restaurantes, y después obtuve mi licencia de piloto para volar por toda Europa en un pequeño aeroplano privado.

Y en unos pocos años sacamos todo del sistema. Se había sentido fantástico y nos había llenado de poder en su momento, pero nunca fuimos tan felices como luego de esos años. La mecánica de la mente se había vuelto descaradamente obvia; era completamente insaciable y siempre necesitaba más. Volábamos por ahí en nuestro Cessna de un motor, pero rápidamente nos sentimos molestos con el nivel de ruido y la falta de velocidad al cruzar distancias largas, y empezamos a soñar con un Learjet. Mientras comíamos el segundo plato de una cena en un celebrado templo con tres estrellas Michelin, la experiencia fue menos espectacular que la primera vez, y estábamos decepcionados. Conocimos a muchos otros frívolos. Recuerdo una típica conversación que tuvimos con mi amigo y cliente Frank, un cirujano muy famoso y su esposa Gabi. Los estábamos visitando en sus vacaciones a Marbella, España. Estaban con un estado de ánimo terrible, acababan de volver de Tailandia.

—¿Puedes creer esto? —Frank estaba a su lado— Nos quedamos en este hotel que ha sido votado como el número uno del mundo, cerca de Phuket: mil seiscientos dólares la noche. ¡Mil seiscientos! —repitió, mirándonos fijamente— Y ni siquiera tenían servicio de veinticuatro horas al cuarto —los ojos de Frank se abrieron conmesurablemente, no podía creerlo.

—Y las toallas —añadió Gabi— ¿recuerdas las toallas, Frank? Hay mejores toallas en cualquier Holiday Inn —agregó disgustada.

Considero una verdadera bendición que pudiéramos manifestar todas estas experiencias. Nos proveyeron de un precioso conocimiento de primera mano y una profundidad que la mente y sus alcances mundanos no pueden llevar a la felicidad y la libertad. Tener la posibilidad de sumergirnos tan a fondo en el mundo de la abundancia material y la sensación de gratificación fue también un paso indispensable para alinear nuestros propósitos. Perdí el miedo a que el dinero pudiera corromper mi alma, y Victoria expandió de buena gana su concepto de abundancia más allá de lo material, hacia una dimensión trascendental. A este punto había leído la mayoría de los libros de Castaneda, pero no la habían inspirado mucho. De todas formas, ella confiaba en mi navegación, y solamente después de leer el libro de Taisha Abelar, *Donde cruzan los brujos*, pudo establecer su propia conexión con el mito.

Me aseguré de enterarme inmediatamente si Castaneda escribía un nuevo libro. Para ese fin recurrí a llamar a su editor en Nueva York en intervalos regulares. Su editorial en aquel entonces era *Simon & Schuster*, y su editor Michael Korda, que era lo suficientemente amable como para satisfacerme. Con su ayuda yo tenía en mi posesión los dos próximos libros en el minuto en que salían de la imprenta. Estoy muy agradecido con Michael Korda, particularmente porque fue lo suficientemente gentil como para ponerme en contacto con Tracy Kramer, el agente de Castaneda, una vez que fue promovido a editor en jefe de *Simon & Schuster* y ya no llevaba los asuntos de Castaneda. Fue mi conexión con Tracy lo que me llevó finalmente al Nahual.

La navegación no sólo implica cultivar las propias capacidades receptivas de conciencia, estar alerta, en silencio y sobre todo presencia, también tiene un lado proactivo. Siempre tiene que estar sostenido por un propósito firme, la cultivación de la energía y una buena dosis de persistencia. Uno tiene que transmitir los propios intereses claramente, y luego escuchar y observar atentamente a la respuesta y la guía.

Sumergirnos en la abundancia de nuestro nuevo encuentro con la riqueza fue, desde luego, placentero. Pero nunca fue mejor que la abundancia de la vida que experimentamos antes y después de esta ganancia inesperada. Fue simplemente fascinante y gratificante, o retador y humilde, como ninguna otra fase de nuestras vidas. Y fue tan mágico como lo ilustra la historia siguiente, que se convirtió en un mapa de navegación para el resto de mi vida.

Durante nuestro último verano en Europa fuimos en un viaje de avión a Francia. Nuestros queridos amigos Roberto y Edith tuvieron el suficiente coraje como para venir con nosotros. Mi licencia de piloto estaba bastante nueva y esto iba a ser nuestro primer vuelo extendido a varios países. Volamos directo desde Munich al Vallée de la Loire en Francia, y visitamos algunos de nuestros viejos hallazgos. De ahí dirigí el Cessna hacia el norte y dimos una vuelta al país en contra de las manecillas del reloj. Nos detuvimos en el Mont Saint Michel, exploramos todo Bretaña, incluyendo algunas de sus islas, y luego volamos abajo en la costa atlántica de Biarritz. Cuando nos alistábamos para dejar Biarritz por Carcassonne, supe que un frente produciría una gran baja de presión conforme me acercara desde el Oeste, y que sólo tenía un pequeño espacio para salir inmediatamente, o nos quedaríamos atorados en Biarritz por lo menos tres días. Decidimos irnos y después de algunos minutos ya estábamos en el aire.

Tan pronto como alcanzáramos la altitud de crucero, podríamos ver el frente con sus enormes truenos aproximándose rápidamente. Fuertes ráfagas de viento ya se movían mucho más rápido de lo que el hombre del clima lo predijo, y decidí desviarme del plan de vuelo original y conducir lejos a los Pirineos, la hilera de montañas que separa Francia de España.

Poco después una cubierta de nubes sobre el cielo azul y las nubes rojizas me forzaron a descender a un nivel más bajo de vuelo. Sólo tenía licencia para volar por reglas visuales y tenía que quedarme en lo claro. Con las nubes que crecían y la altitud más baja, mi campo de visión se hizo cada vez más pequeño y antes de darme cuenta había perdido mi orientación. Todavía tenía instrumentos de orientación y pude calcular nuestra posición, pero la cercanía y el riesgo de estrellarnos en tierra requería toda mi atención.

El mapa no mostraba un aeropuerto alternativo en ningún lado y el suelo estaba muy escarpado como para un aterrizaje de emergencia. Robert estaba sentado a mi lado, filmando todo con su cámara de video, bastante inconsciente de la forma en que el peligro se acrecentaba.

—Wow, ¿viste esa descarga de luz allá? Creo que la tengo en el video —dijo Robert mirando a Edith.

—Bien —alcancé a decir pasando saliva en mi garganta— Sólo endereza tu asiento, por favor —añadí con una sonrisa forzada. No quería que se notara cuán aterrorizado estaba. Robert y Edith habían dejado a su bebé de sólo un par de meses bajo el cuidado de los papás de Edith. Recordé cómo su madre me había tomado del brazo con las dos manos antes de irnos, sus ojos tenían preocupación.

—Por favor, tengan cuidado —dijo con sus dedos clavados en mi brazo— Por favor, tráigalos sanos y salvos de vuelta.

—¡Wow! —exclamaron todos al mismo tiempo— Jesús —gritó ahogadamente Edith— hay luces en todas partes —Victoria puso su mano en mi hombro. Sabía cómo me sentía y que ya no tenía el control.

A este punto estábamos rodeados del frente. Afortunadamente todavía podía ver el piso a unos metros adelante. El viento cambiaba constantemente de dirección y nos azotaba como juguetes. Nubes negras de tormenta con descargas lumínicas aparecían en todas direcciones. Robert estaba filmando y nadie dijo ni una palabra. Me quedé extrañamente tranquilo. Otra parte de mí me tomó, tal y como si me hubiera regresado a Weligama, cuando aquella muchedumbre de pescadores querían atacarme y tiraban piedras conforme se acercaban a casa.

No había más preocupación ahora y la navegación fue totalmente sencilla. Volé lo necesariamente alto como para evitar obstáculos del suelo y llevé el avión hacia un sitio brilloso en el cielo. Todo lo que hice y podía hacer era volar hacia la luz. Seguía cambiando. A veces era demasiado a la derecha, y otras veces a la izquierda o adelante. Si los azotones del viento se volvían demasiado violentos, yo me calmaba o de otra forma me ahogaría por completo. Eso era todo. No había ningún pensamiento. Una extraña paz se adueñó de nosotros. Miré a mi alrededor y todos parecían estar en el mismo espacio. No recuerdo cuánto tiempo bailamos en la tormenta. En algún punto el contraste entre las nubes negras de tormenta y la blancura delante de nosotros era clara y definida. El viento rugió, haciendo que la aguja del velocímetro saltara erráticamente. Entre más cerca estábamos de la blancura, más brillante resultaba y más fuerte rugía el viento. Luego, de repente, hubo un momento estático. El avión cayó marcadamente y luego se levantó de nuevo. La dirección del viento cambió casi ciento ochenta grados y en cuestión de segundos estábamos literalmente escupidos en un profundo cielo azul sin una sola nube a la vista. Algunos movimientos azarosos todavía golpearon el avión unos minutos, como palmadas en el hombro.

Después de unos minutos teníamos orientación otra vez. Estábamos apenas fuera de curso. Carcassonne estaba justo frente a nosotros a menos de treinta minutos de aterrizaje. Y un par de horas después nos sentamos en la plaza principal de una de las ciudades medievales más auténticas, como si hubiéramos salido de un nido de lombrices. Nos dio el perfecto telón de fondo para nuestras reflexiones sobre una de las lecciones de navegación más dramáticas de nuestra vida.

El poder del silencio

Después de cuatro años de adquirir velocidad y alinear nuestro propósito, Victoria y yo sentimos que era el momento de brincar. Ven-
dí mi negocio y Mona, de quien seguía siendo amigo, se quedó con
la mayor parte de mis cosas. En esta ocasión dejamos Alemania
para siempre. Dos años antes habíamos iniciado los papeleos de
inmigración en los Estados Unidos y ya teníamos nuestras visas.

Habíamos viajado mucho en los últimos cuatro años y habíamos pasado tiempo juntos en todos los lugares por los que sentíamos curiosidad, particularmente en Francia, España, India,
Nepal, el Suroeste norteamericano y México. Viajar y vivir en muchos
lugares diferentes había moldeado mi personalidad, y al haber
compartido estos lugares con Victoria había resultado fundamental en nuestra búsqueda por fundirnos e integrarnos con el Propósito. Antes de establecernos en el Nuevo Mundo fuimos a explorar
Tailandia, un país nuevo para los dos.

—*Sawatdee Kaa* (¡bienvenidos!) —fue la primera palabra en tailandés que aprendí de la hermosa azafata que nos recibió en el
aeropuerto de Bangkok. Nos sentimos realmente bienvenidos en
Tailandia. Era 1989 y los tailandeses eran las personas más amigables y dulces del planeta. Todo mundo estaba sonriendo, incluso
en aduanas, en inmigración, la policía, el taxista y, por supuesto,
cada uno de los empleados del hotel. En Bangkok estaba haciendo
mucho calor pero todo mundo estaba sonriendo.

Nosotros estábamos sonriendo también y teníamos muchos motivos para hacerlo. La vida había sido increíblemente generosa con nosotros. Desde que estaba comprometido con esta relación orgánica e interactiva con la vida me sentía apoyado, enriquecido, estrechado por ella. Me encantaba seguir el camino del guerrero porque esto me inspiraba y le hablaba a mi corazón. Había en él mucha belleza destinada a la integridad y a la impecabilidad. Creo, sin embargo, que la abundancia de generosidad de la vida que estaba experimentando no estaba tan relacionada con el esfuerzo del propósito y con seguir sus principios, estaba más relacionada con el resultado de sencillamente honrar y reconocer lo vivo de la vida en cada paso. En resumidas cuentas, ver la vida con los ojos del reconocimiento parece ser lo único necesario en realidad.

Mientras navegábamos por Bangkok, nos sentíamos atraídos inevitablemente hacia la fresca serenidad de los innumerables templos budistas. Victoria particularmente desarrolló una poderosa afinidad hacia cualquier cosa budista desde el inicio. El contraste era asombroso y convincente. Bangkok es una metrópolis inmensa, con mucho tráfico y un frenesí agravado por el clima tropical. Pero al entrar a los templos silenciosos y frescos, la sacralidad del incienso nos hacía sentir como si experimentáramos un nirvana instantáneo. Especialmente si todo mundo te está sonriendo: monjas que parecían duendes, monjes meditabundos y, principalmente, los "monjes bebés", jóvenes de todas las edades vestidos con sus túnicas azafrán y sus pequeñas cabezas rapadas. Nos encantaron esos templos. Y si algunas veces nos cansábamos de esta serenidad maravillosa, nos hacíamos verdaderos masajes tailandeses que ofrecían en algunos de los edificios aledaños a los templos.

En otras ocasiones caminábamos por los *khlongs*, un infinito laberinto de encantadores arroyos alimentados por el río Chao Pharaya. Los *khlongs* eran un mundo en sí mismos, con mercados flotantes, poblados conformados por botes e intrincadas casas de teca. El aire estaba lleno con olores de flores tropicales, plantas de agua y de las risas de los niños que se la pasaban brincando a las aguas frescas desde todos lados. Estábamos tan enamorados del mundo de las aguas mágicas, que consideramos seriamente comprar una de esas pequeñas casas de teca y mudarnos ahí.

De Bangkok fuimos a explorar las fabulosas islas de Tailandia en el mar de Andamán. Siguiendo la recomendación de un amigo empezamos en Ko Phi Phi, una joya entre las islas tropicales, una de los cinco destinos obligatorios según una revista sobre yates de aquella época. Sentíamos curiosidad y llegamos ahí exactamente el día de mi cumpleaños número treinta y seis en un bote proveniente de Phuket. Yo me fui sentado en la parte delantera del bote durante casi todo el viaje, disfrutando oníricamente el movimiento de arriba a abajo que hacían las olas. Mis pies colgaban de los dos lados de la proa y cada vez que pasábamos por una ola grande hacia para atrás mi cabeza y respiraba profundamente, llenándome de sol. Al dar la vuelta al peñasco que protege las playas y el pequeño muelle de Ko Phi Phi, escuchaba arias de Puccini en mis audífonos. El capitán apagó el motor e hizo que el bote se deslizara alrededor del peñasco hacia la bahía.

Enmarcada por dos formaciones de piedra verticales que estaban cubiertas de flores tropicales y moho, surgió una imagen de postal de las islas de los mares del sur con increíbles playas de arenas blancas, cabañas con techos de palma y pintorescos botes pesqueros. Una infinidad de palmeras se inclinaban hacia el mar color turquesa, un agua tan clara que fácilmente se podía ver el fondo —se veían hasta doce metros abajo— y todos los peces que pasaban. Era realmente hermoso. Las lágrimas empezaron a correr por mis mejillas mientras intentaba sobreponerme a tanta belleza. Había tenido muchos momentos magníficos en mi vida, pero nada se había acercado a la experiencia de llegar flotando a Ko Phi Phi en la mañana de mi cumpleaños número treinta y seis. Mi sentido de gratitud no tenía límites.

Al llegar pusimos nuestras maletas en un bote más pequeño y con un grupo de otros viajeros nos dirigimos a Long Beach, como nuestro amigo lo había recomendado.

—Lon Bee, Lon Bee, Lon Bee...! —gritaba en su inconfundible inglés tailandés el capitán del pequeño bote. Y zarpamos brincoteando por la bahía hacia nuestra última destinación. Long Beach era una extensión espectacular de arena blanca, protegida por un arrecife de coral que estaba alineada por una hilera de pequeños *bungalows*. Brinqué del bote tan pronto como llegamos para ser uno de los primeros en obtener hospedaje.

—Tiene suerte señor —me dijo el joven de la recepción saludándome con una palmada— Sólo tenemos un *bungalow* libre —continuó mientras me daba la llave a cambio de mi pasaporte. Vi la llave. El número estaba grabado y quemado en una pequeña tableta de madera a la que venía sujetada. El número del *bungalow* era el treinta y seis. Sonriendo de lado a lado caminé de regreso al bote para ayudar a Victoria con el equipaje.

—Conseguimos el último —le dije contento— adivina que número es.

—¿Cuatro?

Negué con la cabeza.

—Entonces seguramente es treinta y seis —dijo Victoria riendo.

—Sip —alcé la llave y bailé con ella en la arena— Este es un buen augurio —dije enfático, aunque no estaba seguro de lo que quería decir.

No hubo nada de malo en Ko Phi Phi por aquellos días. Aún no estaba muy desarrollado, pero había una infraestructura suficiente para disfrutar un buen rato con el corazón feliz, algo que es sin duda una de mis especialidades y a Victoria le encantaba practicarla conmigo. Un día era tan maravilloso como el siguiente. Hicimos muchos amigos. Jugamos e hicimos *snorkel* en el agua azul turquesa, nos dimos masajes bajo las palmeras y salimos a pescar mar adentro. Alquilamos un bote y salimos a navegar durante la noche a las pequeñas islas vecinas. Comimos y bailamos en muchos de los bares de la playa, la mayoría administrados por europeos. Escalamos por los riscos y peñascos y buceamos por las cavernas submarinas. Y, ocasionalmente, nos las arreglamos para admirar la arrobadora belleza natural del paisaje comiendo hongos alucinógenos. En pocas palabras, estábamos en el paraíso.

Un día cruzamos al otro lado de la isla con nuestras bolsas de playa y colgamos nuestras hamacas en la sombra, frente a algunos *bungalows* aislados. Me dormí leyendo. Cuando desperté me di cuenta de que el *bungalow* junto a mi hamaca también tenía el número treinta y seis. Esto me intrigó y se lo comenté a Victoria. Había unas toallas colgando para secarse, por eso supimos que estaba ocupado.

—Quisiera saber quién vive ahí —dije— Tenemos que quedarnos hasta que lleguen.

Estaba seguro que en esta sincronicidad había una clave importante.

Hacia el final del día los ocupantes del *bungalow* aparecieron: dos hombres y una mujer.

—Hola chicos, espero no piensen que los estamos invadiendo —dije disculpándome— Nos vamos en un minuto.

—Ah, no se preocupen —rieron— pueden quedarse.

Los tres se acercaron a saludar.

—Hola, soy Jack.

—Yo soy Bruce.

—Dawn.

Se presentaron con buenos apretones de manos. Los tres eran de Alaska y trabajaban por temporadas como observadores de arenque. Nunca habíamos oído algo así, de forma que nos encantó escucharlos hablar de su arriesgada profesión. Observar arenque en Alaska implica volar pequeños aviones en climas difíciles, y lo hacen para informar a los botes pesqueros de dónde están los cardúmenes y hacia dónde se mueven.

Últimamente estaba jugando con la idea de que mi pasión por volar fuera más que un pasatiempo y, obviamente, pensé que esta sincronicidad en nuestro encuentro apuntaba hacia esa dirección. Pero todo parecía muy inverosímil. Hablamos un rato más, principalmente intercambiando relatos de viaje. Los tres eran buenas personas, genuinas, y nos cayeron muy bien. Decidimos ir a bucear todos juntos pocos días después y nos encontramos por coincidencia varias veces en el pueblo, pero nada se manifestó como una señal tangible de navegación. Poco tiempo después se fueron de la isla y nos olvidamos de ellos.

Varios meses después me topé con Dawn en la calle Khao San en Bangkok. Estaba saliendo a la calle de nuestro hotel, viendo hacia atrás, esperando a Victoria, cuando accidentalmente choqué con Dawn que estaba caminando en la banqueta. Los dos estábamos impactados.

—Dawn —dije sujetándola por los hombros.

—¡Paul, Victoria, qué sorpresa! —ella estaba igualmente sorprendida.

—Wow, qué bueno verte. ¿Dónde están Jack y Bruce? ¿Cómo están? ¿Qué han hecho? —empecé a preguntarle.

—Voy a desayunar aquí junto, ¿por qué no me acompañan y nos ponemos al corriente?

No era un milagro encontrarse a alguien en la calle Khao San: es la capital de los mochileros de Bangkok. Está atestada de hoteles baratos, cafeterías, restaurantes, agencias de viajes y cualquier cosa que un viajero con poco presupuesto puede necesitar. Pero encontrarnos de esa forma, después de la coincidencia de nuestro primer encuentro, hicieron que algo dentro de mi pusiera atención.

Dawn se había separado de los chicos después de que partieron de Ko Phi Phi. Acababa de llegar de Suan Mokkh, un monasterio budista cerca de Surat Thani en el sur de Tailandia donde estuvo en un retiro de silencio de diez días. Sus ojos brillaban y estaba colmada de superlativos que describían su experiencia.

—Esto ha sido lo mejor que he hecho —decía con convicción.

Victoria estaba emocionada, no podía dejar de preguntarle cosas.

—Cuéntamelo todo —insistía— ¿Tienes que estar en completo silencio por diez días? ¿Cómo puedes tolerarlo? ¿Cuánta gente asiste? ¿Dónde dormías? ¿Qué comías? ¿Cuántos tuvieron que dejarlo? ¿Qué pasa si no has meditado nunca antes?

Yo me puse incómodo. Victoria había leído un libro sobre la vida de una monja budista que le había fascinado. Estaba preocupado de que su interés en el budismo nos alejara. Superficialmente mis creencias chamánicas y el camino del guerrero no parecían tener mucho que ver con el budismo y no podía ver cómo eso podía compaginarse. Pero instintivamente me gustaba todo lo relativo al budismo: los templos, los monjes, las monjas, la serenidad, la belleza y la paz que irradiaba.

—Tenemos que ir —me dijo Victoria viéndome emocionada— Hay un retiro cada mes, del primero al diez. Es prácticamente gratis. Definitivamente tenemos que ir.

—Ya veremos —fue todo lo que pude decir— Veamos qué pasa, tal vez al final, un poco antes de volver.

Estaba consciente de la sincronicidad de toparnos a Dawn. Esto era un signo claro de navegación y era obvio que teníamos que ir a Suan Mokkh. Pero por ahora no podía sino desear que alguien nos impidiera ir. Por extraño que parezca, con todo mi deseo de convertirme en un "hombre de conocimiento", tenía miedo de ir a un retiro de meditación.

Nada impidió que ocurriera, sin embargo. Y dos semanas antes de que regresáramos a Alemania, llegamos al monasterio. Habíamos estado viajando mucho. Además de Ko Phi Phi habíamos explorado otra media docena de islas, cada una con su propio encanto y belleza. Habíamos tenido un momento particularmente mágico y divertido en la zona Noroeste de Tailandia, cerca de Mae Hong Son, un área que se conoce comúnmente como el triángulo del opio. Ahí rentamos una motocicleta todo terreno y cruzamos las colinas hasta la frontera de Burma y Laos. Pasamos semanas explorando la hermosa Chiang Mai al norte de Tailandia. Hicimos senderismo, caminamos por cuevas, nos quedamos en monasterios y con tribus de las colinas. Incluso incursionamos en la frontera con Cambodia y tomamos el tren a Singapur y llegamos hasta Malasia. No dejamos una piedra sin voltear en esos seis meses en el Suroeste asiático. Nos la pasamos mejor que nunca.

Justo antes de llegar al monasterio, pasamos tres semanas en Ko Phangan, otra isla paradisíaca en la costa Este de Tailandia. Ko Phangan era aún más relajada que Ko Phi Phi y habíamos rentado una cabaña en una playa realmente hermosa donde la ropa era opcional y los hongos alucinógenos abundantes.

Después de todo eso sonaba una buena idea estar sobrios, y un retiro de silencio sonaba perfecto, al menos en teoría. Practicar el silencio interno no había estado en nuestra agenda recientemente. Pero aún estaba atento al cambio que esto podría acarrear. Victoria y yo íbamos a ser hospedados en diferentes dormitorios y ni siquiera íbamos a poder vernos durante diez días.

—¿Qué va a pasar si uno de nosotros no lo puede tolerar y quiere irse? —pregunté mientras esperábamos la charla introductoria una tarde antes de iniciar el retiro.

—No te preocupes mucho —se rió Victoria— Todo va a estar bien, son sólo diez días —agregó, apretándome la mano para darme confianza— Son sólo diez días.

—Te amo —le dije cuando finalmente nos separamos para ir a los dormitorios donde pasaríamos la noche— Cualquier cosa que pase te amo, no te preocupes por mí. Estaré bien —le aseguré mientras nos abrazábamos fuertemente.

—Yo también te amo —me dijo Victoria. De repente vi un brillo de temor en sus ojos también.

Y luego me quedé solo.

Los dormitorios eran muy sobrios. Mi cuarto era muy sencillo, como de dos metros por dos metros y medio, con una repisa de concreto a un metro de altura que servía de cama. Para dormir más cómodamente tenía un tapete de paja y una toalla enrollada servía de almohada. Se nos informó que la ausencia de comodidades haría que nuestros cuerpos durmieran tan sólo lo que necesitaban.

A las cuatro de la mañana sonó una gran campana. Fue un alivio para mí. Había estado acostado sin dormir por horas y estaba contento de tener que pararme. Había un gran cuarto de baño donde unas veinticinco personas estaban echándose agua, intentando volverse hábiles en estos rituales de higiene monástica. Todos estaban intentando no verse, lo que daba la impresión de que estábamos enojados unos con otros.

A las cuatro y media nos reunimos en el espacio de meditación y comenzamos el día escuchando unas breves instrucciones, una lectura budista y media hora de meditación. Continuamos con yoga, más instrucciones y más meditación. Desayunamos a las ocho de la mañana, después hicimos más meditación y un almuerzo vegetariano a las doce y media, que fue la última comida del día. El tiempo que quedó del almuerzo hasta la hora de dormir —a las nueve de la noche— nos la pasamos sentados, parados, caminando, meditando todo el tiempo, escuchando instrucciones, descansando y haciendo el quehacer.

La meditación que se practica en Suan Mokkh se denomina *anapanasati*, que significa "conciencia de la respiración". Básicamente la atención se centra en la respiración o, más específicamente, en el área justo debajo de la nariz, ese lugar en que el aire entra y sale del cuerpo. Eso que pasa como resultado de poner atención a la respiración, eso que ocurre en el cuerpo, en las emociones, en la mente, es observado, no es rechazado ni analizado. El propósito del ejercicio es desarrollar, esencialmente, "un ser observador".

Usualmente hallamos nuestra identidad dentro de nuestros procesos emocionales y mentales. La finalidad de la meditación es, primero que nada, desarrollar una conciencia observadora que siempre está presente mientras percibimos y experimentamos. Luego debemos cambiar nuestro sentido de identidad y privilegiar esa conciencia observadora. Este cambio se experimenta como un despertar, algo similar a cuando un sueño ordinario se convierte en un sueño lúcido. En el momento en que nos damos plena cuenta de que estamos soñando, nuestro sentido de identidad cambia de ser soñado a soñar.

Al principio básicamente mi concentración no existía. No podía poner atención en mi respiración por más de pocos segundos. En lugar de calmarme mi mente se aceleraba. No podía quedarme quieto si me sentaba. Meditar caminando se me hacía ridículo. Me dolía el cuerpo. No podía dormir en las noches. Estaba enojado y me sentía miserable y pensaba todo el tiempo en cómo podía salir de ahí y preguntándome por qué ese retiro no era para mí. Intenté encontrar claves en la cara de Victoria para saber cómo le estaba yendo pero no la podía ver, así que me ponía peor.

Después de pocos días, sin embargo, mi agonía fue cambiando lentamente a aceptación y mi diálogo interior poco a poco fue terminando. Después ya podía sentarme y respirar y pude ver mis pensamientos llegar a mi mente. Me empecé a sentir intrigado por lo azaroso y la redundancia de mis pensamientos y por mis altibajos emocionales. Descubrí cómo mis respiraciones cortas afectaban a mi mente de manera diferente a las respiraciones profundas. También empecé a ver cómo mis pensamientos despertaban ciertas emociones. Me pareció casi increíble que usualmente no estaba consciente de esta actividad azarosa. No la tenía registrada.

También empecé a admirar el aplomo y la radiante pasividad de los monjes y monjas residentes que nos guiaban en el retiro. El monje principal y el fundador de Suan Mokkh era Adjarn Buddhadasa. Por entonces tenía ochenta y cuatro años. En Tailandia se le veía como un tesoro nacional. Nuestros maestros principales eran un joven monje norteamericano llamado Santicaro y una monja también estadounidense, aún más joven, llamada Dhamma Dena. Habían llegado de un monasterio en Burma. Ambos eran brillantes, literalmente, pero yo estaba absolutamente intimidado por Dhamma Dena. Era muy común que ella fuera lo primero que viera después de abrir mis ojos tras meditar, y lo que percibía, particularmente en el primer instante, era el epítome de lo radiante y lo bello. Dhamma Dena, con su presencia serena, su sonrisa genuina, su absoluta falta de pretensión y con sus ojos claros y serenos acentuados por su cabeza rapada, cambió para siempre mi idea de la belleza femenina.

La serenidad y la paz de Suan Mokkh penetraba dentro de mí cada vez más profundamente. Estaba experimentando momentos de inmovilidad y presencia como nunca antes los había sentido. Cuando llegó el onceavo día y terminó el retiro yo no estaba ni alegre ni triste. Sólo terminó. Ya desde la tarde del día diez empezamos a hablar un poco y, después de una extrañeza inicial, las palabras empezaron a salir de todos nosotros.

En el día onceavo tuvimos nuestro último desayuno y después nos marchamos calladamente. Tomamos un taxi a Surat Thani y luego un tren para Bangkok. Todo había cambiado. Todo era increíble. Sentíamos que habíamos vuelto a nacer, o como si fuéramos turistas de otro mundo. Me descubría a mí mismo tocando cosas y emocionándome por los sonidos más mundanos. No hablamos mucho en el viaje en tren. Parecía que hablar nos costaba mucho trabajo, tanto como pensar. En muy poco tiempo llegamos a Bangkok y rápidamente nos hospedamos en un hotel que, con toda su sencillez, nos pareció demasiado lujoso. Estábamos intrigados por la inmensa y suave cama blanca. Luego nos tocamos y nos olimos uno al otro y con los ojos nos pudimos ver el alma y nos dio un escalofrío. Luego empezamos a descubrir nuestros cuerpos en el abrazo más sensual que pueda existir.

Seguimos practicando el *anapanasati* por mucho tiempo e intentamos mantener ese tipo de concentración a pesar de lo que hiciéramos. Este nuevo estado en mi ser lo consideraba como algo increíblemente precioso y muy diferente a cualquier otra cosa que yo hubiera experimentado. Particularmente después de haber vivido los más increíbles seis meses de nuestra vida, no habríamos esperado encontrar un nuevo nivel de felicidad. Estábamos sencillamente sobrecogidos y sabíamos que sin duda no había nada que pudiera equipararse a la bendición que llega con la paz interior.

No hay nada como el poder del silencio.

Soñar despierto

En el viaje a Los Ángeles, cuando no estábamos dormidos, meditábamos. Después del aterrizaje, haciendo cola en inmigración, seguíamos intentado respirar concentradamente. Decidimos dejar de hablar en alemán y usar sólo el inglés desde que partimos de Europa. Esta mudanza era una gran oportunidad y queríamos hacerlo todo bien para poder tener un nuevo comienzo. Estaba obsesionado con nuevos comienzos, renacimientos, quería todo nuevo, todo diferente. Quería alejarme de mí mismo desde que tenía memoria.

—Ahora sí lo lograré —pensaba.

Quería dejar mi vieja personalidad atrás y volverme el guerrero que quería ser, sin una historia personal previa. Quería ser atrevido, consciente, sensato e impecable. Hablar una nueva lengua podía facilitar esto, y si perdía por un momento mi objetivo, siempre podía concentrarme en mi respiración.

No funcionó. Para cuando salimos de inmigración, como dos horas después, no sólo habíamos perdido nuestro objetivo, además estábamos desahogándonos profusamente en alemán.

—Demonios, no puedo creer que nos estén haciendo pasar por esto otra vez. Ya hicimos todo esto en la embajada en Frankfurt —dije enojado.

—Increíble. Después de doce horas de vuelo, es ridículo —añadió Victoria.

Luego nos tranquilizamos, volvimos a concentrarnos y después volvimos a desesperarnos. Nos volvimos a concentrar, nos volvimos a desesperar y así sucesivamente. Volvimos a hablar en alemán entre nosotros y la mayor parte del tiempo estábamos tan conscientes de nuestra respiración como cualquier otra persona.

Pero ya estábamos en Los Angeles y teníamos los papeles en regla. La venta de mi negocio nos había proveído de algunos cientos de miles de dólares en efectivo y diez años de comisiones que sumaban otros cientos de miles de dólares. Si eso no resultaba suficiente, Victoria era farmacéutica y tenía un doctorado, una profesión muy lucrativa que nos daba una seguridad adicional y tranquilidad. Aún éramos jóvenes, estábamos sanos y nos amábamos mucho. Así que teníamos que estar realmente felices, completamente felices.

Pero no lo éramos, al menos no lo éramos todavía, no en realidad. En este momento en particular el universo nos había mandado una bola curva: en Alemania nos estaban haciendo una auditoría. Esta había sido motivada por nuestra salida del país. Estábamos intentando iniciar una nueva vida, visitábamos viejos amigos, queríamos comprar una casa rodante y tratábamos de recordar nuestra respiración lo más seguido que podíamos y, al mismo tiempo, un auditor alemán estaba sentado en la oficina de mi contador en Munich, Alemania, revisando cuatro años de pagos de impuestos. Le tomó cuatro semanas no encontrar nada, nada en absoluto.

Pero mi estupidez hizo que yo me preocupara terriblemente durante las cuatro semanas. En ese tiempo no pude dormir, tratando de recordar posibles deducciones inválidas, problemas, cosas en las que pude no haber reparado y en las nefastas consecuencias que podían acarrear. No hay una explicación racional para la locura que me acometió durante esa auditoría. Había hecho mis pagos de impuestos lo mejor que había podido. Aun así, por semanas estuve preocupado y esto le imprimió un estado de ánimo a mi nueva vida en el Nuevo Mundo. Mi mente estaba feliz de volver a mi vida en forma de problemas, era su regreso después del retiro de silencio.

El plan era permanecer abiertos y sólo navegar en nuestra casa rodante al lugar donde nos sintiéramos más cómodos. Victoria tenía un apego particular por la costa del Pacífico y pasamos mucho tiempo explorándola. Fue muy divertido. Empezamos en San Diego y terminamos en Vancouver dos meses después. Para entonces nos la pasábamos tan bien viajando que ya ni nos queríamos asentar. Pasamos el verano en Columbia Británica, Canadá, y de regreso casi nos quedamos en la isla López que está en el estrecho de Pudget, en Seattle. Nos habíamos sentido tan bien ahí, tan tranquilos y mágicos, que estuvimos buscando alguna propiedad para comprarla.

Estábamos sentados en un tronco en un claro del bosque, mirando a la bahía. El sol de la tarde pasaba por los árboles en espesos rayos y jugaba con los helechos. La propiedad que considerábamos comprar era excepcionalmente hermosa y sorprendentemente barata. En mi cabeza ya estaba construyendo una casa entre los árboles.

—Creo que tenemos que construir sobre pilares de madera —pensé en voz alta— para estar a la misma altura que los árboles.

Victoria veía arrobada hacia la bahía, diciendo que sí a todo lo que decía, sin escucharme.

—Podemos construir un pequeño elevador manual para subir la comida —continué.

Luego dos cosas pasaron al mismo tiempo: un helicóptero voló sobre nosotros y las hormigas que habían estado subiendo a mi pantalón empezaron a morderme.

Victoria miró para arriba y frunció el ceño.

Nuestro estado de ánimo se fue a pique, la paz terminó. Dejamos la propiedad y nos fuimos de la isla López.

—¿Qué tal si hacemos un círculo completo? —dije mientras manejábamos por el parque de las Dunas de Oregón— Vayamos a San Diego otra vez y luego a Florida y de ahí a la Isla de Terranova, Vancouver otra vez y de ahí nos vamos a ver Hawai. ¿Qué te parece?

—Claro, por qué no —sin embargo no la vi muy entusiasmada. Estaba dubitativa acerca de la vida en la carretera, pero no tenía ninguna propuesta mejor.

Hacia finales de octubre llegamos a Mendocino, al norte de California. Paramos para caminar y comprar comida. Era una pequeña y hermosa comunidad de artistas, rodeada por el antiguo Parque Nacional Redwood, ríos, peñascos, playas y la infinidad del océano. Coloridas casas victorianas estaban circundadas por camas de hojas y hierbas que caían de los árboles en el otoño. Ubicado en una pequeña meseta y acogido por la vegetación del bosque, el pueblo sobresalía desafiante hacia la vastedad azul del océano Pacífico, justo sobre unas pequeñas islas de rocas que rompían las olas. De un lado había un faro y del otro una bahía de arena blanca que creaba el río Mendocino que llegaba a través del bosque.

El día que llegamos era un día caluroso, a pesar de ser otoño. No pudimos evitarlo. Victoria se enamoró del lugar a primera vista y yo estaba feliz sólo de verla. Decidimos quedarnos ahí unos días y antes de darnos cuenta ya estábamos queriendo comprar una pequeña posada al día siguiente, como si estuviéramos en trance. Nadie había hecho una oferta para comprar esa posada en meses, así que les propusimos poco dinero. Pero curiosamente ese mismo fin de semana los dueños recibieron otras dos propuestas, mucho mejores que las nuestras, así que perdimos la propiedad. Pero ahora ya estábamos entusiasmados y pocos días después intentamos comprar un terreno en la boca del río Navarro. La oferta fue aceptada y nos establecimos ahí antes de darnos cuenta.

Ahora toda nuestra energía la invertimos en la creación de nuestra nueva casa. Era increíble saber que podíamos construirla desde los cimientos. La tierra estaba completamente virgen, prístina. No había agua, no había electricidad, y la propiedad ni siquiera estaba bien podada. El terreno estaba lleno de arbustos de moras por donde era imposible pasar. Teníamos que trepar a un árbol y literalmente desplazarnos por sobre una rama para ver el lugar en su totalidad. Definitivamente era una propiedad para verse. Todo era encantador.

Creo que nos pasamos horas sobre esa rama la primera vez que vimos el sitio. La vista era magnífica. El río Navarro toca el océano ahí mismo, entre dos grandes peñascos, como a kilómetro y medio. Estábamos sentados del lado del peñasco norte y podíamos apreciar toda la boca del río, la bahía y la rivera que iba hacia el sur. A la izquierda podíamos ver el Parque Nacional Redwood y el cauce del río. Derecho, al otro lado, se encontraba otro peñasco que terminaba en las aguas del océano, deshaciéndose poco a poco, roca a roca, isla por isla. A unos veinte metros teníamos una playa llena de leños que dejaba la marea y que separaba el río del mar durante los meses de verano. Más allá del peñasco, de nuestro lado, y acentuado por los árboles del bosque, se veía el océano Pacífico, que de un azul profundo terminaba en un blanco brillante donde rompían las olas.

Acampamos en la propiedad por dos meses, limpiándola con un machete, midiendo, buscando agua y desyerbando. Primero hallé el lugar donde debía ir el sillón de la sala, el punto cero por decirlo de alguna manera, el punto de referencia, el lugar con mejor vista. Después dejamos que la energía de la tierra nos guiara para poder construir la casa alrededor de ese punto. Nuestro lugar estaba orientado, naturalmente, hacia el Sureste debido a una curva en la rivera. Así estaba mejor porque eso nos protegía de los vientos fríos del Noroeste y nos permitía instalar una dimensión mágica al poder calibrar justo hacia el Sureste. El Sureste era la dirección favorita de don Juan y para mí era una dirección mítica, abierta simbólicamente hacia donde yo navegaba en ese momento. Cuando terminamos los planos hicimos un pozo. Un espíritu generoso recompensó mis esfuerzos de radiestesia y encontramos un caudal de agua el mismo día de mi cumpleaños. El agua del pozo salía a chorros, algo que no era común en el área. Llegamos a producir algo así como ciento cincuenta litros por minuto y nunca se nos secó.

Todo nos salió bien, tal vez un poco más lento de lo que pensábamos, pero en un año y medio estábamos sentados en el sofá que estaba puesto en el punto exacto donde lo habíamos soñado. Cada proceso de la construcción tenía algo mío, desde el diseño del jardín (que había hecho con un pequeña máquina excavadora) hasta los últimos detalles de la ebanistería, que había realizado con mi amigo Roberto, un carpintero mágico.

—Te advierto Paul —dijo al principio— estoy acostumbrado a construir para personas muy exigentes. Va a tomar más tiempo y será más caro que si trabajas con alguien más.

Lo que quería decir es que le daba acabados a la madera a pesar de que no se vieran, trabajaba todo aún así esas partes estuvieran al exterior o al interior de algo. Me encantó la idea. Sonaba a algo que don Juan pudiera haber dicho. Roberto le dio alma a la casa con su espíritu impecable y nos sentimos privilegiados al poder aprender algo de él.

Toda la casa era un sueño hecho realidad, un sueño que ni siquiera sabía que tenía. Al crecer de los planos y convertirse en algo tridimensional, la casa fue adquiriendo la energía de un órgano sensible. Un inmenso y confortable órgano sensible. La planta baja coincidía con el declive del terreno, el techo se alzaba hacia el cielo y donde el comedor se convertía en el patio, pusimos un ventanal de cristal que se deslizaba de lado a lado para no tener separaciones entre el interior y el exterior. Cuando esta puerta de cristal estaba abierta, que era casi siempre, toda la encantadora energía del Sureste entraba a la casa y la inundaba. Al estar sentado en el sofá del comedor sentía como si estuviera al centro de una antena parabólica, y esto llenaba de energía mi anhelo (en lugar de sentir la paz y la tranquilidad que pensé que había encontrado). Al mirar al Sureste vivíamos con el nacimiento del sol y el nacimiento de la luna. Estos nacimientos no tenían descanso y no nos dejaban estar tranquilos.

Aún así seguimos arreglando el jardín y plantando cosas. Hicimos un sendero hacia la playa, construimos una casa en el árbol, una cueva de recapitulación para meditar y exploramos el área profusamente. Después de varios meses de mirar el horizonte mis sueños lúcidos comenzaron a intensificarse, particularmente después de haber leído *Donde cruzan los brujos* de Taisha Abelar. Había empezado a aprovechar mi energía sexual y estaba teniendo también experiencias extra corporales unas cuatro o cinco veces a la semana. Desgraciadamente me di cuenta de que tenía sueños lúcidos mucho más veces si no permitía que mi energía sexual se dispersara de la forma tradicional.

Ponía la alarma del despertador a las tres de la mañana todos los días. Me paraba, tomaba un poco de agua y comía media galleta para despertar un poco mi metabolismo. Después me recostaba sobre una bolsa de dormir en una de las bancas de madera de nuestro sauna. Utilizaba el sauna porque estaba aparte y era muy silencioso. Lo había construido yo mismo, de una madera suave, olorosa, de cedro, usando mucho la máquina rebajadora para moldear cada esquina, cada uniformidad de la madera. Era muy acogedor y me gustaba mucho. Mientras me acostaba ahí de lado, en completa oscuridad, procuraba que mi cuerpo se quedara dormido mientras mi mente se quedaba despierta. Después de cierto tiempo empezaba a sentir una vibración de energía que subía y bajaba a través de todo mi cuerpo. Después de someter esa vibración sabía que estaba en un estado de sueño lúcido. Estaba consciente completamente, pero no me podía mover. Necesitaba pensarme fuera de mi cuerpo. Algunas veces no podía hacerlo y mi cuerpo físico se movía con mis intentos, despertándome. Sin embargo, con práctica, aprendí a salirme de mi cuerpo. Después logré hacer de esto un sistema. Gracias a él flotaba entre los dos muros que me separaban del patio y luego despegaba.

Sin importar lo que hubiera planeado de antemano, la mayor parte de las veces sólo quería salir volando tan pronto como salía del cuarto. Me iba volando a la playa o seguía el cauce del río, pasando la colina que estaba detrás de la casa hacia pasajes irreconocibles, casi siempre plenamente consciente durante casi toda la aventura. Me volví adicto a la emoción del vuelo y a desafiar la gravedad. Después de un rato empezaba a soñar otras cosas o me despertaba en el sauna. Al despertar después de estos viajes astrales me sentía lleno de energía y bienestar. La mayoría de las veces no regresaba a la cama sino que salía a caminar temprano y meditaba en la cima de la colina que estaba detrás de la casa.

Después de varias docenas de aventuras voladoras, descubrí la dimensión sexual del sueño lúcido al que me volví adicto de inmediato. Una noche, mientras volaba, vi a una mujer desnuda salir detrás de un árbol. De repente entendí que tenía el control sobre mi sueño. Esto me llevó a experimentar intensivamente y aumentó la necesidad de dormir en el sauna. Aunque estaba completamente consciente mientras salía de mi cuerpo, el control de sueños es algo difícil de dominar, por ello mis aventuras eran principalmente una mezcla de ese control y eventos arbitrarios.

La obra de Taisha Abelar había influenciado mucho a Victoria también y había logrado conectarse con ella a partir de sus propias necesidades. Se sentía intrigada por la recapitulación y quería explorarla para ver qué se sentía. Sin embargo, sabía que sería mucho más fácil practicar la disciplina y buscar una larga recapitulación si nos fuéramos temporalmente a acampar a alguna montaña o a estar en algún lugar recluido. Queríamos encontrar un lugar donde yo pudiera seguir con mis sueños y Victoria pudiera recapitular sin ser molestada. Sonaba a un buen proyecto de navegación. Y mientras Victoria atendía a su mamá, que estaba de visita, yo partí buscando este nuevo tesoro.

Empecé tratando de encontrar el lugar primero a través de los sueños. Tan pronto como yo dejaba mi cuerpo, pensaba en buscar un lugar para realizar nuestro proyecto. Inmediatamente me veía flotando sobre mi lugar de meditación en la cima de la colina y luego despertaba. Ese día ya estaba amaneciendo, así que físicamente subí la colina y me senté en mi lugar, esperando silenciosamente, y en estado de alerta a que subiera el sol. La escena que se desplegaba era sobrecogedora, y pasó muy poco tiempo antes de que tuviera que cerrar los ojos por el amanecer. Desde aquí tenía una vista de trescientos sesenta grados hacia uno de los lugares más espectaculares de la Costa Oeste.

Cuando los rayos del sol alcanzaron mis ojos cerrados, una corriente de viento me espantó por detrás. Estaba concentrándome en mi respiración, esperando una visión o buscando una señal que me dijera a dónde ir, pero no pasaba nada. Lo único que me forzaba a poner atención era el viento. Esta mañana tenía algo de gruñona y estaba a punto de hacerme enojar cuando me di cuenta de que yo también tenía la opción de seguir esa corriente. Había subido ahí para descubrir a dónde tenía que ir, así que el viento me lo iba a decir. Al formular esta idea sentí un ventarrón tan fuerte que casi me vuela el sombrero.

Inmediatamente me regresé a la casa a buscar mi brújula. Tan pronto regresé a la colina, determiné la dirección exacta hacia la que el viento me estaba empujando. Luego con esta información hice una línea recta en un mapa. El primer lugar que cruzó mi línea fue el pueblo de Yuma, Arizona. Esta había sido una de las maniobras de navegación más caprichosas que había hecho, pero en ese momento lo sentí lógico y tenía que hacerlo. Así que preparé mi equipaje y me dirigí a Yuma a empezar mi búsqueda. Yuma no era un mal lugar para empezar; según decían había sido el lugar de nacimiento de don Juan.

—¿Yuma? —preguntó Victoria— Eso no suena muy emocionante. ¿No dicen que es muy caluroso?

—Es sólo el inicio de mi búsqueda —reí, tratando de tranquilizarla— Déjame jugar con esto una semana y veamos hacia dónde nos lleva.

Una vez más estaba en mi elemento. Muy pronto estaba manejando a través de Yuma, escuchando, mirando, esperando sincronías o cualquier otra cosa que sobresaliera, estando siempre en un estado receptivo para no perder ni una señal. Para evitar volverme muy obsesivo con mi búsqueda del tesoro había comprado una muy buena cámara Nikon para el viaje. Esto me daría algo más que hacer. Y debido a que estaba en sintonía con el ambiente me puse a tomar fotos de todo lo que llamaba mi atención.

Me sentía en armonía con el mundo y éste me hablaba profusamente. De Yuma primero fui a Tucson, Patagonia y Bisbee, todos estos lugares en Arizona, y después a México. Navegar de esta manera no puede reducirse a una ciencia exacta, pero nunca es arbitrario. Aunque me enfocaba principalmente en mi medio ambiente, mi guía de navegación no venía completamente de elementos externos, parecían provenir de la vida misma, que estaba tan dentro de mí como en cualquier otro lugar. Más que nada, navegar parecía conjugar mi interior con mi exterior, por decirlo de alguna manera. De esta forma no podría definir el arte de la navegación como encontrar y seguir señales y signos de la vida, es más bien un alineamiento total e inflexible con la vida. Esto requiere, por supuesto, renunciar a cualquier agenda personal que podamos tener. A final de cuentas esto implica una renuncia absoluta.

Antes de rendirme yo navegaba gracias a una señal, un signo, una corazonada, o todas a la vez. Unas eran mucho más atrayentes que otras. En un momento llegué a un alto en las calles de Bisbee y no sabía hacia dónde doblar, así que me quedé ahí y esperé. De repente alguien tocó el claxon por detrás y por reflejo me fui a la izquierda, lo que me llevó a México. Había llegado a Bisbee porque estaba investigando la fuente de un reflejo brillante en una mañana mientras meditaba en Saguaro, cerca de Tucson. Resulto ser un espejo para afeitar de un campista que estaba en su tienda a pocos metros de distancia. Cuando lo encontré supe que venía de Bisbee y me dijo que era un lugar estupendo. En verdad no lo era, ahí sólo pasé una noche.

Mi búsqueda del tesoro me llevó hasta Álamos, Sonora, en México, donde literalmente termina la carretera, al menos el pavimento. Llegando ahí desde Guaymas y Navojoa se puede ver un cielo sin nubes y profundamente azul durante todo el día. Pero al acercarme a la última colina, a pocos kilómetros de Álamos, me dirigí directo a una tormenta coronada por un magnífico arcoiris en semicírculo. Desde el punto de vista de un navegante esto parecía una broma. Sin dudarlo un segundo lo supe: había llegado.

Álamos es un viejo pueblo minero y ahora un monumento histórico nacional. Ha sido declarado "Pueblo mágico" por el gobierno. Se veía tan perfectamente pintoresco, colonial y tan mexicano que era casi de mal gusto. Los domingos los *rancheros* llegaban en caballo, caminaban alrededor de la plaza central con sus sombreros, tocaban la guitarra, cantaban, mientras grupos de mujeres se acercaban riendo y coqueteando.

Me hospedé en un hotel maravilloso, tipo hacienda, y al salir a la calle una mujer me ofreció sus servicios como guía de turistas. Era muy amable e inmediatamente me cayó bien.

—Buenas tardes, señor —me dijo sonriendo ampliamente— Mi nombre es María Gutiérrez y trabajo para la secretaría de turismo. Si está usted interesado puedo organizarle un paseo por los sitios históricos.

—Muchas gracias —le contesté— de hecho busco una casa para rentar, linda y silenciosa de ser posible.

Lo pensó por un momento y dijo.

—Hay muchas casas para rentar y una es particularmente hermosa. Si usted quiere vamos por las llaves y la vemos inmediatamente. Está como a cinco minutos de aquí.

La casa era perfecta para lo que la queríamos. Era la típica construcción colonial de un piso, ubicada en una silenciosa calle adoquinada, con tres cuartos y una cocina grande, construida alrededor de un patio de azulejos hermoso, con una fuente y un árbol de mangos. Dos dormitorios asoleados, frescos y sin ventanas con baños separados parecían ser idóneos para nuestro objetivo. Con la ayuda de María me puse en contacto con el dueño y renté la casa por un periodo de seis meses. Victoria se emocionó cuando le llamé y describí todo. Misión cumplida.

Después de encontrar un inquilino temporal para nuestra casa en Mendocino, nos mudamos a Álamos y comenzamos a trabajar. Victoria ya había hecho una lista para su recapitulación y en pocas palabras se encerró en su cuarto desde el primer día. Poseía una disciplina impresionante. Si tenía un propósito nunca claudicaba. Tiempo después no entendí por qué no discutimos entonces la posibilidad de que en la recapitulación ella me sacara de su vida. Este fue un descuido misterioso y ominoso.

Victoria se fue a trabajar en la recapitulación, intentaba desenrollar sus nudos energéticos, y yo me fui a mi cuarto a soñar. Debido a que no soñaba espontáneamente en la cama, tenía que preparar lugares específicos para este fin. Construí un pequeño y acogedor nido para soñar en el piso, en una esquina, detrás de un biombo español, y también colgué una hamaca que me permitía estar suspendido del techo y seguir sentado. Quería experimentar cómo diferentes posturas podían afectar mis experiencias oníricas. Entonces a cualquier hora iba a mi cuarto, me ponía cómodo en alguna postura y ponía en práctica las estrategias que me proporcionaban mis aventuras astrales. La mayoría de las veces sólo me quedaba dormido. Y debido a que sólo me dedicaba a soñar y a dormir, pasé mucho tiempo leyendo, cocinando, comprando cosas y caminando por ahí.

Al poco tiempo nuestro retiro en Álamos se convirtió en una olla de presión emocional. Además de la intensidad sensorial que produjeron nuestras actividades, el clima se puso demasiado caluroso y en ocasiones las tormentas eran tan copiosas que las calles se convertían en caudalosos ríos. Había veces que mis caminatas por el pueblo eran tan etéreas y mágicas que resultaba difícil diferenciarlas de mis sueños lúcidos. Y al estar absorbidos en nuestros inusuales ejercicios resultaba imposible conectar entre nosotros cuando nos juntábamos para comer o en el patio, durante nuestros poco comunes descansos.

Tuvimos que terminar nuestro retiro cuatro meses después porque Victoria tuvo que volar a Hungría por asuntos familiares. La verdad nos dio alivio. Este fracaso en nuestro inicio de la brujería no había resultado una luna de miel exactamente. La recapitulación de Victoria había afectado profundamente nuestra intimidad y tuvimos que reinventar nuestra relación.

Viajamos hacia el aeropuerto de Los Angeles y paramos una noche en Tucson. Después de manejar todo el día estábamos muy cansados y todo lo que queríamos era una ducha y una buena noche de sueño. Estábamos listos para entrar a la cama cuando dijeron en las noticias locales que esa noche iba a ocurrir la mayor lluvia de estrellas del año y que iba a ser espectacular.

—¿Oíste eso? —le pregunté a Victoria, que estaba en el baño.

—Sí, algo de una lluvia de estrellas, ¿no? —sonaba cansada.

—Deberíamos ir a ver —dije—, sólo por media hora o algo así. ¿Quieres venir?

—Sí, como quieras —dijo alzándose de hombros, mientras salía del baño.

Manejamos hasta Gate Pass, que estaba a sólo quince minutos del motel. Ahí no llegaba la luz de la ciudad y teníamos una magnífica vista del cielo nocturno. Tucson no tiene mucha luz porque están muy conscientes de que eso afecta a los varios observatorios astronómicos que trabajan ahí en medio del desierto.

—Subamos a esas rocas sólo un poco —dije mientras aparcaba. De repente ya no estábamos cansados. La noche era hermosa. El aire estaba fresco y las rocas a nuestro alrededor radiaban un calor agradable después de haber estado bajo el sol todo el día. Había bastante gente por ahí, sentada en piedras y mirando hacia arriba. Mientras subíamos las rocas ya podíamos ver las estrellas cayendo, a la derecha y a la izquierda. Teníamos que tener cuidado para no caer en la oscuridad con toda esa distracción.

En cuanto llegamos y nos pusimos cómodos sobre esas rocas, los fuegos artificiales empezaron de verdad.

—Wow... Dios mío... ¿Viste esa?... Oh... Ah... —era imposible permanecer en silencio. Nunca había visto algo como eso. No eran sólo unas cuantas estrellas cayendo del cielo.

Estaban por todos lados, venían de todas direcciones, cruzando el cielo de un lado a otro. Enormes. Una explotó a medio camino en muchas partes pequeñas.

—¡Increíble! —dijimos al mismo tiempo.

Poco a poco nos fuimos quedando en silencio y sólo vimos el espectáculo. La roca en la que estábamos sentados nos proveía de calor, manteniéndonos confortables mientras veíamos el infinito, billones de estrellas y la tira brillante de la vía láctea. El espectáculo de meteoritos quemándose y explotando duró mucho tiempo, haciéndonos estremecer una y otra vez en su esplendor inusitado.

—Creo que quiero volver a Tucson después de dejarte en el aeropuerto —fue lo que dije cuando volvimos al motel. No habíamos dicho nada en nuestro camino de regreso de Gates Pass—

Sí —insistí— eso resuelve el problema de dónde voy a vivir hasta que regreses.

En verdad no quería volver a Mendocino en ese momento, y mucho menos quería volver solo. Además teníamos un inquilino a quien no le habría gustado salir de la casa antes de tiempo.

—Sí —dijo Victoria— te gusta el desierto, ¿no? —parecía no estar poniendo atención.

Sí, me gustaba el desierto. Tucson me había seducido en una sola noche y mi vida iba a cambiar ahí tan espectacularmente como lo había prometido la lluvia de estrellas. Me mudé a "El promontorio", un oasis en forma de edificio de departamentos rosas y felices. Era un gran complejo de varias albercas, jacuzzis y un gimnasio con clases de aeróbicos y yoga. Pero a pesar de todas las comodidades, mi departamento era amplio, privado y silencioso. Volví al estado de sueño. Para crear el ambiente ideal utilicé papel y cinta adhesiva para sellar herméticamente uno de mis dos cuartos, no quería que la luz le entrara. Quedó perfectamente oscuro. De esta manera podía hacer mi vida normal y utilizar ese cuarto cuando quisiera soñar. Compré media docena de libros sobre sueños lúcidos y proyección astral y, fiel a mi naturaleza compulsiva, me enfoqué obsesivamente en perfeccionar mi capacidad onírica.

—¿Qué has estado haciendo todo el día solo? —me preguntó Victoria en una de nuestras conversaciones telefónicas.

—Trato de concentrarme para soñar —le dije— Estoy leyendo sobre eso. Me ha ayudado mucho. No tienes idea de cuántos libros se han escrito sobre eso. No todos son buenos, pero la mayoría son estimulantes y me ayudan de una forma u otra. Y cuando tengo ganas me voy al cuarto oscuro y trato de salir de mi cuerpo. En realidad está dando resultado —le dije emocionado.

En verdad estaba dando resultado, y esos meses que estuve solo en Tucson han sido los mejores de mi vida de soñador. Finalmente había adquirido un cierto grado de control sobre mis viajes oníricos que me permitieron algo más que cumplir fantasías y experimentar placer. Puse en práctica muchos proyectos personales, me comuniqué con formas conscientes de energía con las que me encontré "ahí fuera" y transmití mi Propósito.

Salir del cuerpo es interesante, por decir lo menos. Transmitir mi propósito al soñar significa que yo iba diciendo la palabra "propósito" lo más fuerte que podía al estar parado junto a mi cuerpo dormido en total claridad intelectual. Estaba acostumbrado a decir, incluso a gritar, "propósito" en el estado de vigilia normal. Era mi forma de atraer la libertad, era una especie de plegaria para la liberación. Naturalmente no tenía un concepto claro de la libertad. No sabía qué significaba o representaba en verdad. La carga emocional que contenía este llamado al Propósito era una especie de declaración de lo listo que estaba para lo que fuera que el universo me tuviera preparado. Era un intento para ahogar toda preocupación del ego, era un "sí" a toda costa.

Nada me podría haber preparado, sin embargo, para lo que me ocurrió cuando grité "propósito" en el espacio del sueño. Lo grité tan fuerte como pude e instantáneamente sentí como si hubiera atraído la atención de todo el universo. Después de un momento de silencio absoluto, un eco de proporciones monumentales me respondió. Sentí una gran cantidad de conciencias volteando hacia mí, una infinidad de ojos y oídos, algo que iba mucho más allá de mi comprensión y de repente volví a mi estado de vigilia. Salí rápidamente del departamento, donde lentamente me fui reafirmando gracias a la luz del sol y a la tranquilizadora brisa del desierto.

Una vez, poco después de haber salido de mi cuerpo, fui tragado por una abertura que se había hecho en la pared enfrente de mí. Después de un corto viaje por un túnel que parecía estar surcado por fibras luminosas, llegué a una pradera. Estaba tratando de orientarme. Me sentí atraído por una casa a la distancia y fui flotando hacia ella a gran velocidad. No podía resistir la atracción y en cuestión de segundos, literalmente choqué contra un hombre que estaba en uno de los cuartos de la casa y que estaba conversando con su esposa, como me di cuenta inmediatamente. Había tomado posesión de su cuerpo y su mente y la mujer que estaba enfrente de mí se me quedó viendo. La observé espantada y preocupada.

—¿Estás bien? ¿Qué pasa? ¡Háblame! —me sacudió de los hombros.

Yo traté desesperadamente de salir del cuerpo de su marido. Me sentía muy avergonzado y no sabía qué hacer. Finalmente logré despertar en mi cuarto y sólo deseaba que la mujer hubiera recuperado a su marido a salvo. Sentí instantáneamente que yo tenía una conexión con este hombre, que luego entendí como algo cíclico. Por lo general, el espacio onírico no aparecía como si fuera homogéneo. Había diferentes niveles de vibración, diferentes niveles de solidificación, niveles que yo podía diferenciar. El espacio o el mundo en el que yo había entrado en mi contraparte cíclica era sin duda un universo paralelo. Los paisajes eran muy diferentes a los que me encontraba normalmente.

Mi más profunda experiencia onírica ocurrió poco tiempo después de que transmitiera mi propósito al "hiperespacio". Acababa de dejar mi cuerpo una vez más y veía alrededor del cuarto, esperando algo que hacer. La voluntad durante estos sueños conscientes seguía siendo un reto. Podía hacer básicamente lo que yo quisiera, pero la mayoría de las veces no se me ocurría nada. En esta ocasión experimenté sin esperarlo un profundo cambio en mi conciencia e inmediatamente toda la diferencia se disipó. Luego volví a mi estado normal en el que me sentí una vez más distinto y separado del mundo. Una vez más me disolví y me volví uno con la conciencia. Era una experiencia de unidad, aunque ésta no es la mejor descripción porque no había un sentimiento de uno. Era sólo conciencia total, universal. Eso era lo que era. Luego pude volver a mi estado separado. En este estado aislado, sin embargo, no tenía la noción de haber experimentado la conciencia universal, y cuando me sentía unido al todo una vez más, no tenía noción de mi estado separado. No había una conexión aparente entre los dos. Sólo en retrospectiva me di cuenta de que había estado oscilando entre los dos por un indeterminado periodo de tiempo, de un lado a otro, de lo individual a lo universal, de lo separado a lo único, de lo diferenciado a lo indiferenciado, de atrás para adelante, de atrás para adelante… hasta que de repente la comprensión tomó forma y se expresó con una explosión de risa, una carcajada. Era como si la comprensión y su risa tuvieran su origen en la oscilación misma, en una realidad existente entre esos dos estados. Nunca había escuchado una risa similar. Era total, completa, una risa esencial, que comenzaba en mi interior y explotaba hacia el infinito. Era una risa sabia, total. No era mi yo separado el que reía, tampoco era la conciencia universal. En lugar de ser el resultado de la comprensión, la risa era la comprensión misma.

—¿Cómo pudimos haberlo olvidado? ¿Cómo pudimos haberlo olvidado completamente? ¡Esto es hilarante! —estos fueron los primeros pensamientos que tuve después de que terminó la risa. Después, desperté.

Una vez que Victoria volvió de Europa descubrimos que queríamos quedarnos en Arizona. Después de varios meses de reflexión concluimos que nunca volveríamos al norte de California y con pesar le vendimos nuestra propiedad al inquilino. Después de eso empezamos a buscar una nueva casa en Tucson. Siguiendo las coordenadas de un mapa energético que creé de la zona, encontramos un lugar muy hermoso en las colinas de Catalina, al lado norte de la ciudad. Era privado, estaba rodeado por un riachuelo y por varias hectáreas de exuberante vegetación desértica. Todo indicaba que era el lugar correcto, los dueños en ese momento eran gente con buena energía. Pasamos algunas horas en el terreno, discutiendo los detalles y finalmente estuvimos de acuerdo en que tomaríamos una decisión la mañana siguiente para ver si la comprábamos o no.

Ahora sólo necesitábamos luz verde del universo, por decirlo de alguna manera. Manejé de vuelta a la propiedad al atardecer. Me estacioné a la distancia para que nadie me viera. Luego, en secreto, me acerqué a la casa por la parte de atrás, pasé por el riachuelo y encontré un lugar a pocos metros de la cerca donde pude sentarme cómodamente, sin que nadie me viera desde la casa. Tenía una buena vista del patio trasero y de la piscina con sus hermosas palmeras, sus cactus tipo saguaro, arbustos de madreselva y otras plantas. La casa se veía hermosa al atardecer. Era una estructura de adobe con patios y fuentes, adaptada perfectamente para el clima desértico. Pero necesitábamos un augurio. Comprar una casa es una decisión significante y radical, y no tomaríamos esa decisión si no estaba apoyada por el espíritu.

Me senté en el tibio suelo del desierto, me recargué en un árbol de mesquite y esperé curioso. Cualquier cosa podría pasar. Una nube podría empaparme. Víboras, escorpiones, arañas, mosquitos, hormigas, cualquier cosa podía manifestar un augurio negativo, para no hablar de los pumas que comúnmente rondaban las colinas.

Descubrí lo tranquilo que era. El sonido de la brisa al atardecer y el lejano aullido de un coyote era lo único que podía oír por el momento. La luz se encendió en la cocina. Seguramente los dueños estaban haciendo la cena. De repente, sin hacer ruido, un gran búho voló de la palmera al techo de la casa. Esponjó sus plumas y se quedó viendo hacia mí. Era un animal hermoso, como de cuarenta y cinco centímetros de altura y yo estaba emocionado. "¡Gracias!", le dije al crepúsculo. Estaba conmovido. Este era un gran signo. Los búhos sólo tienen connotaciones positivas para mí. No podía imaginar un mejor y más significativo símbolo como respuesta para mi búsqueda. Los búhos representan la sabiduría, el misterio, la magia para mí y para la mitología. Y mientras seguía contento por mi buena fortuna, un segundo búho voló del árbol al techo y se puso junto al otro. Luego, antes de que me pudiera poner más emocionado, el primer búho voló directo hacia mí, parándose en la cerca de unos diez metros. Contuve mi respiración. Segundos después el otro búho lo siguió y se paró en el mismo lugar y empezaron a aparearse.

No tengo idea de cuánto tiempo estas dos criaturas hermosas realizaron ese extraordinario espectáculo enfrente de mí. Estaba completamente embelesado y el tiempo no formaba parte de mi realidad en ese momento mágico. Lo que haya respondido a mi necesidad de augurio no sólo había sido muy generoso, además tenía muy buen sentido del humor. No hace falta decir que compramos la casa e hicimos bien. Curiosamente, el día que nos mudamos cuatro búhos (los padres y dos hijos que habían nacido el año anterior) se pararon en la rama más baja de la palmera para darnos la bienvenida. Nos volvimos buenos amigos.

Tucson nos dio lo que la lluvia de estrellas y lo que los búhos nos habían prometido. Yo adquirí un sentido de la claridad nuevo e intenso que, finalmente, nos llevaría al mundo del Nahual. Una de las muchas buenas cosas que nos pasaron fue mi encuentro con Brian, uno de mis vecinos en "El promontorio". Era psicólogo y nos veíamos mucho en la piscina o en el jacuzzi, donde teníamos largas e interesantes conversaciones sobre su trabajo.

—¿Por qué no vuelves a la universidad y estudias psicología? —me dijo un día, después de que le confesé que me hubiera gustado estudiar psicología en lugar de negocios.

—¿Yo? ¿Volver a la universidad? —reí— No en esta vida —descarté la idea al recordar vivamente las clases y el atiborramiento de datos para los exámenes. La verdad es que era mejor pasar mis días en sueños lúcidos, haciendo yoga, tomando clases de aeróbicos y pasando el tiempo descansando lujosamente.

—Tal vez debas echarle un vistazo al departamento de psicología aquí, incluso ir a una clase. Es una gran universidad. Tal vez te guste —insistió Brian.

De hecho parecía que estaba decidido a llevarme una vez más a la escuela. Cada vez que nos veíamos encontraba la manera de llegar al tema y poco tiempo después fui a ver el departamento de psicología de la Universidad de Arizona. Quedé enganchado de inmediato.

Me encantó el campus, la arquitectura, los jardines, la energía… todo. El departamento de psicología estaba inclinado a la psicología cognitiva y había un nuevo programa en ciencia cognitiva, un estudio interdisciplinario de la mente. Combinaba el acercamiento de diferentes disciplinas, incluida la psicología, la

filosofía, la antropología, la lingüística, la computación y la neuro-
ciencia cognitiva para poder comprender mejor la conciencia y las
formas de conocer. Me dirigí al departamento de admisiones después de mi primera visita y me inscribí para el próximo semestre.
Había encontrado las puertas abiertas a donde quiera que había
ido. Brian me había animado, Victoria lo apoyaba entusiasta, los
embrollos burocráticos desaparecían ante mis ojos y abundaron
las sincronías. Estas eran señales claras de navegación, llevándome
directamente a años de actividad mental intensa e inimaginable.

En lugar de mis preocupaciones sobre regresar a la escuela, estaba en el cielo. La lluvia de estrellas no sólo había sido un buen
augurio, también había sido una buena analogía de mi estado mental en mis años de vida en Tucson. Enfrascarme en este intenso
programa interdisciplinario de la mente humana creó fuegos de
artificio en mi cabeza. El estudio profundo de temas como la percepción y el desarrollo del lenguaje fue fascinante. Debido a que
mis compañeros tenían la mitad de años que yo, me hice amigo
de mis profesores quienes, por supuesto, hicieron que me involu-
crara aún más con la disciplina. Como algo extra, y convirtiéndose
en lo más importante de mi alucinación académica, participé en
el primer congreso internacional "Hacia una base científica de
la conciencia, Tucson I", que tuvo lugar en el verano de 1994. Este
congreso dio inicio al movimiento que intenta desentrañar los
misterios de la conciencia desde una perspectiva científica. Exploró todo el espectro de acercamientos desde la filosofía de la mente
hasta el estudio de sueños, neuropsicología, farmacología, dinámica molecular, sistemas neuronales, fenomenología e incluso física
de la realidad. Entre los participantes había varios ganadores del
premio Nobel y luminarias académicas de todas partes del mundo.

Día tras día, por toda una semana, absorbí cada partícula de
conocimiento que las células de mi cerebro pudieron adquirir, desde las conferencias de la mañana hasta las sesiones nocturnas, y el
resultado animó mis estudios hasta su conclusión. Me sorprendí
al graduarme con *magna cum laude* y probablemente hubiera seguido
una carrera académica si el Nahual no me hubiera rescatado por

coincidencia. No es que crea que hay algo de malo con las carreras académicas, pero descubrí que al final hay un gran peligro en creer que lo que pensamos y las fabricaciones de la mente se conviertan para nosotros en datos y verdades. Entre más sofisticadas son las acrobacias de la mente, más convincentes se vuelven para nosotros. En retrospectiva puedo decir que, para mí, se volvió claro que el intento de entender la mente humana y la conciencia sólo tiene sentido como una búsqueda pragmática para desarrollar inteligencia artificial y robots, por ejemplo, o por el puro placer del conocimiento. Seguir al conocimiento intentando encontrar verdades existenciales y entender la vida y el universo resulta ser absurdo.

"Tienes que desarrollar un 'romance' con el conocimiento", era el principio del Nahual en este tema. Considero que es la forma más elegante de terminar con este dilema. Un romance con el conocimiento me hace pensar en la dimensión estética del conocimiento, de la belleza, del amor, de la pasión, del conocimiento por el conocimiento mismo, sin necesidad de verdad. Resultó que fui rescatado de buscar la verdad y eventualmente me olvidé de eso por completo, lo saqué de mi sistema. Y aunque esto resultó inesperado, valió la pena todo mi esfuerzo.

Curiosamente, después de veinte años de mis propias exploraciones, después de estudiar la mente humana de la forma más científica y sistemática posible, regresé a mi comprensión original: para entender nuestra mente y el mundo que percibe, tenemos que ser más inteligentes que nuestra propia mente. Esto es, obviamente, una paradoja y nos deja sin posibilidad de un conocimiento fundamental. He descubierto con mucho trabajo que entre más aprendo menos sé en realidad. Pero a diferencia de lo que ocurría cuando tenía veintitantos años en Sri Lanka, esta comprensión ya no producía ni hedonismo ni cinismo.

Me liberé al dejar de creer que puedo entender la vida, gracias a ello pude vivir más completamente, más experimentalmente, más orgánica, intuitiva, interactiva y directamente.

Tal vez sí somos más inteligentes que nuestra mente después de todo.

El mundo del Nahual

¿Te gustó *El arte de la ensoñación*? Me preguntó Tracy en una de nuestras largas conversaciones telefónicas.

—Oh… hm… En realidad, lo sentí diferente al resto de los libros, ¿no crees? —respondí— No sé cómo explicarlo. Todo su ánimo es distinto, como si alguien más lo hubiera escrito.

—¿En serio? —Tracy levantó la voz y me asustó. Sonó casi alarmado.

—Bueno, me encantó el libro; es poderoso, desde luego. Sólo que me sorprendió —traté de que no sonara a que lo estaba criticando.

Tracy Kramer era el agente literario de Carlos Castaneda, y yo lo llamaba ocasionalmente para averiguar cuándo estaría disponible el siguiente libro. Ahora le estaba dando un poco de retroalimentación, como el mismo sugirió. Nunca me atreví a preguntar nada más, temía ser rechazado, pero en la parte de atrás de mi mente siempre tuve la esperanza de poder incursionar en el mundo del Nahual a través de Tracy.

El arte de la ensoñación me había parecido, efectivamente, que tenía un propósito diferente al del resto de los ocho libros escritos por Castaneda. Lo encontré mucho más siniestro y menos abstracto y trascendental de lo que me importaba. Nunca me acostumbré a este nuevo estado de ánimo, pero no evitó que apreciara su premisa. Con una extensa y detallada descripción de sofisticadas técnicas para soñar, llevó mi experimentación con los estadios del sueño lúcido a un nuevo nivel. La práctica para accesar a las diversas capas de la realidad, pasando a través de las llamadas "puertas del sueño", era enteramente original y tenía profundos atractivos para el potencial de la experiencia humana. En algunas ocasiones, usar estas técnicas me trajo sueños conscientes que se sentían tan sólidos y reales a tal punto que eran indistinguibles de la realidad cotidiana. Esto me dejaba confundido respecto al despertar y me convencía de que el "mundo real" no era, de hecho, nada más que un sueño colectivo con una apariencia sólida, sólo porque es soñada por más de seis billones de personas simultáneamente.

En otra de mis llamadas exploratorias a la oficina de Tracy Kramer hablé con una de sus colegas, Renata Murez, que me informó de un taller próximo en la Ciudad de México.

—Probablemente Carlos no va a estar ahí —dijo—, pero Florinda Donner, Taisha Abelar y Carol Tiggs, sí. Definitivamente deberías ir, si puedes.

—Desde luego, estaré ahí. Muchas gracias por avisarme —dije alegre.

—Sí, sí, sí, sí —levanté el puño en celebración luego de poner el teléfono en su lugar— Pueden estar seguros de que estaré ahí.

No podía creer que esto estuviera pasando. En un nivel superficial casi me había resignado a no hacer nunca una conexión con el Nahual o ninguno de sus discípulos. También estaba ambiguo respecto a necesitar algo o alguien en mi viaje hacia la libertad. No me gustaba pensar en mí como un seguidor desesperado o un "groupi", pasando mi vida en busca del gurú y salvador. Carlos Castaneda había escrito nueve libros a esa fecha, Florinda Donner tres, y Taisha Abelar uno. Esto sumó un vasto cuerpo de conocimiento y sabiduría práctica —más que suficiente, si quisiera solamente utilizara y ponerla en práctica.

No había estado desesperado en ningún caso, pero de todas formas era excitante que la puerta finalmente se abriera. Pero sí me sentí aprensivo inmediatamente; mi preocupada-cariñosa mente no tenía otro camino.

—¿Crees que esta gente sea real? —le pregunte a Victoria— Me cuesta trabajo imaginar a Florinda y Taisha dando un taller. ¿Un taller sobre qué? ¿Brujería?

—Bueno, lo sabrás en unas pocas semanas —contestó ella.

—¿Tú no quieres venir? —Pregunté incrédulo— Taisha Abelar estará ahí.

—No, no, está bien, ve tú y checa cómo está —dijo Victoria— Es demasiado dinero para ambos. Pero tu definitivamente tienes que ir.

Estaba sorprendido, pero también casi aliviado. Esperaba que Victoria fuera mucho más crítica, y si la gente "real" no cumplía nuestras expectativas, ella se inclinaría más que yo a deconstruir este mito, que se había convertido ya en la base de mi forma de ver la vida.

Mi primer encuentro con el verdadero mundo del Nahual sucedió en el auditorio del Museo de Antropología en la ciudad de México. El lugar de reunión era apropiado. Muchos de los artefactos, particularmente en la exhibición Tolteca, tenían un gran significado en mi mundo en ese tiempo. Había estado en el museo muchas veces en visitas previas a la ciudad de México y naturalmente, pasaba toda la tarde ahí después de la plática introductoria para saturarme con la energía de los antiguos símbolos y artefactos y así moverme a un modo mágico. En la mañana me encontré con el organizador local del taller, un hombre joven, agradable y que hablaba muy bien llamado Marco Antonio Karam. El era el director de "Casa Tibet", el Instituto Budista Tibetano en Ciudad de México. Era un amigo cercano del Dalai Lama. Sentí instantáneamente una profunda conexión y generosidad con Tony y disfruté cada momento que nos encontramos durante mis muchas visitas subsecuentes. Sólo después me di cuenta que "Tony Lama", como era llamado cariñosamente por el Nahual, había sido escogido como su real heredero, quien cargaría con el linaje y sería el siguiente Nahual, pero Tony nunca tomó este rol y eventualmente cayó de mi gracia.

El auditorio se llenó temprano. Muchos de los asistentes al taller se habían formado para conseguir un asiento al frente. Yo terminé en el centro, a diez filas del escenario. Había tal vez trescientas personas presentes.

—Hola, mi nombre es Luis Márquez —un amigable joven, que se sentó a mi derecha, se presentó— Soy de Puerto Rico, ¿tú de dónde eres?

Me presenté y le hablé sobre mis antecedentes, seguimos conversando hasta que la lectura comenzó. Luis resultó ser el hermano de Talia Bey, una de las asociadas más cercanas al Nahual. Más que cualquier cosa, había venido al taller para ver a su hermana. Ella había roto todo contacto con su familia durante el proceso de reinventarse como una guerrera impersonal en el mundo del Nahual. Desafortunadamente para él, ella no iba a estar en este taller.

Después, repentinamente, todos los ojos voltearon a una entrada lateral de donde emergían los protagonistas hacia el auditorio.

Ahí estaban. Finalmente el mito tenía algunos rostros, e instantáneamente mi mente se puso a trabajar, juzgando y procesándolo todo. Aquellos seres mágicos, previamente súper humanos como Florinda Donner, Taisha Abelar, y la mujer Nahual, Carol Tiggs, se habían hecho humanos. Florinda fue mi favorita instantáneamente. Se veía tan fascinante como la imaginé. Tenía rostro de elfo, pícara, como si lo supiera todo, e increíblemente viva. Florinda brillaba y su carismática presencia me llevó por el proceso de ajuste, dispersión y cualquier duda que tuviera sobre la autenticidad de cualquiera de ellos. En realidad, no sabía muy bien qué pensar del resto del grupo, y probablemente esto era bueno. Taisha parecía más bien indescriptible y oscura, no mostraba mucho de sí misma, lo que le daba un aura desapegada y algo misteriosa. Ambas mujeres eran esbeltas e iluminadas. Carol Tiggs parecía pesada en comparación. Ella era bonita, con un rostro suave y un cuerpo bien formado, pero su energía parecía más densa que la de las otras, y su comportamiento y confianza en sí misma bordeaban con la arrogancia. Además de las brujas, había tres mujeres y dos hombres aprendices que parecían estar en sus cuarentas tardíos. Las tres mujeres aprendices, también conocidas como "Chacmooles" eran Renata Murez, Nury Murez y Kylie Lundahl. Todas parecían aprendices impecables, evitando con mucho interés un rostro personal. Los dos hombres aprendices eran Lorenzo Drake y Julius Renard. A ellos se referían como los "elementos". Julius, descubrí después, era Tracy Kramer, el agente literario de Castaneda.

El grupo se sentía distinto desde la audiencia. Su apariencia era de otro mundo, casi alienígena. Las mujeres tenían todas el cabello corto y estaban vestidas de forma andrógina. Los hombres eran discretos y sencillos, perecían tener solamente un papel simbólico. Todos se presentaron o fueron presentados, en el caso de los hombres.

Luego las brujas tomaron el escenario, y durante las tres horas siguientes, hicieron girar su red mítica. Algunas de sus historias eran descabelladas, como Don Juan y los viejos hechiceros siendo atrapados en una capa distante de la realidad, y sobre seres inorgánicos que rezaban en la energía humana como parásitos psíquicos, impidiendo que la conciencia de la humanidad creciera. Habiendo pasado un tiempo considerable en estados de sueño lúcido, desarrollé una mirada del mundo bastante expandida y no podía descartar fácilmente ninguno de estos escenarios. En realidad, estaba bastante entusiasmado de compartir en la intersubjetividad una visión aumentada de la realidad. Todo esto era muy interesante. Pero no importaba cuán esotéricos eran algunos de los conceptos, las maniobras prácticas que las brujas proponían eran piedra sólida y sonido.

El mensaje principal que recibí de este y muchos otros talleres era siempre el mismo: para acceder a nuestra totalidad o llenar el potencial, tenemos que despertar y cultivar la conciencia. Las herramientas y estrategias para alcanzar esta meta eran la disciplina, impecabilidad, silencio interno y los "Pases Mágicos" o "Tensegridad". La meta primordial de este y todos los talleres que siguieron era enseñarnos "Tensegridad", una serie de movimientos designados para despertar nuestra conciencia reconfigurando y redistribuyendo nuestra energía. El término *Tensegridad* es el resumen de integridad tensional. Tomado de la arquitectura, se refiere a un balance estructural donde todo trabaja junto en sinergía. Tensión y compresión, jalar y empujar, son optimizados como en el caso de un domo geodésico, por ejemplo, para crear una estructura de inmensa estabilidad que se soporta a sí misma.

Los Pases Mágicos, en su mayoría, aspiraban a crear esa integridad tensional, sinergía óptima, y balance dinámico en el practicante. En el mundo del Nahual no había diferencia entre cuerpo y mente. Cuerpo y mente se consideraban una entidad indivisible. Había, sin embargo, otro dualismo del que éramos conscientes, el dualismo entre nuestra mente-cuerpo y nuestra energía-cuerpo. La energía-cuerpo, de la que hemos sido separados, es el gemelo energético de esa entidad, pero no está gobernada por una mente reflexiva. Es nuestra puerta al infinito, por decirlo de algún modo. Era necesario reconectarnos con nuestra energía-cuerpo para alcanzar nuestra totalidad y nuestro destino evolutivo. La percepción del Nahual era, como lo entendí de las brujas, que la mejor manera de reunirnos con nuestra energía-cuerpo era optimizando la integridad de nuestra mente-cuerpo. Y para alcanzar esta meta, la Tensegridad se volvía la mejor estrategia. Los movimientos eran circunvalaciones aplicadas a la mente pensante, que en esta corriente se veían como el obstáculo entre nosotros y un verdadero ser unificado.

Esta estrategia se sentía persuasiva, y comprometí mi ser con los Pases Mágicos con mi usual compulsividad. Por dos días completos después del taller, fuimos instruidos en la Tensegridad por los Chacmooles. Los movimientos eran rectos y fáciles de aprender. Parecían una forma esotérica de Kung Fu. Usualmente nos daban las mínimas razones para cada movimiento para pacificar la mente sin engancharnos demasiado. Esta era la fórmula principal que gobernaba todas las instrucciones provenientes del Nahual a través de las brujas y los Chacmooles:

—¿Cómo podemos ser óptimamente afectados y motivados a cambiar, sin engancharnos con la mente pensante?

Los movimientos tenían que ser la respuesta. Ciertamente no era un concepto totalmente nuevo. El Yoga y el Qigong probablemente se desarrollaron con un propósito similar. Pero ambas formas de ejercicios ahora son, mucho más que antes, practicados fuera del contexto evolutivo y trascendental en el que se originaron. Han sido secuestrados por el movimiento de la buena forma de las sociedades modernas en su mayoría, y su propósito ha sido alterado y debilitado. Todavía pienso que esos antiguos sistemas de movimientos orientales tienen un potencial evolutivo muy poderoso, pero en comparación directa con la Tensegridad, se quedan faltos de originalidad y de ese componente mágico que encuentro muy tentador. Los Pases Mágicos estaban increíblemente vivos y comenzaban instantáneamente a aumentar mi percepción energética del mundo.

Incluso habiendo una gran diferencia entre cómo imaginé el mundo del Nahual y cómo lo experimenté durante este primer encuentro real, no estaba decepcionado. La transición en este nuevo capítulo de mi viaje mágico había sido convincente y poderosa.

—¿Pudiste hablar con Florinda y Taisha? —me preguntó Victoria cuando volví a Tucson.

—No, no realmente —contesté—, desviaron cualquier acercamiento personal. No había preguntas personales, ni contacto personal. El énfasis estaba exclusivamente en los Pases Mágicos. Desde luego, fui curioso, pero no había lugar para ese tipo de interacción.

Le di a Victoria una explicación detallada de todo lo que había transpirado durante el taller, pero a pesar de mi obvio entusiasmo ella no parecía inclinada a unírseme en ninguno de mis próximos encuentros. Había intensificado su práctica de meditación Budista y, en lugar de eso, planeaba asistir a unos retiros silenciosos. Yo percibía esto como un conflicto. Había vastas diferencias en el ánimo, terminología, y práctica de nuestros respectivos sistemas de creencias, pero al final de cuentas ambos perseguían un estado de silencio interno. Hasta donde sabíamos, el propósito subyacente de ambos sistemas era guiarnos en una experiencia hacia el silencio consciente, volvernos completamente conscientes sin tener que pensar. En la terminología budista esta experiencia se llama usualmente vacuidad, porque está vacía de pensamiento. En el mundo del Nahual era llamado infinito. Supongo que yo prefería el término infinito, tal vez porque sonaba como mucho más que el vacío para mi poco iluminada cabeza. Además, en el mundo del Nahual, el viaje hacia el silencio, su camino hacia el infinito, parecía sorprendentemente atractivo, mágico y encantador. Nunca se me ocurrió, en aquel entonces, pensar que el Nahual se proponía un pequeño rodeo.

En cualquier caso, me motivaba lo suficiente practicar Tensegridad cada mañana y tarde por más de tres horas al día. Casi cada mes las brujas y los Chacmooles ofrecían otro taller, y no me perdí ni uno solo. Viajé a Hawai, California, Colorado, Arizona, Nueva York, España y Alemania, y muchas más veces a la Ciudad de México para aprender un siempre creciente número de movimientos que mi cuerpo absorbía como una esponja.

Después de varios meses de esta saturación, una noche me encontré realizando un movimiento enteramente original, una y otra vez, en uno de mis sueños lúcidos. Me di cuenta entonces que este movimiento era pertinente para mí, y después de practicarlo un par de veces más en el sueño, me despertaba para ejecutar el movimiento en mi estado despierto. De esta forma estaba seguro de captarlo tan preciso como fuera posible. De ahí en adelante lo incorporé a mi práctica. Nunca antes había hecho este movimiento, pero era similar a otros Pases Mágicos, en la medida en que su propósito parecía ser reorientar energía, en este caso a mi sección media.

Entre más me saturaba con Tensegridad más entraba en mis estados del sueño, y con el tiempo mis movimientos parecían más individualizados parecía que la inteligencia de mi propio cuerpo estaba aprovechando esta técnica, y yo me preguntaba si este efecto era un propósito escondido de la Tensegridad. En cualquier caso, el hecho de que mi cuerpo hubiera creado algunos Pases Mágicos por sí mismo, sin interferencia de mi mente, sólo había aumentado mi confianza en la integridad de los Pases Mágicos en general.

No hubo cambios dramáticos a raíz de mi intensiva práctica, pero mi cuerpo, así como mi voluntad, adquirieron una dureza, definición y determinación que nunca antes había sentido. Finalmente conocí al Nahual en persona en agosto de ese mismo año, había permitido a mi ser reconfigurarse incondicionalmente por los Pases Mágicos. Estaba comprometido con su mundo con la carne y con los huesos.

Un extraño problema con el coche en medio del desierto provocó que llegara tarde a la junta introductoria. Carlos Castaneda ya había comenzado a hablar cuando abrí la puerta y mis ojos se fijaron en él, que estaba parado en un pequeño podio, como a diez metros de la puerta contra la pared de atrás de la sala. Era el principio de un seminario intensivo de tres semanas en Tensegridad que él mismo estaría enseñando. La escenografía era la ciudad Culver en la cafetería de la preparatoria, que había estado libre en agosto, y que era apenas visible para nuestro "teatro de brujería de verano". Carlos estaba atado de energía. Sin que yo pusiera mucho de mi parte, mi percepción repentinamente se posó en él como si mirara a través de un telescopio. Ahí estaba él, claramente el Miguel que yo recordaba de Bandarawela, pero evidentemente más eléctrico y atlético. Su cabello completamente plateado estaba despeinado como el de un niño, tenía puestos un par de tenis blancos nuevos, un par de pantalones nuevos Levis de mezclilla azul oscura y una camisa larga azul sin bolsillos que estaba perfectamente planchada, probablemente almidonada. Sus brazos estaban gesticulando, describiendo algo gracioso. Él parecía elástico, sin peso y su rostro tenía una intensa, pícara sonrisa. Me hizo pensar en un niño travieso y un viejo brujo a la vez. Y encima de su frente percibí dos pequeñas protuberancias que desaparecieron en cuanto las volví a ver. Por medio segundo, él se veía más como Pan o Mefisto que como aquel Miguel al que recordaba. Parecía la misma persona pero había perdido muchísimo peso.

Olvidé ambos pensamientos conforme quedaba absorto en lo que él decía. "¿Cómo es posible —preguntaba— que estemos tan obsesionados con nosotros mismos? 'Mí, mí, mí, yo, yo, yo', es todo lo que pensamos. Llegamos a la tumba pensando 'mí, mí, mí', y en ningún momento de nuestra vida lo dejamos ir".

Luego explicó que toda la energía y conciencia que es necesaria para ver más allá de "mí" está siendo consumida por los "voladores", una entidad colectiva inorgánica que crece en la energía específica que estamos produciendo cuando nos enfocamos en nosotros mismos, como la preocupación, el miedo, la ira, la desolación, la envidia, etcétera.

—¿Qué es lo que nos hace sentirnos seguros de que estamos arriba en la cadena alimenticia? —continuó— ¿Cómo podemos estar tan seguros? Sólo porque no estamos conscientes de un predador no quiere decir que no podamos ser una presa. Qué tan conscientes son las gallinas de que ellas existen básicamente para darnos carne y huevos. Debemos salir del gallinero —acertó vigorosamente—, y la Tensegridad nos va a ayudar.

Era un genio. La idea de "voladores" inorgánicos haciéndonos parecer mascotas o ganado previniéndonos de usar nuestra energía para explorar nuestro verdadero potencial era genial. Los voladores supuestamente habían tomado nuestras mentes, poniendo nuestro diálogo interno bajo su control. La única estrategia que podíamos tomar en esa forma era intentar todo lo posible apagar ese diálogo interno y juntar fuerza y tomar la resolución de arrancarnos esta "instalación externa", como llamaba el Nahual a estos predadores.

—Ese es el verdadero propósito de la Tensegridad.

El escenario era genial. Era imposible probar lo contrario, cosa que definitivamente lo convertía en una posibilidad. Y al final ni siquiera importa si era verdad o no, porque mantener la salud y el vigor y lograr una conciencia silenciosa era nuestro mayor interés. Pero tal vez es útil, o tal vez más fácil, enganchar el propósito contra una "instalación extranjera" que solamente hacia el despertar de nuestro destino.

Amé al hombre en seguida, su picardía, su parecido a Pan, su pelo despeinado, sus tenis y todo lo demás.

Era un excelente contador de historias, encantador, feroz y convincente. Su sentido del drama nos podía hacer temblar o llenarnos los ojos de lágrimas sin demasiado esfuerzo. Los Chacmooles hicieron la mayor parte de la instrucción de la Tensegridad, pero el Nahual estaba presente todos los días, asistiendo con los Pases Mágicos, hablando, enseñando y haciéndonos reír.

La Tensegridad era el foco principal del seminario, desde luego, pero una y otra vez, la importancia de la recapitulación era enfatizada.

—La recapitulación es obligatoria. Nada avanza en el camino del guerrero sin la recapitulación —dijo repetidamente.

El otro tema recurrente era la impecabilidad.

—La impecabilidad es primordial. Se trata de tomar la decisión de siempre actuar de la mejor manera que podamos y luego hacer un poquito más. Si ya nada es "demasiado", estamos en el reino de la impecabilidad. En este reino podemos tomar todo como un reto, sin importar qué pase. Si nos vence, no debemos perder el tiempo en lamentos y hay que seguir adelante. La impecabilidad es la fluidez. No conoce arrepentimiento. Tenemos que ser impecables y declarar nuestro propósito. El resto sucede.

Muchos de los componentes de la forma de ver el mundo del Nahual estaban relacionados con un elemento perceptual que él llamaba "punto de ensamblaje", un área de especial intensidad en todo nuestro campo de energía donde la percepción toma lugar. Él mantuvo eso: cuando son vistos energéticamente, los humanos parecen un capullo luminoso, definido más o menos en tamaño por la riqueza de sus brazos extendidos. El capullo zumba con miles de filamentos o emanaciones energéticas y el punto de ensamblaje aparece como una pequeña área de intensa luminosidad en la periferia del capullo. La percepción sucede conforme el punto de ensamblaje alinea las emanaciones fuera del capullo con las correspondientes emanaciones interiores. El mundo que está ensamblado de esta forma naturalmente depende del punto de ensamblaje. Aparentemente, cuando nacemos, la posición del punto de ensamblaje está todavía indefinida, pero a través de un empuje colectivo se mueve gradualmente hacia el mismo lugar en todos los que están a nuestro alrededor. De esta forma todos compartimos la misma realidad. Después, el punto de ensamblaje se mueve usualmente sólo en sueños, bajo la influencia de ciertas drogas, con traumas o dolor intenso. De otra forma, está fijado por el prójimo y por nuestro diálogo interno. El diálogo interno es el proceso que constantemente refuerza la posición del punto de ensamblaje.

En última instancia, todas las enseñanzas del Nahual apuntaban a mover el punto de ensamblaje en un cierto control, para accesar al campo entero de las posibilidades perceptuales del hombre, las cuales él entendía que eran nuestro derecho de nacimiento. El silencio interno es la llave requisito para liberar nuestra percepción de su lugar habitual, por decirlo de algún modo. Los sueños conscientes, acechar, los Pases Mágicos y el propósito, son herramientas para mover el punto de ensamblaje, y el arte de acechar y el propósito son usados nuevamente para fijar y estabilizar ese punto en una nueva posición. Acechar es una forma controlada de comportamiento que apunta a crear una nueva y coherente subjetividad, similar a la actuación. Sin embargo, actuar implica sólo pretender ser alguien más, acechar implica convertirse en alguien más. A esto le sigue que el verdadero acechar requiere renunciar a una identidad específica. Ya estaba familiarizado e intrigado con la audacia del mundo del Nahual por su trabajo escrito. Pero escucharlo exponer el material en tantas nuevas y carismáticas formas finalmente lo trajo completamente a la vida. Su encanto, inteligencia y su vibrante presencia eran totalmente adictivas. No hacía reivindicaciones ni promesas, pero muchos de nosotros estábamos más que deseosos de seguir su navegación. Todas las imitaciones parecían quedar fuera. Prometía ser la aventura final:

—¿Navegar en el mar de la conciencia? ¡Cuenten conmigo!

Mientras manejaba de vuelta a Tucson reflexioné sobre el hecho de que nunca encontré una puerta para preguntarle al Nahual sobre nuestro encuentro en Sri Lanka. Pero con su incesante énfasis en evadir cualquier cosa personal, particularmente cualquier mención sobre nuestra historia personal, habría parecido que yo estaba dándome mucha importancia y yo, yo, yo. Así que lo dejé ir y guardé la esperanza de que él se acercaría a mí en el momento adecuado, cuando la energía fuera la correcta.

Mientras yo había pasado tres semanas en el reino mágico del Nahual, Victoria había asistido a un retiro de silencio durante cuatro semanas. La brujería se encontraba con el Budismo cuando nos reunimos en el aeropuerto de Tucson al final de su retiro. Nuestros puntos de ensamblaje estaban definitivamente en posiciones diferentes. Yo me había cortado el cabello muy corto y estaba cargado con resistencia, pasión y determinación. En comparación Victoria parecía vulnerable, altamente sensible y consciente. Estaba más abierta conforme yo me acercaba más. Sus ojos reflejaban preocupación.

—¿Así es como te ves ahora? —fue una de sus primeras preguntas.

Era incomprensible que hubiéramos podido alejarnos tanto. El objetivo primordial de nuestros sistemas de creencias era alcanzar el silencio interno, llegar a un estado de alerta y conciencia pura. Pero incluso así, mirando en los ojos de Victoria, parecía que nos habíamos movido en direcciones opuestas. ¿Era posible que estos caminos divergentes nos llevaran al mismo resultado? Era un abismo profundo el que se había abierto entre nosotros. No habíamos pasado más que unas semanas separados. Ambos nos comprometimos incondicionalmente con diferentes caminos espirituales por casi ocho meses. Mientras Victoria apuntaba a observar y callar su diálogo interno, yo lo había cambiado, y a través de la Tensegridad había comprometido todo mi cuerpo con mi búsqueda para evolucionar. Mientras ella se proponía salir del cuadro, yo intentaba, más que nadie, reclamar mi derecho de nacimiento. Desafortunadamente, ambos buscábamos una forma de materialismos. Cada uno estaba claramente sosteniendo una posición fuerte que terminó confrontándonos, y en retrospectiva es obvio que ambos estábamos siendo engañados por nuestras mentes. En términos del Nahual, los voladores tenían un día de campo con ambos. En cualquier caso, conforme nos enfrentábamos uno al otro a los lados del abismo en ese día fatídico, el espíritu decidió intervenir con un bello despliegue de sincronicidades personales, y ambos brincamos al otro lado del abismo. En última instancia fue nuestro profundo amor y cariño lo que creó las sincronicidades y el imperativo de navegación para saltar. Dejamos ir nuestras posturas. Por un tiempo precioso, el Budismo y la brujería habían sido olvidadas. Era un refrescante aplazamiento.

Las cosas cambiaron como resultado de haber dejado ir lo que nos separaba. Compartimos de forma armoniosa y encontramos una hermosa sinergía. Todo comenzó a trabajar junto —mis estudios académicos de cognición y conciencia, los principios Budistas de no aferrarse y el vacío, y el ánimo mágico, la pasión, determinación y resistencia del mundo del Nahual.

Poco después de estos sucesos recibí una invitación para asistir a una sesión de práctica privada con el Nahual en Los Angeles. Para mi sorpresa y deleite, Victoria también estaba interesada y la invitación era extensiva para ella.

Estas prácticas privadas eran usualmente los domingos en un estudio de yoga en Santa Mónica y no se pagaba por ellas. Por casi un año, Victoria y yo volamos desde Tucson cada fin de semana, hasta que nos mudamos a Los Angeles en el verano de 1996. Las prácticas consistían en un grupo promedio de veinticinco practicantes de la Tensegridad muy dedicados, y era solamente por invitación. La lista de invitados cambiaba todo el tiempo cosa que a todos nos hacía mantenernos en el piso. A veces parecía arbitrario y cruel cuando algunos de nosotros salíamos de la lista, pero era difícil no verlo como una estrategia motivante para alentar la disciplina y la impecabilidad. Yo seguí al pie de la letra todas las sugerencias del Nahual.

Una de sus líneas guía era no tratar nuestra relación con él en una forma personal. A menudo comenzaba la sesión alentándonos a darle una pista o un punto de comienzo. Doblaba sus manos con una expectativa exagerada y comenzaba a preguntar con una voz reservada:

—Entonces ¿qué hay de nuevo? ¡Díganme! ¿Hm… hm… hm…? —miraba alrededor de la sala en forma pícara— Cuéntenme una historia, pero sin usar el yo o el mí. ¡Cuéntenme algo verdaderamente interesante que no tenga nada que ver con ustedes! —si alguno tenía el valor de participar, el Nahual utilizaba lo que era dicho para hacer un punto o para desarrollar un tema para la sesión. El contaba historias interminables sobre sí mismo, destacando la estupidez humana y la demencia general del orden social. Era un contador de historia exquisito y siempre nos hacía reír, básicamente de nosotros mismos. Otra treta frecuente era exponer y atacar nuestra forma de darnos importancia contando historias exageradas e incluso ficticias sobre alguno de nosotros para hacernos sentir avergonzados. Por ejemplo, el podía decir que sabía que John se masturbaba cinco veces al día todos los días, o que Jane tenía un grave problema de hemorroides.

A veces las brujas y otros seguidores inmediatos o instructores de Tensegridad también estaban presentes en esas sesiones dominicales, y la atmósfera siempre estaba inmensamente cargada y era poderosamente adictiva. Había un cambio marcado en el nivel de energía de todos después de cada una de estas sesiones de dos horas. Nuestros ojos brillaban intensamente cuando nos íbamos del estudio de yoga. A veces percibía un fuerte hormigueo alrededor de mi plexo solar, o una presión en la base de mi cuello, diferente a la sensación que ocurre luego de comenzar el movimiento hacia la conciencia causado por agentes psicotrópicos como el LSD o la mezcalina. La mera cercanía al Nahual causaba indudablemente un cambio en el punto de ensamblaje. Naturalmente, tratábamos de prolongar este estado pasando más tiempo con los participantes en la siguiente sesión y practicando los Pases Mágicos. Pronto todos nuestros amigos eran de este círculo de practicantes y particularmente, luego de mudarnos a Los Angeles, estuvimos permanentemente absorbidos en una burbuja mágica sostenida por la fuerza del Nahual.

Sumado a las sesiones dominicales, los talleres de Tensegridad a gran escala continuaron ofreciéndose casi cada mes en varias locaciones de las Américas y Europa, a veces con más de mil participantes. Gradualmente me involucré en dotar de personal los talleres, predominantemente dando seguridad, lo que significaba ser el escudo del Nahual, las brujas y especialmente Nury, "la exploradora azul", de la curiosidad de los participantes de los talleres. Otras veces, me pedían proveer traducción simultánea de las charlas, usualmente a los enormes contingentes de alemanes, y durante un taller en Berlín se me confió toda la lógica del evento. La relación más directa y consistente que tuve fue con Florinda, con quien me encontré frecuentemente en varios proyectos.

El mundo del Nahual tenía un número claro y discernible de parámetros. Los más fundamentales eran el paradigma del punto de ensamblaje y el escenario de predadores alrededor de los voladores. En respuesta a esto había elementos de comportamiento como la resistencia, la impecabilidad, el silencio interno, y el propósito inviolable; y también había maniobras prácticas de acechamiento, soñar, los Pases Mágicos. La fábrica que ataba todos estos elementos juntos era el arte de la navegación.

Teniendo el privilegio de pasar incontables horas en el círculo más cercano del mundo del Nahual, se volvió patente y obvio que nada había pasado en este mundo que no tuviera un resultado directo con la navegación. Cada gran acción o decisión del Nahual era directamente provocada o confirmada por el sentido de la navegación. Sin duda, el Nahual era el maestro de la navegación, y sus seguidores más cercanos, particularmente las brujas y Nury, servían como una extensión de sus órganos sensoriales, juntando información para navegar su camino. Su propósito tal vez cambió con el paso de los años y era ciertamente influenciado por su personalidad e idiosincrasia, pero nunca percibí sus maniobras de navegación más que impecables.

La navegación inflexible muchas veces parecía caprichosa desde afuera, porque la mayoría de nosotros olvidamos cómo percibir energéticamente y cómo suspender las etiquetas e interpretaciones de todo lo que nos rodea. Si triunfamos, nos encontramos inmersos en un caleidoscopio de configuraciones energéticas. Algunas de estas configuraciones energéticas se sientes naturales, otras atractivas, y otras nos repelen. Como navegantes debemos movernos naturalmente lejos de la repelencia y hacia las energías atractivas, así como yo operaba cuando volaba nuestro pequeño aeroplano a través de las nubes negras en el sur de Francia. Para determinar lo que se siente correcto, un navegante tiene solamente su impecabilidad.

Hasta donde yo podía ver, el Nahual era inflexible. Si se volvía aparente que la energía de alguien no era la adecuada, dejaba ir a esa persona, y a menos que lo dictara un imperativo de la navegación o el propósito, no había segunda oportunidad. Una de sus principales búsquedas era moldear un grupo coherente de "guerreros-navegantes". Estaba intrigado con el concepto de masa crítica. Un experimento con hormigas que nos había mostrado que los insectos se comportan erráticamente mientras su número está debajo de la masa crítica, en este caso casi cincuenta. Una vez alcanzada la masa crítica, todo el grupo de repente puede organizarse y trabajar junto de forma efectiva. El Nahual especulaba que si podía facilitar la formación de un grupo de practicantes coherente energéticamente para alcanzar la masa crítica, podría resultar en un cambio colectivo en la conciencia. Experimentaba continuamente con nosotros, como un conductor energético con su orquesta. Al practicar la Tensegridad en grupos pequeños, él se movería alrededor y entre nosotros, cambiando nuestras posiciones en la sala como si fuéramos figuras de ajedrez, hasta que se sintiera correcto. Siempre que yo estaba en su presencia, mi percepción era que su propósito exclusivo era navegar impecablemente y crear las condiciones óptimas para alcanzar la conciencia, individual y colectivamente. Si él podía no hacernos cambiar como grupo, al menos quería llevarnos al "borde" individualmente.

Ejemplos de cómo el Nahual conducía la energía eran sus parejas: Victoria y Renata en la base de su simultaneidad y David y yo en la base de nuestra complementariedad. Por largo tiempo trató de integrarme en su círculo más cercano. Cada salida con Florinda estaba cuidadosamente coreografiada, y cada vez me emparejaba con un miembro hombre o mujer de sus asociados más cercanos, pero en vano. No había química, no nos acomodábamos. De hecho, una vez, mientras estaba sentado en el escenario con Taisha Abelar, traduciendo su charla en un taller en Berlín, una enorme barra de hierro cayó del cielo en el piso, afortunadamente no lastimó a nadie, pero me convenció de que en realidad yo no pertenecía a ellos. Este era un dilema genuino para mí en ese momento. Estaba completamente comprometido con el mundo del Nahual, pero también estaba consciente de que yo realmente no tenía un lugar ahí. En lo más alto de mi entusiasmo realmente creía que seríamos capaces de saltar a un sueño colectivo como un grupo y viajar en el mar de la conciencia. Mi única preocupación era que no me resultaba fácil con mis compañeros de viaje. Y viajar al infinito con la gente equivocada, realmente sonaba como a un pésimo viaje.

Incluso mi relación con el Nahual era extrañamente ambigua. No era que me gustaran algunos aspectos de él y otros me desagradaran. Más bien con él descubría una escisión en mi personalidad. Frecuentemente, una parte de mí se sentía frustrada por él y la otra parte lo adoraba incondicionalmente. La parte frustrada era mi yo común y corriente, un yo que quería ser reconocido, alabado, promovido. Era el yo exigente, autoreflexivo, inseguro, desconectado, controlador, me molestaba con el Nahual porque éste no reconocía mi lado "especial". A este nivel mundano él era como un entrenador, el líder del equipo, el jefe, y era fácil y conveniente encontrar fallas en él. En alguna ocasión mi hubris me llevó a cuestionar su juicio sobre la gente que debía dar un taller de Tensegridad. Estábamos almorzando en el Versalles, discutiendo un poderoso taller de cuatro días que apenas había terminado. Lorenzo Drake acababa de mostrarnos una nueva serie de Pases Mágicos y el Nahual estaba alabando su desempeño.

—Lorenzo estuvo genial, ¿no creen? —dijo el Nahual radiante.

—Sí —dije—, pero a mí me impresionó más Julio. No hubo ego en su demostración y sus movimientos fueron increíblemente precisos.

El Nahual sólo me miró con ojos profundos, haciéndome perder el aplomo. Pero me sentía provocado. Nunca entendí por qué prefería a Lorenzo, quien me parecía un ególatra, mientras que Julio siempre me parecía impecable, la quintaesencia del guerrero. Y seguí despotricando, diciendo por qué yo pensaba que Julio hubiera sido una mejor opción para presentar la nueva serie de movimientos hasta que el Nahual me cayó con una mirada furiosa. La atmósfera en la mesa se enfrió considerablemente y su abrazo al final de la comida no fue muy cordial que digamos.

Afortunadamente mi arranque no culminó con mi aprendizaje. Todo lo que provocó mi atrevida oposición fueron algunas advertencias del Nahual al inicio de la siguiente sesión de grupo:

—En caso de que no lo sepan, aquí no hay una democracia. No navegamos por consenso —proclamó mirando con malicia hacia mí. No creo que los demás hayan sabido de qué hablaba, pero yo sí, y entendí.

Era muy difícil no juzgar, no tener preocupaciones personales ni ningún tipo de autorreflexión mientras se estaba con el Nahual y las brujas. Debido a que ninguno de nosotros estaba listo para trascender nuestro ego individual en aquella época, terminábamos suprimiéndolo y transfiriéndolo. La expresión más evidente de esta dinámica era una forma de egomanía colectiva que llegó a ser inmensa en nuestro pequeño mundo. Entre nosotros pretendíamos ser guerreros sin yo en una búsqueda evolutiva por la libertad, pero como grupo nos sentíamos descaradamente especiales. En nuestra imaginación éramos los elegidos, los únicos que sabíamos. Éramos los que nos estábamos preparando para abandonar un barco que se hundía en este ignorante orden social que nos rodeaba. A pesar de todos nuestros esfuerzos, nuestros diálogos internos eran, la mayor parte del tiempo, todo menos silenciosos. Nuestras cabezas estaban llenas de desdén por el orden social, de historias sobre nuestra "especialidad", de preocupaciones sobre cómo avanzar en la jerarquía de nuestro mito y con la esperanza de ser entregados por el Nahual. Todos estos pensamientos provocaban más tensión, miedo y frustración que paz y felicidad, y el Nahual estaba al centro de esta dinámica.

Pero había otra parte de mí que no tenía nada que ver con esto. Era una parte elusiva y fugaz que parecía más perteneciente a mi memoria que a aspectos de mi personalidad. O tal vez debería decir que estoy más consciente de esta parte de mí mismo en retrospectiva que cuando la estaba experimentando. Muchas veces me comuniqué con el Nahual con esta otra parte de mí. No mucho se quedó registrado en la parte racional de mi mente. Cada vez que se detenía el proceso de mis pensamientos —algo que afortunadamente pasaba mucho en la presencia del Nahual— me sentía inundado por una ola de afecto incondicional y gratitud hacia él. Particularmente después de alguna de sus fenomenales y paralizadoras charlas frente a grandes públicos en los talleres. Yo lo escuchaba en total silencio y de repente me encontraba en su abrazo al verlo salir de escena. Estos era instantes sin tiempo, y yo sentía que la inmensidad transpiraba entre nosotros. Entendía completamente, sin la necesidad de haber pensando.

También recuerdo haber tenido este tipo de experiencias en los almuerzos en el Versalles, o durante algún encuentro casual. Una vez el Nahual me pidió que me sentara a su mesa y, sujetándome las manos, me mostró su visión de lo que llamaba "la rueda del tiempo". Era, en esencia, una metáfora de su entendimiento de la realidad como una presentación de universos paralelos infinitos. Veía la posibilidad de "saltar surcos", como él decía. Yo lo entendí como alternar vidas o universos. Su fascinación con el misterio de la conciencia era puro y absolutamente genuino y, una vez más, en ese momento me sumergí en esta experiencia de afecto mutuo e incondicional y entendimiento silencioso. Debimos haber hablado una hora pero no estuve consciente de que pasara ni un solo minuto. En esos momentos me sentía envuelto en una burbuja de energía que bloqueaba todo lo demás. Nunca había experimentado esto con nadie más. Nunca había una interrupción inadecuada, incluso el sonido exterior parecía desaparecer.

Otro evento memorable de este tipo ocurrió pocos meses antes de la partida del Nahual. Haciendo algunas diligencias pasé a una tienda departamental en mi vecindario y de repente tuve el impulso de correr y comprar agujetas. Las había estado necesitando desde hacía tiempo, pero en ese momento me vino a la mente de la nada. Tenía prisa, así que corrí dentro y empecé a buscarlas en el departamento de calzado, cuando vi al Nahual sentado en una de las sillas. Ese instante fue tan fuerte que literalmente caí en la silla junto a él, antes de poder decir "hola". Tenía miedo de haberlo espantado, pero él no hizo nada que denotara sorpresa. Su sonrisa de reconocimiento afloró de un lugar muy recóndito.

—Nahual... lo siento... no sabía... sólo pude sentarme en esta silla. ¿Cómo estás? —pregunté confundido y sin aliento.

Y vi a Talia en los estantes cerca, sujetando un par de zapatos de diseñador en sus manos, saludándome con una sonrisa discreta.

—Talia me está ayudando a comprar un par de zapatos —dijo el Nahual.

Y nos quedamos ahí por un indeterminado periodo de tiempo platicando de nada, o incluso sin platicar. Cada vez que le hablaba le tocaba el hombro o el brazo. Sus ojos eran profundamente cálidos y profundos. Talia no nos interrumpió y, en un momento dado, me despedí, me paré y salí de la tienda, sin comprar las agujetas.

Luego descubrí que el Nahual se estaba preparando para dejar el mundo. Siempre bromeaba que cuando muriera se iba a ir con su traje favorito y un par de zapatos nuevos. Yo sentí que mi energía sanguínea se había alborotado con ese encuentro y que eso le comunicó que todavía no estábamos listos para estar sin él.

La última vez que lo vi fue en una cena en la avenida Pandora, en el departamento que compartía con Florinda y Tiasha. Algunos de los aprendices estaban actuando pequeñas obras de "teatro brujo" como un pasatiempo antes de la cena. Estas obritas estaban escritas por los actores y todas subrayaban la locura del orden social y la obsesiva mente humana. Ninguno era actor profesional, así que el teatro brujo era una buena práctica para la humildad y la acechanza.

La cena fue suntuosa y sana. Florinda y Tiasha habían estado cocinando todo el día. El azúcar estaba absolutamente prohibido en el mundo del Nahual, así que me dio gusto cuando Florinda me apartó y me convidó de un poco del chocolate que tenía. Ella no estaba hecha para seguir las reglas, y al parecer yo tampoco.

El último de estos momentos sin tiempo ocurrió un poco después esa misma noche. El Nahual me llevó a una esquina y cuando se hizo esa burbuja a nuestro alrededor él me hizo una pregunta inesperada sobre el karma, la condenación, la redención, la muerte e incluso sobre Dios. Yo estaba atolondrado y experimenté una profunda disonancia cognitiva. Jamás pensé que este tipo de conceptos formaran parte de su vocabulario. Afortunadamente sus preguntas eran básicamente retóricas y él mismo las contestó. No habría sabido qué decirle. Pero como siempre en estos eventos sentí que la comunicación superficial era casi irrelevante y algo más había transpirado, algo que no fue captado por mi entendimiento. No era que yo estuviera en silencio y, por ende, haya podido conectar con el Nahual de otra manera. Es más apropiado decir que el silencio interno permitió que una parte completamente diferente de mí saliera a la superficie. Esta parte nueva estaba completamente en sincronía con el Nahual y la sabiduría sólo se compartió, en lugar de ser intercambiada o diseccionada.

No fuimos informados del deterioro en la salud del Nahual, pero debería haber sido obvio que las cosas se acercaban a su fin. Pero no lo fue. Lo dimos por sentado, como siempre lo hacemos con todo y todos. Sus frecuentes alusiones a que se iba a ir pronto las tomábamos como una herramienta pedagógica que nos mantenía aterrizados. David y yo fuimos a su casa unas cuantas veces más, pero el Nahual nunca volvió a salir de su cuartel. Por eso empezamos a pasar más tiempo con las brujas. En la última visita Florinda me dio una copia de *Pases Mágicos*, el último libro del Nahual. Tenía la siguiente dedicatoria:

A Felix,
No pierdas el paso, nunca.
Carlos Castaneda

Pocos meses antes había recibido mi nuevo nombre, "Felix", lo que quería decir que en apariencia había superado mi antiguo ser y ahora era parte de la familia de brujos, para bien o para mal. El Nahual, al escogerme el nombre "Felix" estaba haciendo gala de su sentido del humor y de su forma de navegar. Obviamente no había olvidado nuestro encuentro en Bandarawela e incluso recordaba el nombre del perico que le había encargado. Una vez le pregunté a Florinda sobre eso, y me lo confirmó de forma tan indiferente que no estuve seguro si me estaba jugando una broma. No quería hablar mucho de eso pero me dijo que Nury le había sugerido al Nahual mi nuevo nombre. Es algo extraño y poderoso asumir un nuevo nombre y tratar de vivir con él. Felix significa "el de la suerte" y lo considero un regalo hermoso que no pienso olvidar.

La última vez que vi a Nury, me regaló un reloj suizo como una muestra de gratitud por haberla cuidado con tanta dedicación todo ese tiempo. Fue al final de un taller y yo no tuve tiempo de desenvolver el regalo hasta que llegué a casa esa misma noche. Cuando finalmente abrí la caja y saqué el reloj, las manecillas daban exactamente cinco minutos antes de la medianoche. Fue su regalo de despedida.

Debe de ser difícil entender, para alguien de fuera, lo que significó para algunos de nosotros ver cómo este mito llegaba a su fin. Así como yo me sentía rodeado por una burbuja de magia y energía en algunos de mis encuentros con el Nahual, había un campo de energía continuo alrededor de todos nosotros mientras el mito siguió vivo. Creció en intensidad tan gradualmente que nunca estuve completamente consciente de su fuerza y extensión. Sólo después de su muerte, cuando el campo se colapsó, me di cuenta de lo poderoso que había sido. El elemento más significativo de este campo energético era el increíble predominio de sincronías. En retrospectiva toda mi vida en aquel tiempo parece haber estado programada. La vida era tan suave como si hubiera sido ensayada antes. Signos, presagios y cualquier tipo de guía de navegación estaba en todos lados. Si iba a ver a mis amigos daba por sentado que siempre habría algún lugar para estacionarme, o que uno se habilitaría en la casa de enfrente cuando llegara. O podía estar pensando en alguien y estar seguro de que el teléfono sonaría y que sería esa persona. Todo me hablaba. Las aves me hablaban, los cláxones, los espectaculares, las placas, todo podía sobresalir de mi campo de percepción para subrayar un pensamiento o desencadenar una acción, y siempre tenía coherencia. Era una hermosa danza con la realidad e, inconscientemente, asumí que era el resultado de mi poder personal.

Pero no lo era. Cuando murió el Nahual y se fueron las brujas el campo se colapsó y nada volvió a ser lo mismo. Ya no había más música. La danza había terminado. Estaba solo, o casi solo. Todos mis aprendices juntos no podían hacer que la música volviera, ni lo podía hacer Carol Tiggs, que se había quedado con nosotros. Por supuesto, la vida siguió y yo sólo dejé que la velocidad de la explosión me llevara. En lo que respecta a la navegación parecía que tenía que empezar de cero. En lugar de sentir que me tiraban al agua para que yo nadara, sentía que me habían sacado del agua y que me forzaban a caminar. Era el final del paseo en la alfombra mágica. La alfombra se había ido y había vuelto la gravedad.

Y yo me aferraba a unas cuantas palabras manuscritas dentro de un libro:

"No pierdas el paso, nunca".

UNA NUEVA ERA

> *...algunas veces, con los restos de la leña,*
> *con lo que sobra cuando el fuego se ha apagado,*
> *alguien ha escrito algo nuevo en las cenizas de tu vida.*
> *Aunque la luz se apague rápidamente, no es que te vayas.*
> *Estás llegando.*
>
> DAVID WHYTE, *La travesía*

El fin de la certidumbre

La luna llena ya no se podía ver desde las ventanas del departamento de David, pero iluminaba todo lo que estaba afuera. Las hojas del gran árbol que se encontraba junto a la casa brillaban en la luz plateada, al mismo tiempo que la brisa de la noche las mecía tranquilamente. Conocía a la parvada de pericos que se ponían bajo su follaje, y por eso sabía que no iban a parar de cantar en toda la noche. Los techos, las casas, incluso los autos en la autopista a mi izquierda, todo, reflejaba la misteriosa luz de la luna en nuestros rostros. Tenía un brillo fluorescente. Sin pensarlo di un gran suspiro. Era una noche magnífica.

David había estado callado desde hacía un rato. Había dicho todo lo que sabía.

Yo tenía ganas de estirarme y hacer algunos movimientos de Tensegridad. Había estado sentado y sin moverme lo que me parecía una eternidad, pero se hacía tarde y todavía tenía que manejar un buen rato para llegar a casa.

—David, tengo que irme —dije parándome. Caminé a la ventana que estaba abierta, aún maravillado por la fluorescencia de la noche exterior.

—Me dio gusto volver a verte —dije, desde el fondo de mi corazón.

—Igualmente, igualmente —coincidió David, entusiasta.

Se había parado al mismo tiempo que yo y me acompañó a la puerta. Nos dimos un abrazo de despedida.

—Deberíamos de estar en contacto —sugerí.

—Claro que sí —coincidió de nuevo.

—Gracias por el té y todo —dije alejándome, mientras caminaba por el corredor hacia el elevador.

—De nada.

—Adiós.

—Dale un beso a Carmela de mi parte.

—Así lo haré. Adiós.

El elevador se abre con sonido que hace "bing". Entro. Siento el suelo elástico, haciendo que me mueva de arriba a abajo por unos segundos. Sonrío. Siento un pequeño jalón y un cambio en la gravedad cuando empieza a moverse. "Bing" otra vez, cuando se abren las puertas en la planta baja. Veo marcos rosas alrededor de las puertas de vidrio que tengo frente a mí. Respiro profundamente una vez afuera, en el aire fluorescente. Veo la luna arriba de mí, entrecerrando los ojos.

Mi auto. Grande, blanco, amigable, familiar. Otro "bing" que me recuerda que tengo que ponerme el cinturón de seguridad. Avanzo por calles vacías. Calles amplias. Después muchos carros. El aire de la noche me llega a través de las ventanas abiertas. Se siente bien. Manejo por el puente hacia el segundo piso de la autopista. El océano está a mi derecha, iluminado por la luna. Inmenso. Otro océano, pero de luces, a mi izquierda. Muchos carros. Todos de formas diferentes. Todos con luces. Diez carriles. Hermoso. Increíblemente hermoso. Todo respira fluorescencia. Los edificios, los anuncios, las colinas. Ocho carriles ahora, haciéndome dar la vuelta. Una motocicleta que me pasa rápidamente. Emocionante. El ruido de su motor. Muchos ruidos, todos juntos y cambiando, siempre cambiando. Mi mano juega con el viento fuera de la ventana, desviando el aire hacia mi cara. Ya no puedo ver el océano. Sólo luces. Pocas estrellas. Hay montañas hacia mi izquierda.

Un laberinto de calles y puentes se inunda de luz. Es tan hermoso. Paisaje industrial, respirando fluorescencia. Una recta. Acelero. Emocionante. Vuelo solo. Respiro profundo. Señales. Desciendo en esta rampa. Me paro en un alto. Silencio. Sólo el "tic tac" de la direccional. Calles vacías. Alumbrado público. Lugares de comida rápida. Centros comerciales. Calles silenciosas. Parques. Mi casa. Silencio. Silencio profundo. Camino. Enciendo la luz. Veo la sonrisa de Carmela. La abrazo feliz.

Mi encuentro con David había sido una experiencia monumental. Todo había colaborado perfectamente para producir la mayor disonancia cognitiva de mi vida. Como resultado, mi mente ha perdido su paso, por decirlo de alguna manera, y nunca será la misma. Ninguna de las revelaciones de David ha sido en verdad una sorpresa. Fue la precisión y la intensidad, y particularmente el momento en que todo sucedió, y el lugar donde sucedió, que lo hizo todo tan mágico y poderoso. Estaba al tanto de que el Nahual tenía relaciones sexuales con la mayoría de su séquito femenino, mientras a nosotros nos recomendaba la abstinencia. Siempre asumí que una parte importante de su historia contenía una gran cantidad de invención y creatividad, para explicar mejor algunas cosas. Y yo ya tenía mis propios problemas con algunas de sus características y con aspectos menos trascendentales de su búsqueda. Pero mientras todo esto seguía siendo una suposición, especulación o inconsistencia ocasional, era fácilmente reprimido y rápidamente olvidado.

Sin embargo, cuando David lo organizó todo coherentemente y lo vi en conjunto con datos y detalles, se volvió una historia independiente, válida y comprensiva. En esta historia se podía ver cómo la ética convencional había sido violada repetidamente y, desde un punto de vista convencional, no muchas cosas positivas habrían podido ocurrir de una relación con Carlos Castaneda. Así era.

Así que, para cualquier cuestión práctica, la historia con que David había iluminado los aspectos terrenales de la vida del Nahual, era cierta. Pero también estaba la historia de mis propias experiencias, de esos años respirando la magia, del valor tangible de la recapitulación, de la Tensegridad, la impecabilidad, el propósito y, sobre todo, el entusiasmo y la alegría de navegar en armonía con el universo. El mismo departamento seguía imbuido de las incontables horas que pasamos ahí practicando Pases Mágicos y teatro brujo. Todavía despedía el olor de años de mi inflexible propósito y mi profundo deseo de transformación. Y la magnificencia de la luna llena (un gesto generoso del espíritu) había servido como un amplificador, un signo de admiración, que subrayaba esta oportunidad única y la mantenía en su lugar.

La oportunidad, por supuesto, tan poco intuitiva como la haya experimentado nuestra mente dual, era permitirle a las dos verdades ser ciertas. Teníamos que renunciar a lo certero y hacer de estas dos historias los pilares de un camino al silencio y a la libertad. Y después caminar por él. Eso era todo.

"¡*Gracias!*"

Aunque este evento produjo el periodo más largo de paz y silencio interior que he experimentado, esto no me dio la libertad. El Nahual y su campo de fuerza ya no estaban y yo me sentía severamente debilitado. Pero no había olvidado nada. Así como lo había estado haciendo todos estos años, yo seguí practicando Tensegridad todos los días, y trataba de ser impecable en cada cosa que hiciera. No había nadie que me vigilara, nadie que me recordara la humildad, sólo seguía siendo una forma natural y efectiva de actuar. Estaba profundamente desorientado, tal vez incluso desilusionado, después de dieciocho años de búsqueda obsesiva, pero aún me sentía fuertemente determinado. El problema es que ahora no tenía objetivo. Tal vez sólo lo hacía por el hecho de hacerlo. Al Nahual le hubiera gustado eso.

La disonancia cognitiva que produjo los eventos en el departamento de David había hecho que mi aprendizaje culminara. Me sentía transformado. Había un elemento de paz en mi vida que nunca había experimentado antes. Los signos exteriores de mi transformación eran un nombre nuevo, una nueva esposa, una nueva vocación, una nueva casa e incluso un nuevo auto.

Victoria y yo nos habíamos ido distanciando después de habernos mudado a diferentes casas al llegar a Los Angeles. Al principio todavía salíamos juntos, como novios, lo que fue muy emocionante después de diez años de matrimonio. Yo pasaba por ella o al revés, y después de cenar o de ver una película nos invitábamos mutuamente para la proverbial "tacita de café". Pero poco después se mudó con el séquito femenino del Nahual, y después de eso los dos estuvimos enfocados completamente en la dinámica de nuestro mundo mágico. Al final esta dinámica nos alejó completa e irreversiblemente, al menos en el sentido convencional. En un nivel más profundo, sin embargo, fuimos muy afortunados al poder seguir conectados. Seguimos experimentando dicha al compartir nuestras experiencias de navegación después de todos estos años, y el constante e inflexible propósito de Victoria aún es invaluable en mi trayecto.

Poco después de haberme mudado a Los Angeles empecé a estudiar medicina oriental. Primero sólo por curiosidad, después con una pasión creciente. Originalmente quería trabajar como académico, enseñando sobre psicología cognitiva, pero la belleza del paradigma energético que es la medicina oriental, y particularmente la acupuntura, pronto eclipsó mi fascinación con la psicología y la cognición. Carol Tiggs era acupunturista, y varios de mis aprendices estaban estudiando eso. Fue una conclusión natural. Como acupunturista uno trabaja con la matriz energética que se encuentra debajo del cuerpo, y con el tiempo esta disciplina facilita la percepción de la energía en general, que es la base de mi forma de ver la vida.

Carmela era una compañera que llamó mi atención por su aparente ciclicidad con Renata, Victoria y Carol Tiggs. En el mundo donde vivía entonces este era un descubrimiento significativo, y me sentí obligado a hacer algo al respecto. Mi impulso inicial era reclutar a Carmela para nuestro mito invitándola a un seminario. Pero no tenía idea de cómo hacerlo. Nunca habíamos cruzado una mirada y no iba a poder explicar el por qué de la invitación. También se me ocurrió seducirla al estilo de los brujos, como un deber de guerrero, por decirlo de alguna manera. Ésta, al parecer, había sido una práctica común en el mundo del Nahual, cuando se trataba de reclutar guerreras. En ese entonces no tenía ganas de iniciar una relación, ya fuera romántica o sexual. Me sentía completo en mi dedicación y en mi búsqueda dentro del grupo mágico. Hubiera requerido demasiado esfuerzo para transformar la relación que Victoria y yo teníamos. Así que, para decirlo en palabras del Nahual, necesitaba a una mujer tanto como una bala en la cabeza.

Seducir a Carmela como medio para integrarla al grupo sonaba interesante, pero ni siquiera lo intenté. Era una mujer atractiva, joven, dieciséis años menor que yo, y se había casado recientemente. Sólo la veía una vez a la semana, en una clase, y hasta entonces ni siquiera sabía que yo existía. Me di cuenta de que para seducirla se requería de un verdadero brujo y no sólo de un aspirante que ya no podía seducir jovencitas con facilidad. Por ello decidí olvidarme del plan.

El propósito, sin embargo, tiene su propio camino y se encargó de que el siguiente semestre tuviéramos el mismo espacio en nuestro intercambio en la farmacia de hierbas de la clínica escolar. Esta farmacia era un lugar de olores maravillosos con cientos de hierbas exóticas emitiendo una verdadera sinfonía de esencias que saturaban todo el campus. Originalmente mi plan era ir a la universidad sólo por curiosidad. Tomar algunos cursos introductorios sobre los meridianos y la energía en la medicina oriental, pero el encantador olor que salía de la farmacia era tan adictivo que terminé quedándome para el programa de cuatro años.

Carmela y yo estábamos llenando prescripciones para la clínica, pesando, cortando, oliendo e investigando juntos algunas hierbas y, naturalmente, empezamos a conocernos. Me impactó su calidez humana desde la primera vez que hablamos. No había rastros de hipocresía en ella, y me gustó muchísimo. Rápidamente nos hicimos amigos. Un día nos pidieron que cortáramos una gran cantidad de gusanos de tierra en pedazos pequeños. Además de plantas, la medicina china incluye minerales y partes de animales. Los gusanos de tierra algunas veces son usados como ingredientes en fórmulas para bajar la presión. Debido a que encontrar un gusano en su medicina puede molestar a más de un paciente, los gusanos son por lo general cortados en pequeños pedazos para que no se distingan con el resto de la fórmula.

Carmela y yo estábamos sentados en nuestros banquitos en la parte trasera de la farmacia, diligentemente cortando gusanos con las tijeras y hacíamos bromas y nos reíamos de nuestra extraña tarea. Nuestros cuerpos casi se tocaban y lo particular de la situación hizo que fuera un momento especial. Por un lado nos sentíamos como niños, jugando en un arenero, haciendo cosas prohibidas, y por el otro estábamos muy contentos y nos hubiera gustado que la tarea durara para siempre.

—Me gusta cortar gusanos contigo —dijo Carmela inocentemente, con una sonrisa.

—A mí también —le contesté después de una breve pausa— me gusta mucho.

Pronto éramos inseparables en las pocas horas a la semana en que teníamos que trabajar juntos, y un día, mientras hablábamos de diferentes modalidades de masaje, estuvimos de acuerdo en trabajar con nuestros cuerpos alguna vez. Esto era algo común entre los estudiantes de acupuntura, debido a las muchas técnicas que existen, como la Shiatsu, la Reiki y la Tuina, todas parte de la medicina oriental. Los dos éramos masajistas con licencia y con un aceptable grupo de clientes, y habíamos intercambiado masajes con otros estudiantes antes. Así que, al menos superficialmente, no había nada extraordinario en que Carmela viniera a mi departamento un jueves en la tarde después de clases, para que le diera un masaje Shiatsu. Yo había instalado un cuarto de masajes en mi casa, aislado de la parte en la que vivía. Cuando llegó me uniformé con pantalones y playera blancos. Por algún motivo pensé que no llegaría, pero lo hizo a tiempo.

He desarrollado mi propio tipo de masaje, combinando elementos de las técnicas Shiatsu y Reiki. Cuando se lo hice lo di todo, profesionalmente hablando, y fui lo más impecable posible. El siguiente jueves Carmela me dio el masaje a mí, y pronto el jueves se volvió mi día favorito. Después de cada sesión nos dábamos un abrazo de despedida y cada día ese abrazo duraba un poco más. Pasaron varios meses y nosotros parecíamos no darnos cuenta de lo que estaba pasando, hasta que uno de esos jueves, después de un abrazo particularmente largo, nuestros labios se tocaron, como por accidente. Nos reímos y seguimos como si nada hubiera pasado. Pero durante la siguiente sesión, casi por reflejo y fuera de control, le besé los dedos del pie a Carmela mientras le estiraba su pierna. No la retiró y, como consecuencia, todo el profesionalismo, la razón y la prudencia huyeron por la ventana. La cargué de la mesa, así desnuda como estaba bajo la sábana, y la llevé al segundo piso de mi departamento, donde rompimos todas las reglas.

Pocas semanas después fuimos a unas cabañas que eran administradas por un indio norteamericano que sabía de medicina, en las montañas de Santa Mónica. No hubo luna esa noche y el brillo de las estrellas que nos sorprendió al salir de nuestra cabaña fue indescriptible. Estuvimos en una ceremonia de purificación que fue muy intensa, y nos sentíamos lúcidos y presentes. La noche era fría a esa altitud y el calor se alejaba rápidamente de nuestros cuerpos. Nos vestimos y le di a Carmela mi chaqueta de piel para que se calentara. Era muy grande para ella y eso la hacía ver adorable. Mi corazón se abrió completamente y una ola del deseo más profundo hizo que la atrajera hacia mí. El olor del humo de la ceremonia aún se podía oler en su pelo y en su piel. Podía oler el cuero de la chaqueta, la maleza y el olor puro de su aliento mientras nos besábamos y nos abrazábamos aún más. Este momento primordial y eterno en la cima de la montaña fue perfecto. Me enamoré profundamente.

Esto no estaba planeado. Según yo los guerreros no podía enamorarse así. Todo guerrero intentaba no tener límites en su afecto, sólo podía sentirlo por los otros guerreros con quienes buscaba llegar al infinito y enfrentar lo desconocido. El guerrero también podía enamorarse de la tierra misma, cuando sus ojos se abren hacia la verdadera naturaleza de las cosas. Pero el inmenso amor que sentía por esta pequeña y adorable criatura envuelta en mi chaqueta de cuero no era parte del plan. De eso estaba seguro.

¿Ya había perdido el camino?

Pero incluso mientras cavilaba en torno a mi destino y los misteriosos caminos del propósito, un evento aún mayor hizo que el piso desapareciera debajo de mis pies. Pocas semanas después de que Carmela y yo nos enamoráramos y nos saliéramos del manual, Carlos Castaneda se fue y se cerró ese libro.

¿Ahora qué?

Nuestro mito había explotado, y cuando finalmente se disiparon las nubes de polvo, me encontré viviendo en una pequeña casa en Long Beach con Carmela, paseando a sus dos grandes perros tres veces al día. La burbuja había reventado y no podía seguir viendo la magia. Había perdido mi velocidad y mi dirección y tenía que reinventarme a mí mismo cada día. Nuestro grupo de jóvenes aprendices se había dispersado rápidamente, siendo víctimas de luchas de poder y otras locuras. Sólo quedaba un pequeño grupo de amigos, y todos tenían que reinventar sus vidas, igual que yo. Carmela, quien había podido disolver su matrimonio casi sin esfuerzo, era dulce, amorosa y me daba un apoyo incondicional. Mi nuevo propósito era hacerla feliz. Mi vínculo con el propósito había desaparecido. No tenía más percepciones para navegar y en un extraño momento de lucidez, decidí, desde el fondo de mi corazón, seguir a Carmela. Sin expectativas, sin preguntas.

Este fue el fin de mi vida como había sido hasta entonces.

Toda mi vida adulta, y particularmente los últimos dieciocho años, había estado gobernada por principios y dogmas. Mi mundo había estado lleno de opiniones, convicciones y reglas. Aunque no siempre había seguido los principios de este sistema de creencias, siempre supe qué era lo que estaba bien y lo que estaba mal.

No sé cómo Mona y Victoria pudieron soportar mi cerrazón entusiasta y mis búsquedas dogmáticas. Nunca había podido alejarme de mis creencias, y nunca me había podido poner a las órdenes de nadie, ni siquiera del Nahual. Y ahora, de repente, sin haberlo pedido, decidí rendirme ante Carmela para que me llevara hacia donde quisiera. Sencillamente pasó. Y lo que parecía un acto de derrota y fracaso, como lo sugería la opinión de muchos del antiguo séquito, resultó ser una de las decisiones más poderosas de mi vida.

No fue difícil seguir a Carmela. Parecíamos los dos lados de la misma moneda y empezamos a vivir juntos con una total ausencia de fricción o conflicto. Ella hacía cosas para hacerme feliz y la única vez que recuerdo que mi nueva actitud ante la vida fue puesta a prueba fue un día que me emocionó la idea de comprarme una motocicleta nueva.

—Estoy pensando comprarme una motocicleta nueva —dije mientras estábamos cenando— Metí mi moto al taller hoy, y mientras estaba esperando a que terminaran el servicio vi el modelo nuevo de la Honda Shadow en la agencia. Está increíble, verdaderamente hermosa. Me gustaría que la vieras mañana.

—Claro —dijo sonriendo Carmela— No sabía que querías una motocicleta nueva.

—Bueno —me reí— tal vez no la necesito, pero espera a que la veas. Te va a encantar, te lo aseguro.

Al día siguiente, al ir a ver la motocicleta, pasamos por una agencia de coches Chrysler. Al pasar Carmela señaló un LHS plateado que estaba en exhibición.

—Mira —dijo—, ¿ese no es el carro que rentaste hace un mes? ¿Te acuerdas? Cuando fuimos a San Francisco al taller de Tensegridad.

—Ah sí —contesté—, ¿quieres que lo veamos?

—Claro, por qué no —dijo Carmela emocionada.

A los dos nos había gustado mucho el carro al manejarlo en el norte de California después del taller.

—Hola, mi nombre es Greg, pregúntenme si tienen alguna duda.

No habíamos visto el auto ni un minuto cuando ya había llegado el vendedor. No esperó a que le preguntáramos nada. Sin tener verdaderas intenciones de comparar terminamos regateando con Greg. Después del ritual nos preguntó:

—Muy bien, ¿cuánto es lo que pueden pagar? ¿Cuánto están dispuestos a pagar cada mes durante tres años?

No lo pensé mucho, sólo dije una cantidad cien dólares menor a la que habíamos alcanzado después del regateo. Básicamente quería que terminara el juego y marcharme. Hizo una cara de fastidio.

—Déjenme ver qué puedo hacer —ya no sonreía cuando se fue.

Miré a Carmela con el ceño fruncido.

—¿Crees que debemos comprar un auto en lugar de una moto?

—Lo que tú quieras mi amor —dijo acariciándome la mano— Una moto está bien para mí también.

No podía ser más sutil, pero era obvio qué era lo que quería y tenía razón. Necesitábamos más un auto nuevo que una motocicleta.

—Vamos a ver qué nos dice —traté de no pensar más en eso mientras regresaba Greg.

Salió de la oficina con una enorme sonrisa y con dos signos de asentimiento. Dejé de soñar con la moto.

—Lo lograron chicos —dijo—, no pensé que se pudiera, pero lo hicieron… —y nos contó una larga historia que al parecer tenía que hacernos sentir especiales y muy suertudos.

Sabíamos regatear, pero después de hacer cuentas descubrimos que en realidad habíamos ahorrado muchísimo. Ya ni siquiera fuimos a ver la motocicleta. Nos regresamos a casa manejando un auto nuevo.

—Oye, ¿ese carro no es el que te gustó mucho cuando lo rentaste hace un mes? —eso fue todo lo que dijo.

Me gustaba esta nueva dinámica, y celebré imprimiendo un letrero que puse sobre mi escritorio. Todo lo que decía era: "¡Aquí manda Carmela!"

Hace apenas unos meses yo era un guerrero valiente, cuidaba de las brujas y asistía a reuniones mágicas y secretas con el Nahual. Estaba listo para dejar este nivel de la existencia, quería navegar el mar de la conciencia hacia un universo paralelo. No sentía otra cosa que desprecio por los valores del orden social y, en particular, por las relaciones amorosas. Había estado viviendo en un sueño lúcido, inundado de sincronías y magia. ¿Y ahora?

Todas mis convicciones y certezas habían desaparecido. Sentía que no sabía nada, no podía ni siquiera pensar en las cosas cotidianas. No tenía energía para soñar, no tenía ambiciones ni planes. El único punto de apoyo en mi vida entonces era Carmela, a quien amaba profundamente. Pero había una parte de mí que no podía alegrarse con este amor. Por años el Nahual había ridiculizado el amor convencional de una forma muy agresiva, cosa que provocó la separación de muchas parejas, incluyendo la mía con Victoria. Tenía como misión ir en contra del amor y usualmente hablaba de él con burla y desprecio. Y aunque él ya no estaba, esta forma de entender el amor aún existía en mí. Algunas veces pensaba si en efecto había recaído y perdido el camino.

Como resultado, en esa época no estuve ni contento ni triste. Sólo estaba.

El propósito de dibujar la marea

El Nahual estaba en lo correcto, desde luego. Había algo intrínsecamente mal con el amor que puede convertirse en odio en un pestañeo. El "yo te amo si tú me amas" que todos conocemos tan bien, el amor necesitado y exclusivo que se aferra y posee. En lugar de eso, él quería que consideráramos un amor incondicional, o como él lo llamaba, el verdadero afecto de un guerrero impecable. Nos impulsó implacablemente a escribirnos unos a otros "cheques en blanco de afecto", como los llamaba. Pero mientras su guía concerniente a todos los demás aspectos del camino del guerrero eran siempre poderosamente vivos y convincentes, para ser honesto, no me parecía lo mismo con el concepto de amor incondicional. El elemento del corazón había sido extrañamente subordinado en nuestro reino mágico. Había pasión, desde luego, la pasión por la libertad y por desarrollar nuestro verdadero potencial. Había incluso una idea de despertar al afecto desinteresado por nuestros compañeros guerreros, mientras todos nos preparábamos para enfrentar el infinito. Pero a la larga siempre había desdén por el orden social. La compasión no estaba en el vocabulario de los hechiceros. Nunca sentí un golpe decisivo en mi corazón para abrirme incondicionalmente, para permitir un amor totalmente inclusivo y totalmente trascendente para ir con la corriente.

Es interesante que el corazón tampoco era muy enfatizado en la Tensegridad. En nuestro intento por reconfigurar y reorientar la energía a través del cuerpo con cientos de Pases Mágicos distintos, ignorábamos casi por completo el corazón. En el paradigma energético de la medicina oriental, hay cinco centros de energía distintos que gobiernan todos los procesos emocionales y psicológicos, y buena parte de la Tensegridad se ocupa de balancear y reforzar esos centros de energía. Pasé muchísimas horas haciendo los movimientos diseñados para energetizar los centros que correspondían a las funciones psicológicas como el poder y la motivación, coraje y confianza, firmeza y persistencia, o la habilidad de dejar ir. Pero había unos pocos movimientos que se enfocaban en las emociones asociadas al corazón, como la alegría, el amor y la compasión. Aparentemente este énfasis específico, o la ausencia de, había dejado su marca en muchos aprendices. Howard Y. Lee, un sanador comprometido y maestro de Kung Fu, había sido maestro de artes marciales de Carlos Castaneda por muchos años. El Nahual incluso le dedicó uno de sus libros, *El fuego interno*, a Howard:

"Quiero expresar mi admiración y gratitud a un maestro inigualable, H.Y.L., por ayudarme a restaurar mi energía y por enseñarme un camino alternativo a la plenitud y el bienestar".

Naturalmente, muchos de nosotros sabíamos que Howard no guardaba el secreto de esta observación, todos los practicantes de la Tensegridad que él había conocido tenían problemas consistentes con la energía del corazón, ya fuera presentando un estancamiento o deficiencias rotundas. Su observación no se refería al corazón físico, sino a una entidad funcional reconocida en la medicina energética. En términos simples, todos teníamos el corazón cerrado, de una forma u otra.

Carol Tiggs, la única miembro del círculo más cercano al Nahual que se había quedado atrás para entrenar a un grupo de aprendices que continuaran enseñando la Tensegridad, declaró un cambio mayor en el propósito y la práctica poco después de la muerte de Carlos Castaneda. De acuerdo a las palabras del propio Nahual, su única fuerza motivacional había sido el miedo, el miedo a perder su conexión con el propósito. Estaba aterrado de perder el paso y caer nuevamente en una vida desconectada de la fuente. Estaba en su entendimiento que como guerreros en una búsqueda por la libertad total, sólo teníamos una cantidad limitada de flexibilidad en la vida y podíamos fácilmente caer del tren, por decirlo de algún modo, y nunca subirnos de nuevo. En este escenario su fuerza de movimiento tenía que ser el miedo.

Carol había estado en profundo desacuerdo con esta predilección del Nahual e hizo un esfuerzo tremendo para introducir el amor como una nueva fuerza motivacional para cualquiera que continuara el camino del guerrero. El amor a la vida, el amor por la libertad y el amor por sí mismo. La Tensegridad se enseñó con un nuevo énfasis e incluso el desprecio al amor convencional y el afecto fue abandonado. Siento que es importante ver nuestras relaciones personales de amor común sin la decepción de lo que realmente son: se alimentan de imperativos biológicos, son intrínsecamente egoístas, posesivas y usualmente exclusivas. Pero fuera de todo eso, pueden cargar la semilla de despertar al amor, que es en esencia la vida misma. Salir a patadas de esta tentativa de amor ordinario para ir a buscar la cosa real puede ser un error, puede "salir más caro el caldo que las albóndigas". Es mejor conservar ese pedazo pequeño de amor imperfecto que hay dentro de nosotros e intentar extenderlo mientras dejamos ir todo lo que obstruye su camino.

¿Al Nahual le salió más caro el caldo que las albóndigas? ¿Falló su enseñanza por no abrir nuestros corazones? No lo sé. No puedo verlo en términos de correcto o incorrecto. Para mí él era una fuerza de la naturaleza que despertó en mí de un sueño pequeño y predecible y me llevó en un viaje de conciencia que parecía tener posibilidades infinitas. Y las posibilidades implican tomar decisiones. Tal vez abrir el corazón es una opción que tenemos que tomar nosotros mismos. El viaje de un guerrero definitivamente tiene que seguir un camino con el corazón, pero tal vez no sea *el camino del corazón*.

De acuerdo con el Nahual, un camino del corazón es un camino que hace un viaje placentero; es un camino con el que somos uno, un camino que nos hace fuertes. Y sólo en un camino con corazón estamos al máximo. Él escribe: "es la elección consistente del camino del corazón lo que hace a un guerrero diferente del hombre promedio. Él sabe que un camino tiene corazón cuando es uno con él, cuando experimenta una enorme paz y placer atravesando todo el recorrido".

Sin duda, seguir un camino del corazón es la única manera de ir, pero dependiendo de la predilección de cada uno y de su propósito, puede llevarte en muchas direcciones distintas. Al final, el camino del Nahual lo llevó a perseguir el intento de dejar este mundo con vida e intacto. Él percibía nuestra realidad como un sueño colectivo, y vio la posibilidad de moverse en un sueño colectivo como grupo, separado del resto. Como soñadores lúcidos consumados, él y sus seguidores vivían en un mundo de universos paralelos, e incluso si este intento era absolutamente audaz, no parecía imposible.

Yo estaba intrigado y fascinado con el propósito del Nahual, pero no lo compartía. Él me llevó en un viaje de conciencia y entendimiento sin precedentes, pero en el fondo de mi corazón, yo no tenía interés en perpetuar mi ser individual. Mi propio viaje, incluso mi práctica de sueños, habían formado mi propósito de forma diferente. Con el paso de los años he vislumbrado brevemente algo que percibo debería ser la naturaleza esencial de la realidad. Estos incidentes han definido mi anhelo más fundamental y mi propósito.

Uno fue la experiencia definitiva de una conciencia, o unidad, indiferenciada e irreflexiva, que tuve durante mis prácticas exploratorias del sueño en Tucson. El entendimiento resultante puede expresarse solamente por sí mismo en las más profundas y genuinas liberaciones de risa que pueda imaginar, y cambió mi forma de ver el mundo para siempre. Más que otra cosa, yo no me permitía seguir tomándome en serio la idea de que yo era una entidad exclusiva y separada. Por eso, poner todo mi propósito en perpetuar mi ser individual parecía contraintuitivo, por decir lo menos.

Otra experiencia que influenció mi propósito tenía que ver con el fenómeno de la compasión. Al pasar de los años mi navegación me guió para integrar la sabiduría Budista y sus estrategias a mi viaje. Yo había estado interesado en el Budismo principalmente por las técnicas con las que pretende el silencio y el control de nuestro compulsivo diálogo interno, o para "domar al mono", como la metáfora Zen describe este proceso. Pero en lugar de domar la mente del mono con meditación y concentración, la práctica de la compasión es considerada igualmente indispensable en el camino para despertar a la iluminación. La compasión nunca me había resonado mucho, no como una enseñanza espiritual particularmente. Si la veía como algo que tenía que generar dentro de mí, incluso si no la sentía, me parecía vacía. Nunca la consideré como mucho más que algo vacío, aunque noble, un deber ético, como la caridad. También la pensaba como una categoría más de la lástima, que me parecía un sentimiento indeseable, que venía de una percepción de superioridad que perjudica el espíritu.

Como sea, un día todo esto cambió inesperadamente y en las circunstancias menos esperadas. Estaba solo, limpiando mi casa en Tucson y escuchando la novena sinfonía de Beethoven. El volumen estaba en el máximo, y yo la estaba pasando bien. Beethoven es mi compositor clásico favorito, y algunas partes de la novena sinfonía definitivamente tienen el potencial de mover mi punto de ensamblaje. Aunque las vocales nunca han sido mis partes favoritas. Se sienten disruptivas e incluso casi sin melodía a mis oídos, frecuentemente me jalan fuera del éxtasis. Este día, en cambio, no me molestaron, e incluso me encontré cantando con las letras germanas de la oda a la alegría.

—Alegría, hija de Elysium… todos los hombres se volverán hermanos bajo tu gentil ala. Serán abrazados, ¡millones! ¡Este beso para todo el mundo! ¡Alegría, hermosa chispa de los dioses! Hija de Elysium, ¡Alegría, hermosa chispa de los dioses!

Y mientras cantaba las alabanzas a la alegría una y otra vez en mi lengua nativa, y mientras celebraba la felicidad y alegría con el coro en lo más alto de mis pulmones, repentinamente me agrieté y cuando la sinfonía terminaba poderosamente, me quedé en medio del cuarto llorando desconsoladamente. Sin ningún esfuerzo de mi parte, mi corazón y mi mente repentinamente explotaron como una burbuja de jabón, haciéndome sentir y entender cómo cada uno de los seis billones de seres humanos alcanzan a ser felices, en cualquier forma posible. Fue como si hubiera visto billones de ojos deseando ser felices, billones de brazos tratando de alcanzar la felicidad desesperadamente, como niños que quieren a su mamá. Somos todos iguales, tan iguales... Un dique roto que se revienta en un océano de amor, abrazando a todos y a todo. No había presión, no había esfuerzo, no había diferenciación, sólo amor incondicional.

Ahí me di cuenta de que la verdadera compasión no puede ser practicada. Tiene que emerger por sí misma del entendimiento y de una mirada profunda. Pero sólo con paciencia, comportándonos con compasión puede llegar a ser un ejercicio poderoso del propósito que no comparta los aspectos perjudiciales de la lástima. Tiene que ser expresada en gestos y acciones que no se desplieguen como una actitud. Y de esta forma, practicar la compasión puede ser algo más que un medio para aliviar el sufrimiento incidental. Puede preparar el camino para nuestro despertar, para recordarnos nuestra unidad esencial.

Tal vez el incidente más definitivo en este contexto sucedió una vez mientras meditaba en el desierto afuera de nuestra casa en Tucson, Arizona. Mi lugar favorito de meditación era en una enorme roca en medio del río que corría en temporada en la esquina de nuestra propiedad. Salvo por unas pocas semanas durante la temporada de monzones, el río, o lavado, como lo llamaban en la localidad, estaba seco la mayor parte del año. Estaba bordeado de una suntuosa vegetación desértica, y tenía su propia vida y energía. Sin ninguna reja u otro tipo de obstáculo humano, servía como un camino natural para la extensa vida salvaje del desierto. Coyotes, venados, cerdos salvajes y ocasionales gatos enormes, todos usaban el río para bajar de las montañas en sus excursiones nocturnas.

Naturalmente, el lavado estaba lleno de rocas, algunas de ellas lo habían tallado y dado una forma hermosa a través de las eras en la corriente intermitente. Mi piedra favorita estaba justo en el centro del lavado, creaba una pequeña isla detrás de sí, donde un árbol de mesquite saludable podía poner hacia abajo sus raíces. Las ramas del árbol le daban sombra casi todo el día, haciendo el perfecto descanso o lugar de meditación que no obstruía la vista de las magnificentes montañas Catalina, que se levantan casi tres mil metros hacia el Norte. Pasé incontables horas en este lugar mágico, particularmente hacia el atardecer o durante las noches con luz de luna. El lavado estaba usualmente unos grados más frío que el desierto alrededor. Especialmente en las tardes, uno podía sentir el aire fresco flotando a través del río, que venía bajando de las montañas como una corriente, y al alcanzar la sensibilidad y conciencia durante la meditación, esto podía ser toda una experiencia. Ahí estaba yo, sintiéndome más cómodo en mi postura de meditación, disfrutando los últimos rayos del sol que estaba a punto de ponerse detrás de las montañas de Tucson a mi izquierda. El lavado estaba solamente a diez metros, amplio y bastante profundo alrededor de este sitio particular, y la brisa se llevaba los últimos murmullos y sonidos de la civilización. Sentí el grueso aire de montaña pasando gentilmente sobre mí, alertando mis sentidos al mundo separado del río y su despertar en la penumbra. Mis ojos estaban entreabiertos mientras enfocaba mi atención en mi respiración, y en poco tiempo me mezclé con la roca, el lavado y el fragrante desierto a mi alrededor.

En algún punto mis ojos se abrieron por su cuenta, y me vi saliendo de mi pose y mirando a mi alrededor. No había pensamiento discernible, y fue solamente cuando di mi primer paso lejos de la roca que me di cuenta del cambio. Todo había cobrado vida a mi alrededor, o en su lugar, yo me había dado cuenta de repente de que mi alrededor siempre había estado vivo, pero no lo había visto. Era un desafío poner mi pie abajo. Todo, absolutamente todo a mi alrededor estaba vivo, colectiva e individualmente al mismo tiempo. Caminé lentamente hacia arriba del río de la forma más cautelosa, disculpándome con el mundo a mi alrededor. "Lo siento, lo siento", seguía repitiendo desde el lugar más profundo de mi corazón.

Perdón no tanto por pisar todo, pero por todas las veces anteriores, por toda mi vida, en la que estuve tan dolorosamente inconsciente de esa conciencia que estaba aplastando todo el tiempo. La conciencia alrededor era tan intensa que se sentía como si estuviera caminando encima de un enorme ojo, por no tener una mejor analogía. Dejé mi cabeza hacia abajo como signo de vergüenza como si eso evitara la mirada del mundo. Como un toro dentro de una tienda china había estado pisoteando todo mi alrededor en mi atareada vida, completamente ajeno a la realidad más fundamental de todas. Todo, absolutamente todo está consciente, sumergido en conciencia, hecho de conciencia, consciente, vivo, y mirándome, consciente de mí, y todavía más impresionante, disfrutando el verme consciente. No había un solo rastro de juicio de mi parte, ni siquiera el más leve signo de reproche o culpa. Yo había estado pisoteando toda la faz de la tierra durante toda mi vida, mis sentidos se conectaron firmemente con una corriente interminable de pensamientos, ideas y preocupaciones. Pero todo lo que el mundo hizo de vuelta, ahora que finalmente me había atravesado, fue regocijarse en el gusto y darme la bienvenida a casa con un cariño ilimitado. Todo lo que podía ver y sentir era amor.

No duró mucho. Los pensamientos se apresuraron tratando de comprender y cancelando efectivamente mi percepción. No tengo recuerdos de mi transición de vuelta a la conciencia usual. Cuando escalé los montículos del lavado hacia mi casa todavía estaba consciente de cada movimiento, pero estaba solo de nuevo. La viveza había desaparecido como un espejismo. Seguí mirando a mi alrededor, haciendo señas, mirando, enfocándome en mi respiración, pero sin éxito. En retrospectiva, mis intentos por reconectarme con la mente del mundo, me recuerdan a cuando uno mira fijamente a uno de esos hologramas "Ojo mágico" que revelan una imagen en tercera dimensión si cruzas tus ojos correctamente. Pero no importa cómo cruzara mis ojos y estirara mi mente, la conexión se había ido.

Ninguno de estos incidentes duraron o se repitieron. Si yo pensara en la vida como un juego, un tesoro que encontrar, sólo me habría sido permitido levantar los aromas, los respectivos aromas de la unidad, la compasión y el amor universal. Había sido una buena y sostenida muestra cada vez, y ahora parecía que era mi labor encontrar y seguir el rastro.

Como sea, mi mente pensante tenía poco interés en seguir ese rastro. No podía negar que las tres instancias habían sido profundas y absorbentes. No era posible argumentar en contra de moverse hacia la dicha de la unidad y el amor incondicional. Pero era todavía más profundamente consciente de su propio destino en este escenario. Al final, simplemente no había espacio para la reflexión mental que yo tomé como mi identidad. Mi pensamiento podía o no podía ser confiable para guiarme en la dirección correcta. Tuve que seguir viejos instintos y las artimañas del propósito para jugar su juego.

El propósito es la varita mágica

Nunca dejó de intrigarme por el poder del propósito. El propósito es el algoritmo psicológico intrínseco que da forma a nuestras vidas, aunque estemos conscientes de ello o no. Haciendo una analogía con la computación, creo que nuestro propósito es un conjunto de programas y procesadores que están funcionando en el inconsciente: es el navegador que hayamos instalado, los antivirus, lo que bloquea las ventanas, las protecciones, todos los otros aditamentos y programas. Todo, individualmente y en conjunto le dan forma a nuestra experiencia computacional. Algunos programas los elegimos con cuidado, algunos ya vienen instalados y otros los bajamos sin siquiera saberlo.

Pero así como compramos una computadora nueva cada cierta cantidad de años, y así como podemos reiniciarla, limpiarla, darle mantenimiento y defragmentarla con el "clic" del ratón, con nuestra vida es mucho más difícil. Los programas y los algoritmos de la vida son nuestras creencias y patrones de pensamiento. Todos juntos conforman nuestro propósito, le dan forma a nuestra vida. Creencias conflictivas y patrones de pensamiento pueden tener el mismo efecto en nuestra vida como un programa mal instalado: nos frustra y no funciona.

Sin embargo, al darnos cuenta de este mecanismo podemos ponerlo a trabajar a nuestro favor y el propósito se convierte en la herramienta más poderosa que pueda existir: una verdadera varita mágica que nos da la capacidad de cambiar nuestra realidad. Por supuesto que sólo podemos manipular nuestro propósito particular, el cual debemos alinear con el propósito colectivo de nuestra especie y con el propósito general del universo. Esto si queremos alcanzar la paz última y la satisfacción.

Como parte de la conciencia creadora universal, nosotros estamos creando con ella nuestra realidad a través del poder de nuestras creencias y de nuestros patrones de pensamiento. Para poder vivir la mejor vida que podamos imaginar tenemos que crear y cultivar un sistema de creencias y su propósito, para que pueda manifestarse esa vida. Podemos intentar "reiniciar" nuestro "sistema operativo" con retiros de silencio, bautismos y otros rituales de transformación, pero la verdad es que es muy probable que los viejos patrones, los programas y las convicciones prevalezcan. La recapitulación es una técnica excelente para hacer un inventario y limpiar en el proceso. Además podemos usar otras técnicas, más contemporáneas, como la programación neurolingüística, los mensajes subliminales y las películas mentales para reprogramar y volver a escribir la mayor parte de nuestro subconsciente condicionado.

Estos métodos contemporáneos para redefinir y afinar nuestro propósito están basados en lo que se llama "ley de atracción", un concepto que se ha popularizado mucho recientemente. Básicamente señala que las creencias, pensamientos y las acciones tienen energía y atraen energía. Yo prefiero pensar en ello como una ley de manifestación o ley de co-creación. El concepto de atracción introduce una división innecesaria y contraintuitiva entre nosotros y el universo, previniéndonos esencialmente de una evolución espiritual. Utilizar esta ley o dinámica de co-creación conlleva dos componentes básicos.

Primero, tenemos que saber qué queremos manifestar, teniendo en mente que no será prudente formular un propósito personal que esté en conflicto con lo que percibimos que es el propósito universal. Después, queremos exponer nuestra mente inconsciente a un máximo de energía mental y emocional para que pueda ser parte de nuestro intento. Idealmente, queremos sentir como si el estado que buscamos, o su objeto, ya se hubiera manifestado. La mayoría de las técnicas de manifestación operan inundando nuestra percepción subconsciente con un guión y con imágenes que describen y representan lo que estamos buscando. Mientras más sea la energía emocional que conectemos con el nuevo guión será mejor, ya que determina la fuerza de las nuevas conexiones neuronales que estamos creando mientras nos reprogramamos.

Los pasos que se requieren para llegar a este estado es mejor dejarlos en manos del universo y luego descubrirlos utilizando estrategias de navegación. Esencialmente, el propósito es la destinación que programamos en nuestro propio sistema de navegación.

El colapso de nuestro mito y la disonancia cognitiva resultante "reiniciaron" mi vida, pero yo no sentía que había necesariamente renacido. La emoción que yo asociaba con el renacimiento no estaba ahí. Mi estado emocional parecía un limbo más que otra cosa. Me sentía suspendido, sin energía, y antes de cambiar de velocidad, algo en mí quería saber para qué, con qué objetivo iba a hacerlo. Hubiera sido un momento idóneo para definir y alimentar mi propósito, pero eso no era lo que estaba pasando. Esa parte mía que cultivaba mi propósito se había desvanecido, al mismo tiempo que mi concepto de lo certero, y mi primera decisión real fue dejarle a Carmela que tomara el curso de nuestras vidas. Entre más lo pienso más claro lo entiendo: es una de las decisiones más importantes de mi vida. Por primera vez no todo era sobre mí, y esto, por supuesto, es un propósito poderoso en sí mismo. No recuerdo ni siquiera haber cambiado de velocidad. Después de haber estado conduciendo por un rato, el carro empezó a acelerar solo. Imperceptiblemente al inicio, pero después adquirió una velocidad hermosa. No lo sabía en ese momento, pero finalmente había conectado con el campo gravitacional de lo etéreo del universo mismo. Había encontrado "la marea que se dibuja", una imagen tomada de uno de mis poemas favoritos de David Whyte, la "Canción del salmón":

> Pero ahora que he hablado de ese gran mar,
> el océano de deseos se transforma a través de mi
> la bienaventurada estrella interior de la navegación
> se mueve por encima, en el cielo oscuro,
> y estoy listo como el joven salmon para dejar su río,
> bendecido con el ansia de un gran viaje sobre el dibujo
> de la marea.

La increíble fascinación y el mágico mundo del Nahual habían dirigido mi travesía durante muchos años con la promesa de la aventura, la libertad, el poder personal e incluso la audacia imposible de desafiar a la muerte. Me había atraído la búsqueda del guerrero, su camino de disciplina e impecabilidad, y eso me había guiado a un entendimiento vasto de la vida y su conciencia.

Pero finalmente requirió que el mundo del Nahual se destruyera para que mi espejo se estrellara. Necesitaba dejar ir todo para poder conectarme finalmente con la vida y con el propósito universal en pleno. Fue entonces cuando me encontré a mi mismo flotando en el espacio intergaláctico, lejos de cualquier fuente gravitacional, que la memoria suprimida del amor incondicional pudiera atreverse a despertar. Esto resonó a través de las grietas del espejo, que estaba conectado con el océano de amor que estaba afuera. Y el océano se alegró, y abrazó nuestra pequeña cápsula, y amorosamente nos empezó a empujar en la marea.

Cuando el Zen se une a la pasión

—¿Tienes alguna preferencia sobre dónde quieres vivir y abrir un consultorio una vez que tengamos nuestro título? —le pregunté a Carmela un día que estábamos en un embotellamiento rumbo a la casa.

—No sé, pero aquí no —dijo sin dudarlo— He vivido en el sur de California toda mi vida y creo que ha sido suficiente —añadió, haciendo un gesto de hartazgo ante el tráfico circundante.

—Está bien por mí —reí—, pero ¿a dónde quieres ir?

Carmela se quedó callada.

—¿Qué te parece Australia o Nueva Zelanda? —se me quedó viendo, curiosa, para ver cómo reaccionaba. Sus ojos denotaban nerviosismo.

—Mmm —pensé un segundo—, no sé qué se requiera para los papeleos de inmigración y esas cuestiones burocráticas, pero podemos investigar. Australia, Nueva Zelanda... interesante. Nunca lo hubiera pensado, pero me gusta la idea. Pensémoslo y veamos qué sucede.

Este era el trámite que teníamos cada vez que surgía una nueva idea. Una vez formulada sencillamente le poníamos un gran signo de interrogación. Yo podía ver cómo, literalmente, lanzábamos la idea al aire y luego yo me ponía en un estado receptivo para ver si algo "caía" de ella poco tiempo después para hacerla viable. En este caso no pasó nada significativo. El papeleo resultó no ser un problema y los obstáculos de inmigración parecían fácilmente sorteables. No recibimos indicaciones particulares así que no tenía caso seguir pensando en eso. De todos modos, había mucho tiempo antes de tener que tomar una decisión.

La mayor parte de nuestro propósito estaba dirigido hacia cultivar nuestra relación. Desde el inicio habíamos mantenido un máximo de concentración en cada una de nuestras interacciones, intentando utilizar nuestro amor como una herramienta para despertar la conciencia. Parecía poco adecuado aplicar una estrategia y tanto escrutinio a una relación tan joven en la que todo parecía estar en armonía. Pero descubrimos que es precisamente en estas etapas que parecen tan perfectas donde las semillas de la discordia y de los problemas futuros echan raíz. Comúnmente comienzan como bromas inofensivas, alguna palabra dicha sin pensar, o incluso con algún gesto de impaciencia. Un comentario frente a algunos amigos del tipo "ya sabes cómo son las mujeres" o "todos los hombres son iguales", puede ser el primer síntoma de un juego de poder inconsciente, poniendo las bases para una pésima relación.

Descubrimos que valía mucho la pena estar tan conscientes de todo lo que pasaba entre nosotros y estábamos determinados a seguir este camino. Escribíamos juntos y revisábamos nuestras declaraciones de propósito, creando una dinámica poderosa para permanecer conscientes y eliminar hasta el más mínimo signo de competencia o de superioridad moral que pudiera aparecer. Nuestras experiencias previas nos hacían creer que la simple e incesante conciencia en la comunicación de una pareja es la avenida espiritual más poderosa que existe.

Después de varios meses de gestación, mientras Carmela y yo estábamos creciendo como unidad, empecé a notar la reaparición de sincronías ocasionales. Eran esporádicas al inicio, nada comparables a las que experimentaba cuando la burbuja de energía que provenía del Nahual estaba intacta, pero había sincronías. Estas eran sólo percepciones, apenas distinguibles, pero sobresalían del trasfondo arbitrario de la vida cotidiana. Y una vez detectadas, yo me ponía en un estado que denomino "Encontrar a Waldo", es decir, me ponía a buscar eso que sobresaliera o que me hablara en la vida.

Los ejemplos no ilustran cabalmente la naturaleza de estas percepciones. Puede ser sólo el canto de un ave que subraya un pensamiento, una llamada telefónica inesperada de alguien que apenas mencionaste, una calcomanía o un espectacular que se relaciona con un problema que estás considerando, el reloj digital marcando 4:44 en el momento en que suena el timbre y es una persona especial. Particularmente hermosas son las olas sin precedente de luces verdes que nos dejan llegar a tiempo a una cita, o cuando recibimos un dinero con el que no contábamos después de haber hecho muchos gastos. Aunque este tipo de eventos aún ocurrían raramente, cada uno de ellos era como una pequeña chispa, despertando mi curiosidad y entusiasmo por la vida. Y poco tiempo después ya estábamos otra vez en el juego, embarcados en nuestra primera aventura de navegación importante. Nos mudamos de nuevo a Los Angeles.

Nuestra pintoresca casa colonial en uno de los vecindarios más antiguos de Long Beach había servido de capullo durante más seis meses cuando una serie de sucesos nos sugirieron mudarnos. El instante decisivo fue cuando la ex pareja de Carmela insistió en quedarse con Orion y Juno, el pastor alemán y dóberman que habían tenido juntos. Él se había mudado a una nueva casa con jardín amplio y ahí los perros podían ser mucho más felices que en nuestro pequeño patio. Fue algo difícil para Carmela, pero era lo mejor y más prudente, incluso para el bien de los perros.

Después de que se fueron la necesidad de mudarnos se hizo más grande y empezamos a abrir los ojos al universo. Pocos días después manejábamos por el Club Náutico, cuyas torres surgían de la Marina del Rey, el muelle de yates que se podía ver desde la escuela de acupuntura. Teniendo una debilidad por los números no pudimos dejar de notar una dirección: "4333, Calle Ministerio de Marina", decía en letras de oro junto a una reja.

—Esa suena como una buena dirección —dijo Carmela riendo. Su número favorito era tres, el mío era cuatro.

—Tienes razón —dije, bajando la velocidad— vayamos a ver.

—Seguramente va a estar muy caro —dijo Carmela desilusionándose.

—Bueno, hay que ver —yo ya me dirigía a la oficina de arrendamiento.

Después de una corta conversación y una larga visita con el agente de rentas, quedamos enganchados. La unidad 704 en la torre central estaba disponible, la podíamos pagar y el número era perfecto, ya que habíamos adoptado el siete como el número favorito de la relación. El edificio tenía una vista espectacular del muelle de yates y de la bahía de Santa Mónica, desde donde íbamos a poder ver meterse el sol cada tarde mientras salía sobre Australia. Sentíamos que las torres eran poderosas, seguras, justo lo que necesitábamos para impulsar el propósito. Era, sin lugar a dudas, un buen lugar para volver al mundo. Nos mudamos el último día del año, y después de dejar la casa lista, vimos uno de los espectáculos de fuegos pirotécnicos más hermosos de nuestra vida. Desde nuestra cama podíamos ver los rascacielos de Los Angeles, desde el letrero de Hollywood en la extrema derecha hasta la Ópera de Sydney a la izquierda —aunque ésta sólo en sueños.

Sí, pensábamos que la energía del muelle de yates y la vista sobre el océano Pacífico podría estimular nuestra idea de navegar más allá del horizonte hacia el "más allá", pero no pasó. El universo tenía otros planes para nosotros, como pronto descubrimos. Mientras tanto, la vida en la fortaleza de las tres torres era increíblemente energética. En muy poco tiempo ya estábamos comprometidos en muchas actividades. Reclutamos muchos nuevos clientes, nos hicimos socios de un negocio de importaciones de artículos relacionados con la salud, volábamos a exposiciones en Hong Kong y estudiábamos medicina oriental de tiempo completo. Si teníamos algo de tiempo libre lo pasábamos en el gimnasio o practicábamos Tensegridad.

La forma en que nuestro nuevo ambiente nos afectó fue asombrosa. Este era un aspecto del propósito que nunca había experimentado con tanta fuerza. Hasta ahora sólo me había enfocado en los efectos del propósito universal e individual, así como el propósito de la familia, amigos y de la sociedad en general. Pero aquí, dentro del Club Náutico, encontré otro tipo de propósito. Se encontraba caracterizado por su arquitectura, por un aura de bienestar económico, rigidez y solemnidad por un lado y, por el otro, salud y conciencia deportiva combinada con la indiferencia de la independencia económica. La fuerza que mantenía todo unido era fuerte, y nos volvimos parte del paquete por un rato.

En un nivel práctico, esta experiencia nos dio una tercera variable en lo que se refería a entender y calibrar el propósito. Mientras que el propósito universal y el general de nuestra especie es inalterable, podemos trabajar con nuestro propósito individual, con el de la familia o amigos y con aquél que nos proporciona el ambiente en el que vivimos.

Con niveles de energía en aumento, nuestra percepción de navegación se intensificó y nos sentimos mejor y más conectados. Para mi sorpresa, yo mismo empecé a tener episodios espontáneos de sueños lúcidos, una vez más. Durante una de mis últimas reuniones con el Nahual discutimos mi práctica de sueños. Tenía que pararme a media noche, recostarme en un lugar determinado, realizar un proceso de autosugestión y luego sólo podía alcanzar la lucidez en el sueño un veinte por ciento de las veces. Cuando le pregunté al Nahual cómo podía mejorar, se rió y me dijo:

—Olvídate de eso. Sólo enfoca tu energía en detener tu diálogo interno. Una vez que lo hayas silenciado puedes entrar y salir de los sueños a voluntad. Así nada más —y tronó los dedos, aturdiéndome por un instante.

Seguí su recomendación y nunca volví a prepararme para un sueño lúcido. Pero ahora, para mi felicidad, el sueño lucido volvía a mí sin que yo hiciera ningún esfuerzo. Las primeras veces fueron sueños cortos y sin muchos eventos, pero en una ocasión tuve muy clara conciencia de mi concentración onírica. Al salir de mi cuerpo atravesé la pared hacia el otro cuarto y empecé a pensar cómo podría sacar mejor provecho de mi estado. De repente me vi caminando por una calle, del brazo de Florinda. Ya no tenía

poder consciente sobre mi sueño, pero recuerdo haberle preguntado dónde vivía ahora y le dije que todos la extrañábamos mucho.

—Estamos viviendo en Santa Fe ahora —dijo contenta—
Pero no se lo digas a nadie, ¿entiendes? —me apretó el brazo para
darle énfasis a su condición.

—Claro —dije para darle confianza. En mi sueño su revelación no tuvo mucha importancia. Luego seguimos caminando por
esa calle chismeando sobre otros aprendices. Seguí pensando en su
forma de vestir, que no era del estilo de Florinda, quien siempre
estaba impecablemente vestida. Llevaba un camisón arrugado con
una gran macha en el frente, lo que se me hizo muy raro. De un
momento a otro desapareció y desperté.

No pude dormir más esa noche y me contuve para no despertar a Carmela. Había asumido que Florinda quería decir Santa Fe,
Nuevo México, pero por más que lo pensaba me daba cuenta de
que no podía ser así. Seguramente había muchos Santa Fe en España y América del Sur. Yo había manejado por Santa Fe, Nuevo
México, una vez y no me atrajo nada, después de haber oído muy
buenas cosas de aquel lugar. Era una ciudad pintoresca y muy diferente de la ciudad norteamericana promedio, pero no me gustó
el desierto circundante. Era muy árido y ventoso.

—¿Qué opinas? —le pregunté a Carmela después de contarle
mi sueño.

—Me da miedo que tengamos que ir a Santa Fe uno de estos
días para buscarla —dijo medio bromeando.

—Puede ser —dije— Sólo tenemos que ir a un cine independiente en una noche de estreno. Si vive en Santa Fe va a estar ahí.

Nos reímos, recordando cariñosamente sus particularidades.

—Yo siempre he querido conocer Santa Fe —dijo Carmela.

Al día siguiente fuimos a una conferencia sobre acupuntura y
las leyes y permisos para practicarla a través de los Estados Unidos. En algunos lugares era ilegal practicar la acupuntura, y los re-
quisitos para ejercerla variaban mucho de Estado a Estado. La parte más importante de la conferencia, especialmente para nosotros,
era el hecho de que en aquel entonces Nuevo México era el único

estado en que los acupunturistas podían titularse como doctores en medicina oriental. El conferencista explicó que los estándares educativos en Nuevo México eran muy altos y él admiraba particularmente la Universidad de Acupuntura del Sureste, que estaba en Santa Fe.

La conferencia fue un viernes en la tarde. En la mañana del sábado fui a ver a Claudia, una de mis clientes, para su sesión semanal. Mientras instalaba la mesa de tratamiento, Claudia me preguntó cuáles eran los planes que tenía con Carmela para una vez que termináramos nuestros estudios. Le dije que nuestro sueño era abrir un spa holístico, en lugar de sólo ejercer la acupuntura. Le seguí contando, pero ella de repente me detuvo:

—Espera, tengo que mostrarte algo.

Se fue a otro cuarto por un momento y regresó con la edición de ese día de *Los Angeles Times*. En la primera página de la sección de viajes se veía un artículo de ocho columnas sobre "Las diez mil olas", un spa estilo japonés en Santa Fe, Nuevo México. Me reí a carcajadas.

—¿Has estado ahí? —me preguntó Claudia un poco confundida por mi reacción.

—No, no, es que el otro día estaba hablando de Santa Fe...

—Te va a encantar —me interrumpió— John y yo nos casamos ahí. De hecho vivimos ahí por un tiempo. Me encanta ese lugar... y 'Las diez mil olas' es tan hermoso y único. Todo hecho de madera, estilo japonés... —y siguió describiéndolo con gran detalle: el spa, su boda, lo hermoso que era Santa Fe. Estaba emocionada y apenas podía contenerse.

—Tal vez no es el tipo de spa que tienes en mente, pero sin duda tienes que ir y verlo alguna vez —concluyó Claudia enfática.

Yo estaba bastante indefenso ante este tipo de arremetidas navegacionales. Sí, había estado jugando con la idea de ir a Santa Fe alguna vez para buscar a Florinda, pero no tenía prisa. En lugar de eso Carmela y yo habíamos estado planeando volar a la Columbia Británica para pasar ahí las vacaciones de verano y navegar cerca de Tofino, en la isla de Vancouver. Pero después de contarle mi ex-

periencia con Claudia, quien me dijo me llevara el periódico ese
día, nos dimos cuenta de que lo mejor era cambiar nuestro destino
vacacional.

Por suerte llegamos a Santa Fe poco antes del primer fin de semana de agosto, que tradicionalmente marca el inicio del mercado
indio, el evento más grande del año. El mercado exhibe más de mil
doscientos artistas nativos de los Estados Unidos, provenientes de
más de cien tribus diferentes. Es un evento inmenso, y yo no tenía
idea de cómo íbamos a conseguir hotel en tan poco tiempo. Pero
afortunadamente encontramos una suite hermosa, tipo colonial,
con una chimenea real y con un diseño de interiores delicioso. Tenía una gran energía. El clima estaba maravilloso, con un cielo azul
típico del desierto y en un lugar con dos mil metros de elevación
la temperatura era perfecta. Incluso nos tocó un regalo extra: una
breve pero espectacular tormenta eléctrica, finalizada con un arcoiris, en nuestra primera tarde ahí. La noche del viernes fuimos a
esperar a Florinda al estreno de una película europea en el cine independiente de Santa Fe. Con cuidado nos escondimos detrás de
unos autos y empezamos a ver a todo mundo, pensando que podía
estar disfrazada. No estoy seguro si en verdad creí que podíamos
encontrarla pero fue una experiencia emocionante. Desgraciada,
pero lógicamente, no apareció.

La ciudad irradiaba de cultura exótica y arte, gente interesante y buena comida. El fin de semana fue fantástico, todo lo que
experimentamos resultó se excepcional, incluyendo (y particularmente), nuestra química sexual. Tener una buena energía sexual
siempre es un buen indicador de navegación. Al menos eso había
decidido yo. Nos sentimos sobrecargados durante toda la visita.
Esta era una experiencia sin comparación, pero no estábamos pensando en mudarnos, ni siquiera cuando fuimos a la Universidad de
Acupuntura del Sureste una mañana de lunes, sólo por curiosidad.
Nos gustó mucho lo que vimos, y todo mundo fue muy amigable
y nos hicieron sentir bienvenidos. Después de una breve conver-

sación con el director de admisiones nos dimos cuenta de que era fácil transferir nuestros créditos desde la universidad de California a ésta, si eso era lo que queríamos. Nuestra formación académica estaba prácticamente concluida y lo único que necesitábamos para graduarnos era un año de internado.

Ya de vuelta en Los Angeles mandamos nuestros papeles a Santa Fe y, como nos lo habían anunciado, todo fue aceptado. Todavía no habíamos entendido lo que habíamos hecho, pero ya nos habíamos mudado en el corazón. Estábamos tan convencidos de esto que sentíamos que podíamos vivir el resto de nuestras vidas en Santa Fe. Australia y Nueva Zelanda habían quedado en el olvido.

En la tarde del último día de 1999 llegamos a nuestra nueva casa en Santa Fe. En una segunda visita exploratoria encontramos una casita perfecta. Era silenciosa y aislada, con una maravillosa vista de las montañas e idealmente ubicada entre la universidad y el centro. Para nuestra sorpresa y felicidad tres buenos amigos y un antiguo aprendiz de Castaneda se habían mudado antes a Santa Fe. Ya estaban esperándonos ahí cuando llegamos y nos ayudaron a descargar antes de que fuéramos a su casa a festejar la llegada del nuevo milenio juntos. El inicio fue perfecto y nunca dudamos, ni por un segundo, de que nuestra mudanza había sido una orden mágica.

Dos de nuestros amigos también se dedicaban a asuntos de salud y medicina e, inmediatamente, empezamos a colaborar en un proyecto colectivo. Angélica, médico, había sido la doctora personal de Carlos Castaneda. Ella había expedido su certificado de muerte. Brigitte era una masajista y terapeuta de primera categoría y François era un chef fenomenal. Los tres con nosotros dos, que pronto seríamos doctores en medicina oriental, éramos un excelente equipo para nuestro soñado spa medicinal.

Teníamos muchas ganas, por ello inmediatamente empezamos a planear el negocio. Cada mañana nos pasábamos horas tratando pacientes en la clínica de la universidad y en las tardes investigábamos en la biblioteca y en la red, preparándonos para nuestra aventura financiera. Como siempre, lo más divertido fue buscar el lugar. Al pasar del tiempo nuestros amigos tuvieron que cumplir compromisos previos y se alejaron del proyecto. Pero su participación inicial nos había dado mucho impulso, por ello decidimos que íbamos a seguir con la misma versión del negocio, pero en más pequeño. La parte medular de nuestro futuro spa medicinal iba a ser una casa de té donde se distribuyeran y sirvieran tónicos, elíxires, bebidas, así como mercancía relacionada con la salud. Lo llamamos El café de la longevidad Emporio, y tenía que ser un lugar de reunión en "donde la comida fuera medicina", según rezaba nuestro primer eslogan.

Tuvimos cuidado en que cada paso de nuestra aventura estuviera apoyado por la navegación. Había una gran cantidad de decisiones que tomar y estábamos convencidos de que había que ir con la corriente de las cosas. Algunas veces no hay elección y tuvimos que cambiar el lugar que el propósito había elegido para nosotros. Pero nos quedamos en el centro, junto a la plaza, en un local que podíamos pagar y fácilmente expandible por si queríamos crecer.

Mientras Carmela investigaba sobre los productos y encontraba a los distribuidores, yo me dediqué al diseño de interiores y a la construcción de nuestra sede. Esto implicaba mucha micro navegación, necesitaba escoger colores, detalles de decoración, materiales de construcción, a la gente para que realizara el trabajo, todo hasta la iluminación y cosas de sonido. Curiosamente, el color que elegí para casi todas las paredes se llamaba "Rojo Pandora", algo que supe después de haberlo escogido. Pandora era el nombre de la calle en que el Nahual había vivido en Los Angeles. No hace falta decir que este tipo de sincronías sólo aumentaban mi entusiasmo.

Estábamos determinados a utilizar todos nuestros conocimientos de feng shui y geomancia para que El café de la longevidad Emporio fuera una expresión acabada de nuestro propósito. Mientras crecía nos dimos cuenta de que estábamos haciendo todo lo posible para que este proyecto fuera lo que queríamos que fuera: que reflejara nuestro propósito y que fuera casi una ventana hacia nuestra alma. Descubrir esto fue fascinante, y estábamos muy emocionados de ver qué saldría. Yo incluso integré mi práctica de sueños lúcidos al proceso de diseñado. Cada vez que lograba salir de mi cuerpo visitaba una representación onírica de la construcción y soñaba con mejoras y cambios. El más significativo fue el "arbusto ardiente" que soñé para una esquina que carecía de energía. En la visita que hice en mi sueño vi un arbusto ardiendo en una esquina. Después, buscando algo que se pareciera a lo que había visto en el sueño, me encontré con una gran florero rojo que, a contraluz, era muy similar a lo que había visto en mi proyección astral.

Dejé de seguir la recomendación del Nahual de sólo enfocarme en el silencio interno para alcanzar el sueño lúcido. Aunque es cierto que en los sueños llevamos a cabo locuras, también es cierto de que en ellos, tal como lo hacemos en la vigilia, podemos poner en práctica estados del espíritu, tal como lo recomiendan las enseñanzas del yoga tibetano, por ejemplo. En mi experiencia, cultivar consciencia durante el sueño es la mejor forma de cultivar la consciencia para la vida despierto.

Nuestra creación lentamente iba tomando forma. Después cobró vida, abrimos y empezamos a trabajar. Ahí me di cuenta de la inmensa sinergia que se manifestaba dentro de sus muros. Todo lo que significaba "longevidad" —la idea que daba razón de ser a nuestro lugar de reunión— estaba representado por dos cosas diferentes. Todo el diseño, los colores, la música, la mercancía, los muebles, los platos, el menú e incluso la gente que trabajaba estaba unido entre sí por los elementos incompatibles del Zen y de la pasión. Sin querer, y sin comunicárnoslo, habíamos hecho todo lo posible para hacer algo minimalista, pragmático, y crear un ambiente Zen similar al de una casa de té japonesa. Además, habíamos coloreado y enriquecido el ambiente con muchos elementos que afirmaban la vida y la pasión.

Al darnos cuenta de cómo se había manifestado nuestro propósito, las palabras "Donde el Zen se entrecruza con la pasión", se convirtieron en nuestro eslogan. Venía en nuestra campaña publicitaria y en nuestra página de Internet, y entre más la decíamos más nos dábamos cuenta de lo que queríamos en la vida: que el Zen se cruzara con la pasión.

El Zen describe el proceso de despertar al momento presente a través de medios prácticos y experimentales, a través de la acción antes de una sabiduría teórica o estudios espirituales. La ceremonia de té oriental es un buen ejemplo de cómo el Zen se aproxima al despertar. El té matcha o el té verde es preparado y servido en un ritual altamente refinado, que tiene gran énfasis en el detalle. El propósito es involucrar a todos los participantes en que creen consciencia, así que atraen la atención de todos para algo tan sencillo como tomar una taza de té y estar presentes mientras dura la experiencia. Este ritual tiene su propia estética, caracterizada por una atención silenciosa, la precisión, la simplicidad, la humildad, la compostura y la profundidad.

En el habla cotidiana, el concepto Zen se ha extendido mucho, pero de hecho incluye elementos de austeridad, serenidad y concentración. La pasión, por otro lado, es más descriptiva de la absorción emocional, del entusiasmo, y no requiere mucha concentración. El Zen, como un camino directo y experimental hacia la iluminación, tiene connotaciones positivas para casi todo mundo. También la pasión, que es ingrediente natural para el sendero que llega al corazón. ¿Cómo pueden ser compatibles? ¿Cómo pueden cruzarse?

Estéticamente, o como un concepto de diseño, no es difícil. Al crear El café de la longevidad usamos mucho bambú, pequeñas fuentes, arte japonés, caligrafía y utensilios de té auténticos. El lugar era muy espacioso y su decoración minimalista, con arte Zen, libros y otros objetos relacionados con la ceremonia del té japonés. Incluso teníamos un chef de ese país.

La pasión estaba representada en la pintura de la mayoría de las paredes, que eran rojas, y utilizando una luz ámbar, muy cálida, y música sensual. Muchos de nuestros tónicos y elixires eran afrodisíacos, y vendíamos varios libros sobre sexo taoísta y tántrico. Los eventos, las conferencias y los espectáculos de arte que presentábamos regularmente representaban igualmente a estas dos facetas de nuestro café.

No por casualidad buscamos y construimos un lugar donde el Zen se cruzara con la pasión. Casi toda mi vida he tratado de hallar una fuerte e intuitiva resistencia hacia la herencia cristiana que me educó. El sendero del bien siempre implica un sacrificio y un sufrimiento. El avance espiritual es sinónimo de una forma de ascetismo. El Zen y el sendero del despertar no tiene tolerancia ni pasión. Nunca habría podido adecuarme a un escenario así, inicialmente por que no quería sacrificar ningún camino. Pero mientras iba por la vida me fui dando cuenta de que no tenía por qué hacerlo. De forma testaruda mantuve mi propósito de vivir una vida en que pudiera tener el pastel y comérmelo, por decirlo de alguna manera. Me di cuenta de que la conciencia y la presencia pueden crecer si estamos apasionadamente enamorados de la vida; que podemos experimentar fuertes emociones sin tener que retirarnos de las mismas; que el sexo tántrico y taoísta pueden ser meditaciones dinámicas, así como herramientas para el descubrimiento y que el entusiasmo, la compasión y el amor pueden crecer hermosamente en un lugar donde el Zen se cruce con la pasión.

Las cosas nos salieron bien en la "Ciudad diferente", como se denomina Santa Fe a sí misma, pero nuestro ritmo de trabajo era intenso. Trabajábamos todo el tiempo, tratando pacientes en la clínica cada mañana hasta medio día, sólo para ir corriendo a El café de la longevidad, donde nos quedábamos hasta las once de la noche. Pronto el lugar donde la comida era medicina y donde el Zen se cruzaba con la pasión se convirtió en el lugar de reunión favorito de la comunidad del arte de la curación de Santa Fe, además de que asistían varios otros ciudadanos. Para nosotros se fue convirtiendo cada vez más en nuestra sala, y nos volvimos los anfitriones de una fiesta interminable. Incluso los empleados del Starbucks venían regularmente durante sus descansos para tomar Dragón esmeralda, Magia tahitiana, Relámpago negro, Kava colada o Delicia andina, sólo para nombrar algunas de las pociones mágicas que eran rociadas con ingredientes potentes y hierbas de todas partes del mundo. Pay de calabaza con ginseng y chai, pay de manzana con jengibre, pay de cereza con goji, pay de moras mágicas, etcétera. Todo era orgánico y condimentado con hierbas y otros suplementos saludables. Enormes cantidades de hierbas detrás del mostrador nos permitían hacer frente a cualquier necesidad alimenticia o de salud de nuestros clientes. El concepto probó ser un gran éxito, y pronto empezamos a preparar nuestra expansión para anexar el spa médico. Pero apenas empezábamos cuando la vida nos mandó un reto.

—Hola, mi nombre es Joao Santoro, me gustaría hablar contigo, si no estás muy ocupado —era un caballero bien educado con un leve acento portugués. Había estado sentado en la esquina del café durante casi toda la tarde, probando varias de nuestras creaciones alquímicas y parecía estar pasándosela bien. Hablaba bajo y tenía ojos cálidos. Lo seguí a su mesa y nos sentamos.

—Estoy de visita en Santa Fe y me voy mañana, pero he venido diario a su café y quiero hacerles una propuesta —comenzó— Me encanta su concepto y me gustaría saber si están dispuestos a abrir una sucursal en Maui, Hawai.

—¡¿Maui?! Bueno, no sé qué decir, apenas abrimos y...

—Yo estaría interesado en financiar el proyecto —dijo, tratando de solucionar mi duda— He estado buscando desde hace tiempo algo que me pueda apasionar —continuó—, y lo que están haciendo aquí me produce eso. Sólo piénsalo y si están interesados me encantaría invitarlos a Maui para que podamos discutir los detalles.

Llegó Carmela y hablamos un rato más. Cuando se fue Joao nos abrazamos como viejos amigos. Nos cayó muy bien y consideramos su propuesta. Era un brasileño millonario que vivía en un retiro precoz en Maui. Su idea era abrir algunos "Longevidad" al principio y después tratar de extender el concepto y hacerlo una franquicia. Pocos meses después fuimos a Hawai y nos hospedó en una casa en la playa de Paia en Maui donde él vivía con su mujer y tres hijos. Nos llevamos muy bien y decidimos empezar el proyecto. Después de dos visitas más encontramos un lugar y todo estaba listo. Entrenamos a una joven pareja de acupunturistas para que asumieran nuestra responsabilidad en Santa Fe, dejamos la casa que habíamos rentado, contratamos una mudanza y compramos los boletos de avión. Todo estaba listo para empezar una nueva aventura, pero dos semanas antes de irnos dos aviones se estrellaron en las Torres Gemelas de Nueva York, cambiando el destino de todo el mundo.

La economía turística de Hawai se colapsó temporalmente y nadie sabía qué iba a ocurrir, así que pusimos el proyecto en pausa. Después la moneda brasileña se devaluó dramáticamente y la liquidez de Joao se vio afectada, tanto que tuvo que volver a su país para atender sus negocios. En un parpadeo se evaporó un año de trabajo y nos vimos de nuevo en Santa Fe, que por desgracia nunca volvió a ser el mismo lugar para nosotros. Nuestras raíces, que apenas habían empezado a hacer tierra antes de conocer a Joao, ahora no podían reestablecerse. En su lugar, ahora estábamos enamorados del trópico. Siempre he estado enamorado de las palmeras, las que me habían llevado a Sri Lanka hacía tantos años.

No todo era malo. El café de la longevidad de hecho se benefició después del trauma del once de septiembre. La gente parecía querer compañía, y estábamos más ocupados que nunca. Un mes después cerró una galería de arte que estaba junto a nosotros y nos expandimos. Ahora éramos el doble de grandes. La emoción de diseñar y construir la nueva parte del café y todo lo que esto implicaba hizo que nos dejáramos de preocupar por dónde íbamos a vivir. Pero ya no teníamos esa visión de nuestro spa médico en Santa Fe. Ya no podíamos ver nada. Nuestras antenas estaban dirigidas a Hawai, pero no había recepción. Yo hablaba seguido con mi amigo Joe, que vivía en Honolulu, tratando de comprometer su propósito para que nos llevara ahí, pero nunca hubo oportunidad. Joe era cíclico energéticamente conmigo y también había sido discípulo de Carlos Castaneda. Le hubiera encantado que fuéramos, y no podía imaginarme un mejor faro de navegación. Pero no pudimos generar energía, al menos no en ese momento.

Santa Fe había estado bien para nosotros. No de la forma tradicional. Nunca nos había dado un respiro. Dice la gente que la ciudad se encuentra sobre una formación masiva de cuarzo, y para nosotros era como una estufa de energía que nos obligaba a seguir moviéndonos al mismo tiempo que nos cocinaba. Sin detenernos trabajamos todos los días para hacer funcionar nuestro concepto y para mantener la pasión y el Zen unidos. No teníamos una seguridad económica. Teníamos que trabajar realmente, y eso requería de mucha intensidad. De hecho no se le veía el fin a eso mientras estuviéramos en la Ciudad Diferente. En lo que hacíamos nos relacionamos con gente muy interesante. Presentamos cientos de eventos, conferencias, espectáculos de arte y talleres. Santa Fe es una conexión del movimiento New Age y el "Longevidad" estaba conectado a esta alta corriente eléctrica, para bien o para mal.

En retrospectiva, todavía puedo sentir la presión, pero cuando cierro los ojos y dejo que las imágenes surjan lentamente, se me llenan los ojos de lágrimas y siento un escalofrío en mi corazón y en el alma. Santa Fe había sido generoso con nosotros. Al final todo quedó en su lugar, fuimos transformados, y el amor y la pasión fue el motor de todo. Nuestra gran y hermosa sala comunal con paredes "rojo Pandora", bañada por el brillo de la luz ámbar, había sido un oasis del corazón. Y nunca podré expresar gratitud suficiente por todo el cariño que recibimos ahí.

Y gracias Florinda, aunque nunca te hayamos encontrado.

El infinito y el camino del corazón

El arte de la navegación no es sólo una estrategia para moverse hacia adelante en el alineamiento del propósito. También es una experiencia estimulante el estar en un estado fluido y sentirse conectado. Una vez que aprendí a poner atención, no sólo recibí guía constante en mis decisiones, también recibí constantes recordatorios de que hay una dimensión mucho más grande —y aparentemente programada— de vida de la que no estoy normalmente consciente. A menudo, las sincronías se sienten más como una amistosa llamada para levantarse o incluso como una palmadita de apoyo en la espalda de un presente insondable y un universo generoso.

Ejemplo de ello es mi encuentro con Pola López, una artista dotada de Santa Fe que rentaba un espacio adyacente para usarlo como estudio-galería mientras yo terminaba de construir El café longevidad. Cuando ella se presentó el día que se mudó, le expresé mis preocupaciones de que le molestara la música una vez que abriéramos el lugar. Le sugerí que hiciéramos una prueba de sonido, y le pedí que volviera a su estudio mientras yo ponía un poco de música. Mientras ella caminaba hacia su estudio oprimí el botón "Reproducir" de nuestro equipo de música, que estaba cargado con un cambiador de doscientos discos que los ponía de forma aleatoria. Incidentalmente, la pieza de música que se empezó a tocar era uno de los tres tangos que alguna vez Carlos Castaneda tocó para nosotros durante algún taller. Quería crear un ambiente muy específico. El título era "Esperanza inútil", de un cantante puertorriqueño, Daniel Santos. Cuando las primeras notas empezaron a oírse a través del sistema de bocinas, Pola volvió corriendo, muy excitada:

—Esto es increíble —proclamó— ¿Has oído hablar de Carlos Castaneda? Esta era una de sus canciones favoritas —me miró aparentemente incrédula.

—Sí, lo sé —reí— Lo conocí bien, ¿pero tú cómo conoces la canción?

—Ah, fui a algunos de sus talleres en Los Ángeles hace unos años; ahí fue donde la oí; y después conseguí el disco —me contestó Pola. Había cerca de dos mil canciones en nuestro aparato de discos, y las posibilidades para que estos tres tangos se escucharan eran extremadamente pequeñas. Esto formó una unión instantánea entre Pola y nosotros, y desde luego, a ella no le molestó nuestra música. Nos hicimos buenos amigos, y un año y medio después, cuando Pola se dio cuenta de que prefería pintar en su estudio en casa, integramos su galería en nuestro café.

Santa Fe es uno de los mercados de arte más grandes en Estados Unidos con una comunidad de artistas del mismo tamaño. Esto nos permitía organizar una inauguración cada seis semanas y mostrar un solo tipo de arte: uno que tuviera un propósito espiritual o sanador. Para la primera exposición, que coincidió con la apertura de nuestra extensión, encontramos a un artista excepcional. Robert Schrei había sido un cura Zen por diecisiete años hasta que dejó el monasterio para trabajar como un curandero energético y pintor. Todo su trabajo artístico estaba cuidadosamente concebido y calibrado para asistir su trabajo curativo, lo que lo hacía el artista ideal para mostrar el propósito de nuestra galería. Lo que yo no supe hasta que ya habíamos interactuado por un tiempo y nos habíamos convertido en amigos era que su energía era cíclica con la mía. En toda mi vida había conocido solamente tres hombres que eran indudablemente cíclicos conmigo, y siempre fue y sigue siendo algo muy significativo.

La expansión y la apertura artística fue un gran éxito y Longevidad comenzó a prosperar. Incluso cuando nuestro propósito a largo plazo en Santa Fe se había roto, y adicionalmente, yo había empezado a desarrollar problemas respiratorios debido a la sequedad del aire del alto desierto. Aunque nos gustaba muchísimo nuestra siempre creciente familia de empleados, clientes y amigos, no podíamos evitar percibir un lento crecimiento en el sentido de la inquietud. Así que cuando conocimos a Abhay Vishwakarma unos meses después, nos aseguramos de reorganizar la línea de artistas para hacerle espacio a su trabajo enseguida. Abhay es un escultor de sexta generación del sagrado arte hindú y se especializa en esculturas de cabezas de elefante de la deidad Ganesha, quien confiere la suerte y remueve obstáculos. Esto sonaba exactamente a la energía que nosotros podíamos usar, y antes de que pasara mucho teníamos una muy bien publicitada exposición de arte, y el propósito de Ganesha era inundar nuestro mundo. Los relieves y estatuas de Ganesha estaban a donde quiera que volteáramos. Mi pieza favorita era una exquisita escultura en mármol blanco de un elefante panzón, representado de forma absolutamente adorable, de aproximadamente sesenta centímetros. No podía evitar tocarlo cada vez que pasaba por ahí.

El cumpleaños treinta y tres de Carmela estaba cerca y como su número favorito era el tres, quería sorprenderla con algo especial. No éramos muy dados a celebrar nuestros cumpleaños, pero decidí hacer una excepción. Sabía que a ella le encantaban los performances del Cirque du Soleil, y un nuevo show había abierto recientemente en Las Vegas. Cuando empecé a tratar de agendar la pequeña vacación sorpresa, nada fue fácil. Aparentemente, había una enorme convención en Las Vegas en las mismas fechas, y no podía ni conseguir un vuelo razonable, y un hotel pagable. Lo peor de todo, los buenos boletos para el show del Cirque du Soleil en el día de su cumpleaños estaban agotados. A este punto se volvió obvio que mi idea inicial no estaba nada firme. Aunque, mientras buscaba en Internet, encontré una aerolínea del sudeste con una promoción especial, dos por el precio de uno a Tampa, Florida. Nunca habíamos ido a Florida, y conforme tenía visiones de palmeras de coco y playas blancas, espontáneamente reservé el vuelo. Costó exactamente $333 dólares por los dos, cosa que me hizo sonreír. Para resarcir lo del Cirque du Soleil, elegí un cuarto en el famoso Hotel Biltmore en Coral Gables.

Carmela estaba contenta y emocionada cuando le dije de la sorpresa un par de días antes de nuestra partida para que preparara lo necesario. En Tampa rentamos un coche y manejamos tranquilamente hacia el sur por toda la costa Este de Florida. Llegamos antes del atardecer al Biltmore, y mientras estacionaba el coche y apagaba el motor, me fijé en la lectura del odómetro. Desde el aeropuerto de Tampa al estacionamiento del Biltmore habíamos manejado exactamente 333 kilómetros.

—Wow, mira esto —me reí; y volví a encender el motor, para que Carmela pudiera ver los números.

—Parece que estamos en el lugar adecuado —se rió.

Salimos del automóvil.

—Definitivamente el lugar adecuado —murmuró Carmela, después de ser tomada por el paisaje.

—Es hermoso, perfecto, gracias.

La cena, el hotel, la cama, el clima, todo resultó perfecto. Nos dimos cuenta de que teníamos mucha hambre por la exuberancia de la vegetación y por la suave, dulce y nutritiva humedad. Cenamos en la terraza del hotel y luego, mientras estábamos sentados en el balcón de nuestro cuarto, nuestra piel y pulmones se remojaron alegremente en el rico y grueso aire como un bálsamo. Más tarde esa noche fuimos a dar una vuelta sin ningún propósito más que sentir la fragrante suavidad que había por doquier. Santa Fe tenía una belleza única, también era alto y seco en todo el sentido de la expresión. El contraste era avasallador. Luego de manejar por un rato a través de los parques y de haber pasado las mansiones de Coral Gables, la energía cambió. La vegetación se volvió más espesa y más tropical y, de pronto, manejábamos a través de túneles de árboles con mucha exuberancia a nuestro alrededor. No había luces en las calles y no podíamos ver mucho detalle.

—Me pregunto dónde estaremos —musité— Esto es increíble, me encantaría regresar de día y ver qué clase de vecindario es este.

—Anotemos algunos nombres de las calles, así podemos encontrarlas otra vez —sugirió Carmela.

Luego de checar con un mapa al día siguiente, nos dimos cuenta de que estuvimos manejando en un área de Miami llamada Coconut Grove. Es el área residencial más antigua en el sur de Florida, y por eso tiene la mayor exuberancia y la vegetación más madura. También nos dimos cuenta de que el código postal de esa área era 33133. Sólo pudimos volver a reír, pero el viaje se estaba volviendo cada vez más intrigante. Jugando a seguir nuestras pistas en los árboles, dejamos el Biltmore al día siguiente y nos mudamos a un hotel en Coconut Grove. En la tarde fuimos a explorar la playa sur, la más famosa de Miami. Mientras divagábamos en Ocean Drive, una inesperada tormenta de rayos nos hizo correr por refugio en un lugar llamado Café Tropical Mango, y como parecía que iba a durar un rato, nos sentamos y ordenamos algo de comer.

El Café Mango resultó ser un lugar entretenido. Rezumaba sensualidad. Hombres y mujeres indistintamente, todos seleccionados obviamente por su atractivo sexual, bailaban con poca ropa encima de la barra cuando no estaban ocupados sirviendo mesas. La decoración, menú, y música eran caribeñas y sudamericanas en su máximo colorido. Romero, nuestro mesero, un joven puertorriqueño, era exageradamente amigable y platicador, y como todavía era temprano y no estaba muy ocupado, se sentaba frecuentemente en nuestra mesa para entretenernos con la historia de su vida y el pasado de cada uno de sus colegas. Él estaba orgulloso de ser parte del equipo de Mango. "¿Ven a esa chica allá, la que se acaba de subir en la barra?" Ella es María. Es de Cuba. Solía ser una bailarina de ballet. Y el chico que se le acaba de unir ahora, él es de Venezuela. Un fisicoculturista. Bailan muy bien juntos. ¡Mírenlos!

Nos la pasamos muy bien. Con Romero contándonos todo, incluso los jugosos detalles de quién estaba durmiendo con quién, pronto el enorme lugar cobró vida de una forma inesperadamente familiar.

—Oh, tienes que verlo, este es Carlos —Romero apuntó a un joven particularmente bien formado que se acababa de quitar la camiseta y empezaba a bailar con dos chicas sobre el bar principal— Él estuvo concursando por Mister Columbia el año pasado —dijo Romero con orgullo— Él es la estrella del show, y ambos nacimos el mismo día —añadió emocionado.

—¿En serio? ¿Cuándo es tu cumpleaños? —pregunté.

—¡Fue ayer! —sonrió— mayo 16, celebramos juntos anoche.

—¿Qué? —dijo Carmela y yo la coree simultáneamente— mayo 16 es también el cumpleaños de Carmela, por eso estamos aquí en Miami. Es increíble —estábamos asombrados.

Mientras manejábamos de vuelta a nuestro hotel esa noche seguí sacudiendo mi cabeza.

—Pienso que el Propósito está tratando de decirnos algo. ¿Tú qué dices? —voltee a ver a Carmela.

—Sí, eso parece —sonrió.

Nuestro cuarto de hotel estaba en el octavo piso, y a la mañana siguiente yo pasé un rato largo parado en la ventana, mirando hacia las calles de Coconut Grove, cubiertas de árboles.

—Creo que probablemente esto significa que deberíamos considerar seriamente mudarnos aquí. ¿Qué opinas de Coconut Grove? —le pregunté a Carmela sin darme la vuelta.

—El nombre ciertamente tiene una buena campanada —adherí, riendo.

Pero antes de que Carmela pudiera contestar, sonó mi celular. Era Frank, el administrador de Santa Fe. No se había dado cuenta de que estábamos fuera de la ciudad.

—Felix —comenzó— Siento mucho tener que hacerles esto, pero mi hijo se muda de vuelta acá, y vamos a necesitar la casa para él. ¿Crees que les sea posible mudarse para el 15 de agosto? Esto les daría casi tres meses. Si necesitan más tiempo para encontrar algo podemos platicarlo... —Frank estaba muy incómodo.

—No, no, está bien Frank, nosotros entendemos. Estaremos fuera para el 15 de agosto —dije un poco aturdido.

—Bueno, creo que eso fue fuerte y claro —me pronuncié luego de relatarle el contenido de la conversación telefónica a Carmela. No estaba seguro de si estaba feliz o aterrorizado por tener tanta guía. Florida no era Hawai, después de todo, pero no parecía haber muchas opciones.

—Será Coconut Grove —exclamó Carmela alegremente, ofreciéndome "sus cinco", que devolví convincentemente.

—¡Trato!

Las sincronicidades continuaron abundando, sin dejarnos una mínima duda de nuestra decisión de dejar Santa Fe por Miami. Mandamos un correo electrónico a nuestros patrones y amigos anunciando nuestras intenciones de vender Longevidad, y un poco después llegamos a un acuerdo con una joven pareja de la comunidad de artistas sanadores, Yukiko y Jordan. Los conocíamos desde hacía un tiempo. Además de su pasión por las artes curativas, ambos habían sido estudiantes de Miguel Ruíz, un iniciado en la sabia tradición Tolteca y en el autor de *Los cuatro acuerdos más allá del miedo*. Así que los consideramos "sobrinos energéticos" y confiamos en que serían perfectos para llevar el concepto de Longevidad al siguiente nivel. Completamente por coincidencia, pero difícilmente sorpresivo, luego de que todo pasó, cerramos el trato y el Longevidad cambió legalmente de manos exactamente el 15 de agosto, el día que teníamos que dejar nuestro hogar. Nos mudamos con Jordan y Yukiko a su espaciosa casa para ayudarles con la transición por otro mes. Y luego de una enorme e inolvidable fiesta de despedida en su terreno, abrazamos a cada uno de los grandes y queridos integrantes de nuestra familia para despedirnos y dejamos Santa Fe en medio de la noche. Durante un largo rato del viaje en coche a Albuquerque ambos lloramos.

Decidimos viajar por unos meses antes de adentrarnos en nuestro nuevo negocio, y al día siguiente nos fuimos de Albuquerque a Bali, una isla en Indonesia que teníamos curiosidad de visitar desde hacia tiempo. A diferencia de la gran mayoría de los Indonesios que son musulmanes, la gente en Bali está adherida a una antigua forma del hinduismo, que está fuertemente influenciada por el animismo y el naturalismo. En la práctica esto significa que los balineses esencialmente perciben todos los elementos de su entorno como conscientes de poseer un espíritu que debe mantenerse alegre y benevolente todo el tiempo. Este sentido de búsqueda de la armonía con cada elemento de la naturaleza es lo que en última instancia conduce a la cultura balinesa y puede verse en todos los aspectos de la vida. Los empleados de nuestro hotel en Ubud, por ejemplo, empiezan cada día coleccionando canastas de pétalos de flores y adornando los miles de capillas y otros objetos en las propiedades. Este proceso duraba una hora cada mañana. Cada taxi, cada cuarto de cada casa, cada palmera en el jardín tiene un espíritu que reverbera y se mitiga diariamente. A pesar de lo primitivo que esto pueda parecer, hace una vida, una experiencia consciente e integrada, y como grupo étnico, los balineses me parecieron las personas más pacíficas y encantadoras que jamás he conocido.

Luego de algunas semanas de exploraciones, decidimos quedarnos en Bali por un tiempo para recargarnos en este ambiente de paz y espiritualidad práctica. Encontramos y rentamos una hermosa casa que había sido diseñada por su dueño, un diseñador italiano. Tenía una arquitectura espectacularmente abierta y estaba localizada en el medio de los arrozales y justo fuera de Kuta, el distrito turístico principal de Bali. El siguiente sábado, 12 de octubre de 2002, cenamos en la ciudad. En el desierto discutimos si iríamos a otro lugar o si volveríamos temprano a casa.

—¿Cómo te estás sintiendo? —le pregunté a Carmela— ¿Quieres ir a bailar un poco para bajar unas calorías?

—Sí, seguro —contestó Carmela. ¿Pero a dónde iríamos?

—Bueno, está Sari justo terminando la calle y unos clubes más a lo largo de la playa —sugerí con poco entusiasmo.

—¿Cómo te sientes? No suenas muy entusiasmado —sonrió Carmela.

—Honestamente, estoy un poquito cansado esta noche. Tal vez el próximo fin de semana —respondí.

—Ok, entonces vamos a casa —accedió Carmela.

En menos de una hora después, una bomba dentro de un coche convirtió el club nocturno Sari en escombro alrededor de un cráter de varios metros de profundidad. En la explosión uno de los tres ataques simultáneos que fueron conocidos como las bombas de Bali, murieron a cerca de doscientas personas y cientos más fueron severamente lastimadas o quemadas. Nos acabábamos de sentar a leer en nuestro patio cuando la casa entera se sacudió con el impacto de las explosiones, aunque vivíamos varios kilómetros lejos del sitio del ataque. Pensamos que había sido una bomba sónica o una explosión de una pipa de gas; fuimos informados del bombazo hasta la mañana siguiente por un amigo que nos llamó de Jakarta.

La proximidad a este evento nos afectó mucho más profundamente que los ataques terroristas a las torres gemelas un año antes. El paraíso de la isla mágica con su hermosa inocencia y gente amorosa y pacífica había desaparecido instantáneamente del radar de pantalla y reemergió como parte de una comunidad internacional mucho más desesperada, violenta, y profundamente inconsciente.

Desde una perspectiva energética, estos dos eventos habían sido increíblemente precisos, estaban lejos de lo arbitrario. Lo que pasó en las torres gemelas había sido probablemente la representación más prominente de un materialismo incontenible, que es el orden que prevalece en nuestro mundo; así como Bali era el epítome de la auténtica espiritualidad y el paraíso terrestre. Como si fueran dos arquetipos opuestos que han definido la modalidad dual de nuestro tiempo como ningún otro par de símbolos. Para que ambas se desintegraran, siendo tan cercanas en el tiempo, en una cualidad mitológica sugiere que esta modalidad ha demostrado su utilidad. La modalidad de nuestro tiempo es la de nuestra conciencia colectiva, que aparentemente tiene que cambiar. Percibo con fuerza estos dos desastres como un llamado a despertar que puede trascender las motivaciones de los perpetradores que los causaron. Desde una perspectiva de navegación, este par de eventos sugieren una urgente necesidad de despertar y movernos hacia una esencia consiente, no dualística o, posiblemente, enfrentar una nueva etapa evolutiva, que muy probablemente será catastrófica.

Los bombazos representaron un tremendo cambio de energía, y nuestros sentimientos de felicidad y paz se reemplazaron con una sensación de urgencia. Sentíamos que necesitábamos hacer más que sólo relajarnos y recargarnos. Guiados por el propósito resultante de ser más activamente constructivos, la navegación nos llevó a Beijing, China, donde entramos en un internado en el hospital más grande de medicina tradicional china. Nuestro trabajo ahí era inmensamente enriquecedor y fortalecedor, y cuando regresamos a Estados Unidos varios meses después, nos sentíamos mucho más fuertes y confiados de poder jugar un papel constructivo y sanador en esos tiempos turbulentos.

Antes de que finalmente llegáramos a Coconut Grove el universo tenía otro evento inolvidable bajo la manga, uno que se había llenado con el brío de oportunidades para crecer, aprender y navegar. Conforme cruzábamos el país con nuestras pertenencias, nos despertamos una mañana cerca de Nueva Orleans para descubrir que nuestro camión había sido robado del estacionamiento del hotel por la noche. Excepto por la ropa que traíamos puesta, una bolsa con cosas de baño, y la computadora portátil que nos habíamos llevado a la recámara, perdimos todo. Documentos, valores, nuestra casa entera, ¡todo!

No sé cómo ni por qué, pero estábamos sorprendentemente tranquilos. Hicimos lo obvio, informamos al banco y a la policía, y se hicieron cargo del asunto uno a la vez. Había una confusa percepción dual, el desastre por un lado y la liberación por el

otro. De·hecho nos reímos por un buen rato mientras nos dispo-
níamos a buscar el camión robado. Con todas nuestras tarjetas de
crédito comprometidas y canceladas, apenas podíamos rentar un
coche. Uno de mis primeros pensamientos había sido que, desde
un punto de vista de navegación, este evento sólo podía sugerir
que nuestra nueva vida sería sin el equipaje del pasado, el propósito de un inicio limpio y fresco, otra vez. Sin embargo, hicimos
todo lo posible por recuperar nuestra pérdida. Llamé a todos mis
"hermanos cíclicos" para comprometer sus propósitos, y a un amigo físico para aprovechar sus talentos también. En Longevidad le
permitimos a muchos físicos y médicos intuitivos ofrecer sus servicios a nuestros clientes, y James había sido el más talentoso de
todos ellos. Nos hicimos buenos amigos. Le conté a James en el
teléfono lo que había pasado, e inmediatamente me reportó que
estaba *viendo* un pequeño campo aéreo. "No un enorme aeropuerto comercial", continuó, "Sólo veo pequeños aeroplanos. ¿Hay un
aeropuerto como este cerca de tu casa?" Me preguntó.

—No sé —le dije—, bueno, voy a investigar. Muchas gracias
James. Te mantendré informado. Si llegas a *ver* algo más, llámanos.

Había dos pequeños aeropuertos comunitarios en el área, y
luego de buscar con dificultad cerca de ahí el más cercano a nuestro hotel, manejamos a Nueva Orleans para investigar el otro. Era
el segundo día desde el robo, y no nos sentíamos muy optimistas.
En ese momento, cuando habíamos llegado al aeropuerto en el
Noreste de Nueva Orleans, recibimos una llamada de la compañía
de renta, nos informaban que nuestro camión de mudanza había
sido recuperado. Lo encontraron abandonado, la puerta de atrás
estaba sospechosamente abierta, en un vecindario a menos de una
milla de ese aeropuerto.

—¡Felicidades James!

Para nuestra sorpresa, la mayoría del contenido seguía ahí;
sólo los objetos ostentosos y casi todos los electrónicos habían
desaparecido. Como la cerradura de la puerta y la llave de la marcha estaban rotas, cargamos todo dentro de otro camión y seguimos camino de nuevo. Nos prometimos, sin embargo, tener

consideración de esta señal y procurar tener la mente completamente abierta y sin prejuicios al iniciar nuestra vida en ese nuevo
lugar. Nuestra visión inicial era crear un spa holístico y médico
donde volverse, ser y estar sano fuera una experiencia placentera
que se encontrara con la salud, por decirlo de algún modo. Luego
de esta experiencia, sin embargo, pensamos que era necesario revi-
sitar nuestro propósito.

Estábamos calificados y teníamos experiencia profesional, así
como la claridad en las pasiones que habían soportado esta visión, pero también amábamos viajar y vivir en muchos lugares diferentes, cosa que entraba en conflicto con el propósito de crear
un centro de salud estacionario. Luego de darnos cuenta, empezamos a jugar con la idea de conseguir una enorme cadena internacional de hoteles interesados en nuestro concepto de bienestar
para, eventualmente pasar nuestra vida moviéndonos de hotel en
hotel, implementándolo. Escribimos una detallada propuesta de
negocio para ese fin y decidimos perseguir ambas alternativas tan
impecablemente como nos fuera posible y luego decidir cuál tenía
mayor éxito. Cuando llegamos a Coconut Grove rentamos una pequeña casa en el área más antigua y exuberante de la ciudad y sin
dificultades disfrutamos nuestra vida en la "jungla". Nuestra calle
era un túnel de árboles, cubierto con moho, líquenes y bromelias,
justo como lo habíamos visto en nuestro primer paseo explorato-
rio. Pavorreales se paseaban por todos lados, y su canto surcaba el
aire a todas horas. Habían pasado cerca de dos meses sin ninguna señal significativa, no sabíamos a dónde ir. Cuando la energía
finalmente cambió, recibimos dos propuestas diferentes. Ambas
inesperadas y sin haberlas pedido. Una vino de un acupunturista
que también se había titulado de la universidad de Santa Fe y que
ahora estaba ejerciendo en Coconut Grove. Apenas si habíamos
estado en contacto y él nos hizo una propuesta interesante. Uno
de sus pacientes era un ejecutivo de una línea de cruceros de Miami y estaban pensando en ofrecer servicios de acupuntura en sus
barcos. Empezamos con unas charlas informales, y nuestro colega
no sabía cómo realizar este proyecto. Pero viendo que nosotros no

teníamos ningún proyecto nos propuso que nos hiciéramos socios. La otra propuesta llegó durante un encuentro casual con el director de una escuela de niños problema en Montana. Sentía que las técnicas de la medicina oriental podían ser un buen añadido para su programa, que ayudarían a sus chicos en la rehabilitación. Nos invitó a visitar la escuela con los gastos pagados. Tratando de mantener una mente abierta, seguimos ambas posibilidades.

Primero nos juntamos con los oficiales de compañía de cruceros. Empezamos una larga serie de pláticas que pronto se convirtieron en el concepto "Acupuntura marina", que fue como lo llamamos. Había un entusiasmo general, pero muchos pequeños obstáculos, particularmente en lo concerniente a asuntos legales. No había precedentes, nadie había ofrecido acupuntura en un crucero antes. Entre una junta y otra volamos a Montana para visitar el internado. El contraste entre esos dos mundos fue fascinante desde el inicio. Por un lado teníamos las deslumbrantes oficinas de una gran línea de cruceros, que buscaban placer, lujo, engreimiento, indulgencia. Y por el otro, oculto a los ojos del mundo en los bosques de Montana, encontramos el otro lado de la moneda: un triste monumento de la sociedad disfuncional. Más de quinientos adolescentes estaban internados ahí, la mayoría en contra de su voluntad, dejados ahí por sus padres, quienes ya no podían con ellos. No sabíamos ni siquiera que ese tipo de lugares existieran, y pronto supimos que hay cientos de ellos en los Estados Unidos. Y no había duda: queríamos hacer una diferencia ayudando a esos jóvenes a sentirse mejor y ganar algo de control sobre sus vidas. Queríamos hacerlo.

—¿Qué piensan? —dijo Cameron, el director de la escuela, después de que estuvimos varios días en el campus y conocimos a varios estudiantes y otros profesores.

—Nos encantaría ofrecerles un programa para sus estudiantes, pero sentimos que necesitamos hacer un estudio controlado antes para ver si podemos obtener algunos resultados medibles.

Nos prometió todo el apoyo que pudiéramos necesitar, y tan pronto como volvimos a Miami, nos pusimos a hacer el diseño.

Sólo podíamos hacer tratamientos con los chicos dos semanas al mes. El resto del tiempo los estudiantes iban a seminarios de desarrollo. Así que propusimos realizar cuatro sesiones por estudiante al mes, durante cuatro meses. Las sesiones de dos horas consistían de Qigong y acupuntura, además de que los participantes iban a tener un protocolo en hierbas. Al inicio y al final del estudio íbamos a realizar un afianzamiento emocional y cognitivo, basado en cuestionarios para ser llenados por los estudiantes y los profesores. La participación iba a ser voluntaria y pediríamos el consentimiento de los padres. Un grupo de control que no iba a recibir tratamiento también iba a ser afianzado al principio y al final del periodo de cuatro meses. Los resultados serían comparados al final del periodo y tendríamos que ver si había o no una diferencia significativa entre el grupo tratado y el que no.

Mientras tanto nuestras negociaciones con la compañía de cruceros iban viento en popa y todos los obstáculos fueron resueltos con éxito mucho más rápido de lo esperado. Firmamos un contrato por un número de cruceros de prueba, en el que nos comprometimos a dar conferencias y servicios de acupuntura en un crucero. Tendríamos que convertir un salón de conferencias en una pequeña clínica con cuatro cuartos de tratamiento. El programa iniciaba en septiembre, exactamente cuando teníamos nuestra primera sesión con los chicos problema. Afortunadamente la línea de cruceros fue comprensiva y pudimos hacer las dos cosas. Fuimos a Montana para trabajar durante dos semanas con nuestros jóvenes y luego volamos a Vancouver, Canadá, para unirnos al barco en su crucero de dos semanas a Hawai. De Hawai volvimos a volar a Montana para tener otra sesión con nuestros estudiantes, para volver al barco pero ahora en San Diego, para el crucero que pasa por el canal de Panamá hasta Florida, etcétera. Fue una experiencia increíble. El contraste por alternar dos estilos de vida no podía ser más fuerte.

Nuestro propósito de no tener ideas preconcebidas después del incidente de Nueva Orleáns había producido, obviamente, resultados excitantes. Lo más impresionante era el surgimiento inesperado de "Acupuntura marina". Nunca lo habíamos pensado, pero el concepto encarnaba el propósito que habíamos seguido al ofrecer nuestras ideas a una cadena de hoteles. Ahora no nos íbamos a mover de lugar en lugar, el hotel era el que se movía.

Esta era una ilustración didáctica del misterioso actuar del espíritu en mi vida. Al seguir las señales de navegación que obtuvimos en Nueva Orleáns, habíamos revisitado nuestros deseos más profundos y reformulamos nuestro propósito. Luego tratamos de ser lo más impecables para seguir las pistas que nos presentaba la vida. Como resultado, el universo nos recompensó rápidamente con su propia versión de nuestra visión. Sólo teníamos que ser lo suficientemente fluidos para aceptarlo. En retrospectiva, pronto iba a ser muy claro que "Acupuntura marina", que era algo mucho menos complejo que nuestra idea del hotel, iba a encajar mejor en nuestra travesía.

De vivir una vida en que teníamos que tomar una infinidad de decisiones, nosotros habíamos alcanzado un punto en que sólo teníamos que tomar una decisión, aunque teníamos que renovarla continuamente: ser completamente impecables en cada situación. Después de hacer esto, todo lo demás sencillamente caía en su sitio. Teniendo esto en mente, sólo teníamos que estar expectantes a lo que vendría.

Trabajar con nuestros chicos problema en Montana fue la experiencia más cálida que habíamos tenido. Les encantaron nuestras sesiones, y el curso fue un éxito sin precedentes. El grupo de cuarenta estudiantes que entraron en nuestro programa mejoraron dramáticamente en salud emocional y rendimiento académico. Lo medimos objetiva y subjetivamente, con ayuda de quince parámetros que medían del enojo a la depresión, y de la motivación a la habilidad para concentrarse. Su calidad de vida era, al final del cuarto mes, cincuenta por ciento mejor que el otro grupo que no tomó el curso.

"Acupuntura marina" era igualmente emocionante. El crucero que abordamos en Vancouver para expandir las fronteras de la medicina oriental era un barco magnífico. Llevaba tres mil pasajeros más tripulación. Su nombre, que no quiero dejar de mencionar, era "Infinito". ¿Cómo no íbamos a sentirnos completamente alineados con la vida mientras estuvimos a bordo?

En nuestro primer día de trabajo en "Infinito", sin embargo, nuestra alineación no estuvo tan precisa, algo que no fue un buen augurio. Ambos despertamos mareados y apenas si podíamos mantenernos en pie. Una gran marejada, remanente de una tormenta previa en Alaska, golpeó al barco durante toda la noche, tan pronto como pasamos por la isla de Vancouver. Gracias a una gran campaña publicitaria a bordo, el salón de conferencias estaba lleno de huéspedes para escuchar nuestra conferencia sobre medicina oriental, y casi todas las citas disponibles estaban ocupadas. Nuestros remedios alternativos no estaban funcionando muy bien, así que tuvimos que tomar pastillas para el mareo. Esto lo solucionó, pero estuvimos casi todo el día muy confundidos.

Fuera de eso, tuvimos un gran inicio. Hablamos sobre medicina oriental, la teoría de los cinco elementos, Feng Shui, nutrición y medicina herbal durante todo el trayecto. Después de cada conferencia los escuchas se formaban en la clínica para reservar algún espacio de tratamiento. Todo estaba saliendo muy bien, el problema era que apenas teníamos tiempo para comer y no teníamos descanso durante el tiempo que la clínica permanecía abierta. Algunos días tratábamos a unos veinte pacientes cada uno de nosotros. El lugar era perfecto, los pasajeros tenían mucho tiempo durante su estadía en alta mar y sus historias de cómo habían mejorado con los tratamientos, y como se sentían mejor, corrieron rápido. La mayoría de nuestros pacientes nunca habían utilizado la acupuntura antes.

Afortunadamente, debido a ciertas leyes, no pudimos ofrecer tratamientos cuando estábamos en alguna escala, así que entonces podíamos disfrutar de cierto descanso. Pero incluso durante nuestras horas más atareadas experimentamos cosas increíbles. Nuestra clínica tenía grandes ventanales, y recuerdo algunos momentos únicos de ver una jungla flotando a través de ellas, mientras cruzábamos por el canal de Panamá. Algo aún más surrealista fue haber visto a un paciente admirando desde la ventana el Cabo de Hornos, pero prácticamente inmovilizado por las doscientas agujas que tenía en el cuerpo. Sin duda él tenía una nueva historia que contar.

Y luego ya estábamos otra vez en los bosques de Montana, tratando de no chocar en contra de los animales salvajes mientras viajábamos por los caminos del internado Spring Creek Lodge, donde nuestros estudiantes nos estaban esperando. El último día de nuestro tratamiento fue la víspera de Navidad y la mayoría de nuestros estudiantes no iban a ir a su casa para las fiestas.

—¿Cúando vuelven? —nos decían muchos de ellos llorando, mientras nos despedíamos.

—No lo sabemos aún, esperamos que pronto —contestamos tratando de no llorar.

En realidad no sabíamos. Los estudiantes, los padres y la escuela querían que siguiéramos dando el curso después del éxito que había supuesto. Pero por un momento teníamos que ponerle pausa a ese proyecto. La compañía de cruceros quería más viajes, en diferentes rutas, antes de tomar la decisión final de aplicarlo en toda la flota.

El "Infinito" iba a zarpar dos veces hacia Sudamérica con el programa de "Acupuntura marina", incluyendo una parada de tres días en Río para el carnaval. Esta segunda parte del proyecto fue un regalo para nosotros, incluso económicamente hablando: fue muy lucrativo. La clínica seguía completamente reservada, y después de haber trabajado con personas muy influyentes en el crucero hacia América del Sur, las cosas se pusieron muy serias. Estos pacientes importantes estaban presionando a la compañía para que se aplicara el programa al resto de la flota, y mientras estábamos navegando por los fiordos chilenos recibimos un correo electrónico sobre el tema. Por alguna razón todo estaba pasando muy rápido, y nos pidieron que empezáramos la expansión a toda la flota cuanto antes.

En lugar de saltar de alegría para celebrar nos sentimos un poco paralizados. No habíamos visto el conflicto en las dinámicas de los dos proyectos que habíamos estado desarrollando al mismo tiempo. No sabíamos muy bien qué queríamos hacer y teníamos la esperanza de que el universo tomara la decisión por nosotros, como siempre.

La compañía de cruceros necesitaba una respuesta pronto, pero a pesar de que estuvimos muy atentos, en esta ocasión el universo no nos habló de la forma corriente. No hubo signos obvios, ni sincronías. Nada sobresalió lo suficiente para marcar el camino, al menos no lo vimos. Esta situación requería una verdadera reflexión, ¿cuál de los caminos era el camino del corazón?

Expander "Acupuntura marina" a todos los cruceros podía ser una oportunidad financiera muy exitosa, tenía el potencial de otorgar grandes ganancias. Pero esto implicaría que no podríamos tratar a más pacientes. Íbamos a estar sentados en una oficina en Miami, organizando todo, contratando y despidiendo personal, administrando, viviendo una vida empresarial. O también podíamos darle esta oportunidad a nuestro colega en Miami, ahora que todo estaba listo y andando. Él seguramente nos agradecería mucho. El futuro de "Acupuntura marina" estaría asegurado y podríamos continuar con nuestro proyecto de chicos problemas en Montana, con esos muchachos que necesitaba que alguien los protegiera de sí mismos.

Fue un momento memorable de nuestras vidas. Era un privilegio poder escoger entre estas dos ofertas tan atractivas. ¿Podíamos decidir equivocadamente? ¿Nuestra aventura en "Infinito" no era una forma del espíritu de mostrarnos cómo el lujo y los cruceros no era nuestro lugar, al menos por ahora?

Lo pensamos. Al menos así lo creímos. Una vez que nuestra conversación mental cesó, nuestros corazones se convirtieron en faros de navegación realmente poderosos. Y nos dimos cuenta de que nuestro lugar ahora era con un grupo de adorables niños problema en un bosque lejano. Una vez que estuvimos alineados y con nuestros corazones en paz, todo tomó su lugar. Contactamos a nuestro colega en Miami, quien nos había dado esta oportunidad al inicio, y le dijimos que queríamos que tomara el proyecto.

Ya habíamos preseleccionado a un grupo de acupunturistas, que le facilitaría mucho a hacer la expansión. Como lo previmos, a él le dio mucho gusto, y ahora la acupuntura se ofrece en prácticamente todos los cruceros. Y a nosotros nos dio mucho gusto que el "Infinito" no nos distrajera de seguir nuestro camino por el camino del corazón.

La rendición audaz

Se había hecho muy evidente que nuestra navegación nos estaba llevando por el sendero del corazón. Y ese sendero se estaba haciendo cada vez más ancho. Con la muerte de Castaneda, las constricciones externas del camino del guerrero habían desaparecido. El valor y la disciplina que se habían impuesto en las dinámicas y el dogma de nuestro brujo, se evaporaron con su muerte, y yo abandoné mi búsqueda de convertirme en un hombre de conocimiento, o de convertirme en cualquier cosa. De una forma paradójica y extraña me había liberado de mi búsqueda por la liberación. Pero incluso mientras lo dejaba ir, mi comportamiento no cambiaba. No volví al cinismo, hedonismo ni al nihilismo que tenía antes, y no me sentí atraído al sistema de valores materialista del orden social a mi alrededor. Aunque había perdido la carrera que ya estaba en la recta final, continué en esa misma dirección, sólo porque así lo decidí. Continué practicando los Pases Mágicos, buscaba el silencio interno e intentaba ser lo más impecable posible. Cualquier otra cosa me parecía equivocada. Sin embargo, mi objetivo primordial había desaparecido dejándome un vacío inmenso. Por ello encontré un objetivo en mis acciones cotidianas y particularmente en mi amor por Carmela, que llegó a ser la fuerza directriz de mi nueva vida.

El vacío era enorme, y mi corazón no podía llenarlo sin un estímulo importante. Conscientemente y sin descanso hicimos nuestro propósito para que nuestros corazones se abrieran y nuestro amor siguiera creciendo. Para apoyar este propósito echamos mano de diferentes tradiciones. Había un movimiento en la Tensegridad llamado "el pase del afecto", que yo practicaba a diario. También integramos varias formas de Qigong y ejercicios con chakras, y continuamos cultivando nuestra consciencia implacable. Una vez, al visitar la antigua ciudad sagrada de Machu Picchu en Perú, espontáneamente decidimos renovar nuestro propósito de cariño con una pequeña ceremonia privada en el templo de la luna. Una poderosa tormenta eléctrica había hecho que la zona fuera abandonada y, de repente, nos quedamos solos en este lugar asombrosamente hermoso. Subimos a la cima del templo, que ocupa la parte más alta de Machu Picchu. Nos arrodillamos cada uno a los dos lados del altar, cortamos nuestras muñecas y las juntamos en un momento sagrado.

El resultado de nuestros esfuerzos en nuestra relación fue asombroso. Nos acostumbramos a vivir en una total ausencia de fricción y con total armonía, y nos preguntamos una vez más si el matrimonio era el sendero hacia la trascendencia personal y el descubrimiento espiritual.

Navegar a Santa Fe nos proporcionó de una única oportunidad de expandir nuestra forma de cultivar el corazón, incluir en nuestra relación a nuestros pacientes, a la gente que trabajaba con nosotros, a los clientes y a nuestros amigos. Es fácil para el amor surgir en ese lugar donde el Zen se cruza con la pasión. Nunca habíamos estado rodeados por tanto cariño sincero como en los años que estuvimos en El café longevidad en la Ciudad Diferente.

Después empezamos a trabajar con nuestros chicos problema en Montana. Después de pocas semanas sólo podíamos referirnos a ellos como "nuestros chicos". Y lo decíamos sinceramente. Incluso los más difíciles de tratar se ganaron nuestro corazón en poco tiempo. Teníamos una ventaja injusta: la mayoría de los estudiantes en Spring Creek Lodge estaban en un lugar emocional muy complicado. Nunca sintieron cariño por sus padres, que los habían dejado ahí, tampoco lo sentían por los trabajadores de la escuela. Nosotros éramos los extraños que estaban determinados a hacerlos sentir mejor por algunas horas. Confiaban en nosotros, nos amaban y nosotros los amábamos también y los adoptamos. Pronto se convirtieron en el centro de nuestra vida.

Pero todo este afecto y este objetivo vinieron con un precio. Una vez que terminábamos nuestras sesiones en Spring Creek Lodge, sentíamos una enorme presión por lograr hacer un verdadero cambio en las vidas de estos jóvenes. La mayoría de nuestros estudiantes tenían historias traumáticas. Muchos habían sido víctimas de abuso, tanto sexual como físico. Casi todos habían sido consumidores de alcohol o drogas. Una de nuestras chicas se había estado prostituyendo desde los doce años para poder pagar su dosis diaria de heroína. Algunos se mutilaban, otros querían suicidarse y la mayoría querían huir. Otros sencillamente eran indisciplinados, no tenían nada que los motivara, estaban deprimidos. Y todos y cada uno de ellos era un reto.

Pero cada vez que veíamos sus caras dormidas en la sesión de acupuntura que formaba parte de nuestro tratamiento, nada de esto importaba. Aunque esas cabezas estaban confundidas y torturadas, era obvio que todos tenían aún una oportunidad para llevar una vida feliz, constructiva, hermosa. Y queríamos hacer todo lo posible para ayudarlos a subir esa escalera. Cambiábamos constantemente nuestros tratamientos para mejorar el efecto que pudieran tener en sus problemas personales. Combinamos movimientos con formas de respirar, musicoterapia, meditación y todas las modalidades de la medicina oriental. Empezábamos cada sesión de dos horas con preguntas y respuestas que nos ayudaban a calcular la energía en la dinámica de grupo. Estas conversaciones eran completamente honestas y abiertas, y nos ponía en aprietos saber qué era lo que realmente les importaba de la vida. Las respuestas, las soluciones, las herramientas para la vida que teníamos que producir tenían que ser verdaderas, concisas, prácticas y, sobre todo, efectivas para producir la felicidad. Porque la felicidad, claro está, era lo que todos ellos estaban buscando.

Hablamos mucho sobre la relación entre la conciencia y la felicidad, sobre los beneficios de estar conscientes en todo lo que hacemos, en lugar de dividir las cosas del mundo entre las buenas y las malas. Vimos lo absurdo que era decir lo negativo del abuso de sustancias adictivas, así que tratamos de educarlos y de diferenciar —al hacerlos conscientes de sus elecciones— y tratamos de hacerles ver cómo sus elecciones afectaban su conciencia. Compartimos nuestra fascinación con el poder y con las complicaciones del propósito, y con la belleza de la impecabilidad. Trabajamos mucho para introducir una perspectiva energética en la percepción, para que vieran la energía de las cosas, y para que pudieran manipular y cultivar su propia energía. Más que nada, hablábamos sobre la naturaleza compulsiva de la mente pensante, cómo es que estamos completamente a merced de nuestro incesante diálogo interno, y sobre cómo podríamos cambiar eso. Y, naturalmente, hablamos de nuestra pasión por la navegación, cómo se establece una comunicación constante con el universo y cómo nuestra vida se puede convertir en una mágica búsqueda del tesoro.

Por supuesto que tratamos de ilustrar todo lo anterior con conceptos en la medida de nuestras posibilidades. Son los elementos esenciales para aprender la navegación. Pero eran nuestras historias de navegación las que más les atraían. Parecían cautivados por la naturaleza mágica de la navegación, y todo mundo tenía experiencias de primera mano con sincronías, corazonadas, signos, premoniciones y otros fenómenos. Les dijimos por qué nos habíamos mudado de Los Angeles a Santa Fe, cómo el camino de árboles nos había llevado a Miami y cómo nos había enseñando la prioridad del corazón. Les contamos la historia de cómo dos búhos cruzándose me habían hecho comprar una casa en el desierto, cómo una lluvia de estrellas me había dicho algo de Tucson, cómo un arcoiris había señalado el final de mi búsqueda en Álamos, Sonora, y cómo una mágica serie de sincronías me habían llevado a un retiro de silencio en Tailandia.

Pero también les dimos ejemplos de todos los días, de cómo comprar comida podía convertirse en una experiencia de navegación sencillamente al dejar a la intuición y a la energía escoger los ingredientes. Si estamos frente a los estantes de comida concentrados, algunos vegetales y frutas que no queríamos comprar pueden llamarnos la atención. Esto significa que los vamos a percibir como más vibrantes y atractivos que los otros. O tal vez porque están más limpios, vivos y frescos, o porque nuestros cuerpos nos están comunicando qué necesitan esa cosa específica en ese momento. Tratamos de convencerlos de que la nutrición está conectada con nuestro bienestar general, a un grado tan alto que debemos estar muy conscientes de ello, y de que tenemos que ser receptivos a la guía intuitiva de nuestro propio cuerpo.

Al ilustrar estas prácticas cotidianas de navegación a nuestros estudiantes, nosotros nos dimos cuenta por primera vez de cuánto esta forma receptiva e interactiva de entender la vida había dado forma a nuestra realidad. Con cada vez más sincronías y otros recursos inexplicables conformando nuestra vida, nos sentíamos naturalmente atraídos a mantener nuestra atención hacia fuera, lejos de nuestros pensamientos. Como resultado, nuestro medio ambiente empezó a parecer una película en tercera dimensión en la que nos la pasábamos buscando claves que nos pudieran poner en sintonía con un guión previo. Nuestro medio sensorial, por supuesto, incluía nuestra percepción interna, corporal y emocional. Todas forman parte de la película. Y cada vez emergían más elementos de la cinta y eran coherentes. Pronto nos tuvimos que abrir a la posibilidad de que todo estuviera en verdad escrito de alguna forma incomprensible. Y lo que una vez llamamos reto, obstáculo u otra forma de antagonismo en nuestra vida cotidiana, gradualmente se fue transformando para convertirse en elementos de navegación que aparecían en esta película interactiva.

Si el clima, el tráfico, los embotellamientos, los problemas mecánicos con el coche, las enfermedades y otros eventos inesperados parecían interferir con el curso de las cosas, empezamos a aceptarlas y a integrar estas "interferencias" como parte de la historia de la película. Y entre más nos rendíamos a esta vida más sencilla, en lugar de pensar que tenía que ser de otra forma, las cosas empezaron a ser más claras y todo se volvió más benevolente. Obviamente, todas estas observaciones eran difíciles de compartir con una audiencia de adolescentes cuyas mentes estaban saturadas la mayor parte del tiempo y concebían casi todo como algo antagónico. Así que nos quedamos con las historias más obvias y prácticas para ilustrar nuestras dinámicas de navegación.

Tenía, por ejemplo, la historia de cómo había encontrado a "Tolteca", una hermosa motocicleta Harley Davidson. Durante nuestro primer año de contrato en Spring Creek Lodge, seguíamos teniendo la casa en Miami. Cada mes volábamos a Montana y nos quedábamos ahí dos semanas para hacer las sesiones y los tratamientos. Pensábamos que al vivir en dos lugares al mismo tiempo podíamos cultivar cierta consistencia. De hecho era una buena limitación sólo poder trabajar con nuestros alumnos la mitad del mes. De esta manera no nos quemábamos con ellos. Siempre les traíamos nueva energía de nuestros viajes.

Los primeros síntomas de la primavera en el campo de Montana no son ni pájaros ni flores, es el resonar de infinitas Harley, yendo por las carreteras en el primer fin de semana sin nieve del año. Nunca me había sentido atraído por la mística de la Harley, pero el sonido que hacen aún hace que mi corazón de motociclista empiece a palpitar. Un año antes habíamos comprado una Honda Goldwing usada, y la habíamos utilizado para ir de Montana a Miami. Al pasar de los días el sonido de la Harley se hizo más fuerte y mi corazón empezó a latir aún más rápido. Quería tener otra moto al llegar a Montana. No hacía nada para cambiarla, pero lo deseaba. No teníamos mucho tiempo libre en las dos semanas que trabajábamos con nuestros chicos, y había mucho campo en el área en la que trabajábamos, lo que hacía que la motocicleta fuera algo peligroso. Yo era muy cuidadoso con todo lo que tuviera que ver con las motos, ya que ya había sufrido un accidente muy grave en Santa Fe que me mandó al hospital. Aún más importante era que mi padre y mi abuelo habían muerto cada quien en una moto con ocho años de diferencia. La muerte de mi padre había sido particularmente importante. Su fatal accidente ocurrió camino a casa, después de haber visitado la tumba de su padre el día de muertos, que se celebra en Alemania el primero de noviembre. Antes de que terminara el mes yo nací.

Pero de la nada, sin yo haberlo buscado, nuestro casero me sorprendió un día, justo antes del día de los veteranos:

—Felix, ¿no extrañas tu motocicleta? mi amigo Gary acaba de comprar una Harley y ahora quiere vender su Goldwing. Creo que podría darte un muy buen precio.

—Mnm, en realidad no necesitamos una moto aquí —le dije— ¿Qué año es? No, de hecho, ni te molestes, muchas gracias de todos modos.

Una hora después volvió a llamar:

—La Goldwing es del 94, está en muy buenas condiciones y Gary sólo quiere mil ochocientos dólares por ella. Sólo quería decirte.

—Gracias Don, lo pensaré.

A Carmela la emocionó mucho:

—Tal vez deberíamos verla. Tal vez sí podríamos usarla por aquí para ir a la escuela y al rancho, cada vez que el clima lo permita.

Para entonces nuestro programa había crecido y trabajábamos con nuestros estudiantes en tres localidades diferentes. El campus principal estaba a una media hora del pueblito Thompson Falls, donde vivíamos en Montana. El "Parque de las chicas", que albergaba a mujeres a partir de dieciocho años, estaba como a veinte minutos en otra dirección, y el camino al "Rancho", donde vivían los chicos de dieciocho a veinticuatro años, estaba como a un hora de distancia. Los estudiantes más grandes estaban todos rehabilitándose del uso de drogas, tenían órdenes de aprensión o necesitaban terminar la escuela en un ambiente controlado. Los caminos a todas esos lugares pasaban por las espectaculares montañas rocallosas, un escenario perfecto para la motocicleta.

Cuando fuimos a ver a Gary al día siguiente, sólo tenía ojos para su nueva Harley. La Goldwing estaba bien, pero no me entusiasmaba. De todo lo que hablábamos fue de su moto nueva, e incluso me dejó montarla para dar una vuelta. Pero yo no pensaba poder hacer una inversión como esa, y no nos iba a ser muy útil. Necesitábamos mucho espacio para equipaje así que teníamos que jalar un remolque. Al final, sin entusiasmo, decidimos comprar la Goldwing tan pronto como abrieran los bancos después del fin de semana. De regreso a la casa paramos para cargar gasolina. Muchas Harleys acababan de llegar, y mientras llenaba el tanque, me quedé viendo la magnífica motocicleta que estaba junto mí.

—Wow, esa moto está preciosa —dije, con la boca abierta— No sabía que Harley hacía motos como estas, con cajuela y una gran caja en la parte de atrás. ¡Qué bonita!

—Gracias —dijo el joven que estaba junto a mí— Es una Electra Glide Ultra Classic 1999. De hecho es de un amigo mío y, hasta donde sé, quiere venderla —añadió.

—¿De verdad?

Sí, en verdad, así fue como Tolteca llegó a nuestra vida. Con tantas motos en la región, surcando los caminos el puente del día de los veteranos, resultó muy curioso que el dueño de Tolteca viviera en las afueras de Thompson Falls. La moto era perfecta para nosotros, parecía que la había hecho pensando en mi, y la pudimos comprar en mucho menos de que si fuera nueva. Como en un sueño, Tolteca apareció en nuestra vida de la nada y nosotros ni la pedimos. Era la combinación ideal de lo útil que puede ser una Goldwing, con el atractivo emocional de una Harley. La frase "El vengador fantasma" estaba grabada en el tanque de la gasolina, lo que me hizo pensar que mi padre, quien había sido un apasionado de las motocicletas, había ayudado para que esto sucediera. De esta manera me dejé de sentir mal por haber gastado todo ese dinero en algo que no era fundamental. Curiosamente no había dudas. Todo había sido tan accidental que resultaba satisfactorio.

Y no me sorprendió descubrir que Tolteca resultara un gran catalizador, afectando profundamente mi vida desde el primer día. Miami se volvió historia. Ahora todo lo que queríamos era tener tiempo libre en Montana. Por ello dejamos nuestra casa en Florida y empezamos a contarles a nuestros alumnos historias de las montañas rocallosas, de nuestros viajes por esos caminos, de las cascadas, de los geiser.

El riesgo de que nos estrelláramos con la naturaleza circundante resultó ser muy cierto, y tuvimos muchos accidentes al principio. Fue una gran oportunidad ajustarnos a esto. Teníamos que estar cien por ciento concentrados siempre, y alertas, como nunca antes. Teníamos que aplicar la impecabilidad al andar en moto en estas áreas y esto quería decir que no podíamos soñar despiertos, ni poner el piloto automático y mucho menos tener una interrupción en la concentración. Ovejas de montaña, alces, antes, guajolotes y particularmente venados se cruzaban inesperadamente en la carretera a cualquier hora del día, salían del bosque o se materializaban en cualquier lugar, particularmente después de las curvas. Andar en moto se convirtió en una tarea de concentración, era como meditar, y Carmela, siempre sobre mi hombro, se unía a mí y éramos dos pares de ojos para estar alertas.

Que Carmela siempre estuviera atrás no era justo, y era obvio que iba a querer empezar a manejar la motocicleta, graduándose de "perra" a "jefe", como dice el argot de los motociclistas. Y esta graduación implicó otra historia mundana de navegación.

Cada vez que íbamos a la agencia Harley para mantenimiento o sólo para ver, Carmela se sentaba en los diferentes modelos y soñaba que las manejaba.

—¿Cuál te gusta más? ¿Cuál es tu modelo favorito? —le pregunté un día mientras la observaba subiendo a uno de los modelos más grandes.

—No una de estas grandes —dijo— Son muy pesadas para mí. Me gusta la Sportster, el modelo 1200. Pero quiero que tenga cajuela, como la Tolteca.

—¿Qué color? —le pregunté por saber.

—Plata, sin duda —dijo Carmela sonriendo— Con todo cromado —se rió, haciendo una cara de piloto enojado— Quiero que sea ruidosa —pero luego sólo se alzó de hombros— Nunca he visto una como esa de todos modos, y no tengo licencia y no sé si pueda montar una moto tan grande.

Vi que se acercaba un vendedor. Le pregunté si tenían modelos Sporster con cajuela.

Lo pensó un momento, luego se le iluminaron los ojos y dijo:

—De hecho, creo que tenemos una Sportster con cajuela en el sótano. La acaban de traer, la cambiaron por otra. Es la primera así que he visto. Si quieren vengan y la vemos.

Lo seguimos. La agencia en Missoula era una de las más grandes del país. Tenían cerca de cien motocicletas en exhibición y, descubrimos, que tenían aún más en el sótano. Antes de que darnos cuenta estábamos justo frente al modelo que Carmela había descrito. Todo en plata, cromado, con todos los accesorios. Nunca habíamos visto una así, y nunca veríamos otra. Nos quedamos boquiabiertos.

Tenía unos pocos rasguños en las bolsas y el vendedor nos dijo que la moto no podía utilizarse hasta que estuviera reparada.

—¿Qué vamos a hacer ahora? —le pregunté cuando nos quedamos solos.

Carmela dijo que no con la cabeza. Seguía impresionada de una sincronía tan extraña.

—Bueno, si en verdad la quieres, necesitas la licencia. Lo mejor es que te inscribas para el curso este fin de semana.

—Lo sé —dijo Carmela—, pero alguien me dijo que esos cursos siempre están llenos y hay que esperar mucho tiempo.

Y era cierto, estaba todo apartado hasta finales de año en todo el estado. Pero Carmela pidió que la pusieran en una lista de espera. Estuvo muy bien.

—Si puedo entrar al curso una de estas semanas la moto seguirá disponible y será como una señal de que debemos comprarla. Si no, no. —prefirió dejar que el universo tomara la decisión por ella. Aunque estaba emocionada de lo que había pasado, no se sentía del todo a gusto con la velocidad de las cosas y estaba pensando en qué era lo mejor que podía hacer.

Yo también no estaba tan seguro. Quería que tuviera la experiencia, pero también me preocupaba que se lastimara.

Un día después de haberse puesto en la lista de espera recibió una llamada en la que le decían que la esperaban para el curso la semana siguiente. Las clases iban a ser en Missoula, lo que era muy cómodo. Pasó dos días aprendiendo a andar en motocicleta y aprobando para tener su licencia y al mismo tiempo yo fui a regatear el precio de la moto y la compré antes de que hubiera terminado el curso. Esa misma tarde manejó perfectamente ciento sesenta kilómetros de Missoula a Thompson Falls, graduándose *magna cum laude* de "perra" a "jefe".

Otra vez, no había ni asomo de duda de que habíamos actuado de acuerdo al universo. Todo había estado tan ordenado que parecía un presagio. Sabíamos de los peligros de la motocicleta. Cada fin de semana un motociclista moría en la región y todos tenían una historia de alguien que había chocado con un venado. Pero la emoción de la experiencia misma lo hacía valer la pena. Convertirte en uno con la máquina y la naturaleza al mismo tiempo, la sincronía del sonido del escape, la emoción de las curvas, tener el viento soplando a través de tu mente, enfrentar el tiempo en sentido contrario, estar absolutamente presente y consciente, estar tan cerca de la muerte en ocasiones, y por ende tan cerca de la vida. Era completamente lógico.

Antes de llegar a casa esa primera noche, mientras Carmela se hacía una con su máquina durante ese primer viaje, soñó con su nombre: "Zazen" ("meditación sentada"). Los dos teníamos la costumbre de darles vida a nuestros vehículos dándoles nombres. El Nahual siempre nos dijo que las máquinas podían permearse con nuestra energía y que podían convertirse en una extensión de nuestra totalidad energética. Eso tenía sentido para mí, y al correr con nuestras adoradas máquinas por más de cuarenta y ocho mil kilómetros ese verano y el siguiente, Tolteca y Zazen cobraron vida. Y nosotros también.

Entre más historias de navegación compartíamos, más se interesaban nuestros alumnos en esta forma de vivir. Pero estando básicamente encerrados, y cuando otros tomaban todas las decisiones por ellos, no tenían mucho espacio para experimentar con la navegación.

"¿Cómo van a recordar esto una vez que salgan de Spring Creek?" "¿Hay libros sobre la navegación?" Estas y otras preguntas nos hicieron crear un pequeño panfleto donde resumíamos los conceptos principales y enlistábamos los parámetros fundamentales que son necesarios para ser exitoso en esta forma de ver la vida llamada el arte de la navegación. Era un resumen conciso y sin duda incompleto, pero esperábamos que les sirviera a nuestros estudiantes al menos de guía.

NAVEGACIÓN: Un modo de vida alternativo que se estructura al seguir claves, signos, pistas, sospechas, corazonadas e incluso largos guiones que nos muestra el universo para guiarnos. Las claves pueden serlo todo, a menudo son sincronías (coincidencias improbables pero significativas), o cualquier cosa que sobresalga. Estas señales, pistas, signos, corazonadas y augurios de navegación suelen volverse obvios, imperiosos y absorbentes al desarrollar conciencia, como se señala abajo. Navegar es bailar con la realidad, es escuchar la música del universo y moverse con ella. Una buena navegación nos provee de velocidad y dirección para obtener todo nuestro potencial, nuestra liberación o iluminación.

La navegación es vivir en la magia y experimentar la corriente, la pertenencia y la felicidad. Finalmente, la navegación es vivir la vida de la vida.

Para desarrollar herramientas de navegación, y para programar nuestro sistema de navegación, debemos entender, clarificar, desarrollar y alimentar un PROPÓSITO.

PROPÓSITO: La fuerza universal e individual que da forma a nuestra vida en toda su complejidad. Está basado en nuestras convicciones y creencias más profundas. Sólo podemos lograr algo si en verdad lo creemos. Para poder influenciar nuestro propósito no es suficiente desear algo. Necesitamos afectar y energetizar nuestras creencias más esenciales, nuestras visiones y ambiciones. Esto puede lograrse programando nuestra totalidad con el estado del propósito, tal como un actor se prepara para representar un nuevo papel. Tenemos que fingir que el estado de nuestro propósito ya se ha manifestado y que ha inundado nuestro inconsciente con la percepción respectiva. La acción, los gestos, la postura, los manierismos y una visualización detallada son clave para un buen propósito. Entre más los repetimos más fuerte estamos afectando nuestras creencias esenciales y por ello hacemos del propósito algo real. Imaginar y los juegos psicológicos tienen muy poco éxito. ¡Lo que es efectivo es la acción!

Para energetizar nuestro propósito y para liberar sus poderes creativos más efectivamente, necesitamos cargarnos de ENTUSIASMO.

ENTUSIASMO: Es la energía de mayor inspiración que podemos generar. Es un flujo de corriente de emoción alegre que nace desde el corazón. Esta se libera y se llena de energía al mismo tiempo, por el hecho de que finalmente nos estamos haciendo cargo de nuestro propósito. Simultáneamente ayuda a que el propósito se haga realidad.

"Nada grandioso se ha alcanzado sin entusiasmo", escribió el filósofo trascendentalista y poeta Ralph Waldo Emerson.

El entusiasmo tiene que ser facilitado, permitido y alimentado, antes de ser forzado. Surge, naturalmente, del alineamiento del corazón, el espíritu y la mente, en ese lugar donde nuestros más profundas creencias están en armonía con nuestra sabiduría intrínseca y la adquirida, y una vez que estemos comprometidos en algo que sea agradable, que sea correcto y se sienta completo.

Hay que ser cuidadoso al formular nuestro propósito para poder alinearlo con nuestra sabiduría y con aquello que percibimos como el propósito universal; esto facilitará el entusiasmo. La acción, el movimiento, un modo de vida saludable, visualización de un estado de energía positivo, Qi Gong y cualquier cosa que aumente nuestra vibración facilitará y alimentará nuestro entusiasmo.

Para mantener y apoyar el entusiasmo, y todos los otros elementos de la navegación, es absolutamente esencial cultivar la PERSEVERANCIA.

PERSEVERANCIA: Es el elemento indispensable de la dedicación, la constancia, la paciencia y la persistencia que mantiene, alimenta y, a final de cuentas, balancea todos los otros elementos de la navegación. Estos elementos sólo pueden desenvolverse en sinergia con determinación y perseverancia.

Transformar nuestra vida con el arte de la navegación, ir de la experiencia subjetiva de estar usualmente en desacuerdo con gran parte de la realidad, a la experiencia continua de la armonía y la corriente, requiere de toda la perseverancia que podamos cultivar. Cultivar perseverancia es como preparar la tierra para que crezcan todos los otros elementos de la navegación. La perseverancia no debe limitarse. A final de cuentas es telúrica, alimenticia, sirve de base, y es natural.

Pasar el tiempo en la naturaleza y conectarnos con la tierra de alguna manera ayuda mucho a desarrollar perseverancia y firmeza. Respiraciones abdominales y algunas posturas de yoga o Qi Gong también son muy buenas para alimentar esta característica. Buscar el balance en cada aspecto de nuestra vida produce, naturalmente, paciencia, estabilidad y resistencia, todos estos aspectos relacionados con la perseverancia.

"Si vamos hacia la dirección adecuada, lo único que tenemos que hacer es no parar", dice un viejo proverbio budista.

Una vez que nuestro sistema de navegación ha sido programado con el propósito, cargado con el entusiasmo y puede apoyarse en la perseverancia, tenemos que calibrarlo con la IMPECABILIDAD.

IMPECABILIDAD: La práctica de actuar lo mejor que podamos en cada situación dada.

La impecabilidad es sabiduría en acción. El grado de nuestra impecabilidad y precisión determina la confianza de nuestra navegación. La impecabilidad y la integridad nos ayudan a interpretar las señales de la navegación de manera correcta. Sin el compromiso de la impecabilidad, y sin ser honestos con nosotros mismos, podemos hacer de la navegación algo contra intuitivo o una idea contraproducente. O podemos sentir que una cierta situación que llegó a nuestra vida es el resultado de la navegación cuando en realidad no estábamos abiertos a todas las posibilidades con la misma impecabilidad.

La impecabilidad y la integridad deben encarnar en nuestra vida con belleza y elegancia. Alimenta el amor propio, la confianza y el respeto. La impecabilidad continua y la integridad mueven nuestro propósito individual hacia el propósito universal, unificándolos eventualmente, de lo que resulta una liberación total y en una experiencia ilimitada.

¡La impecabilidad es increíblemente poderosa! Para ganar sabiduría de impecabilidad, para entender y afectar nuestro propósito y para percibir las señales de la navegación tan bien como se pueda. Necesitamos practicar, acumular y mantener PRESENCIA.

PRESENCIA: La conciencia silenciosa que se vuelve aparente después de la reducción y la eventual terminación de nuestro compulsivo diálogo interno, esa charla inservible que no para en nuestra cabeza. Nuestro diálogo interno mantiene nuestro mundo y nuestro propósito tal como es. Provoca un sufrimiento sin fin y nos impide estar presentes y alertas como para percibir las señales que nos permiten navegar. Impide cualquier avance espiritual significativo y provoca la separación de todos y de todo a nuestro alrededor. Nuestro diálogo interno tiene que ser disminuido y controlado a toda costa.

Las técnicas de meditación se enfocan en obtener el silencio interior más adecuado. Inundar la mente con datos, caminar mientras mantenemos una visión periférica y técnicas similares pueden ser de mucha ayuda. Algunas formas de artes marciales, el Tai Chi, el yoga, etcétera, pueden construir silencio debido a la concentración que necesitamos para la ejecución de los movimientos. También ocurre lo mismo con algunas formas de danza. Escuchar muchos sonidos ambientales al mismo tiempo, en lugar de enfocarnos en uno solo, nos ayuda a estar presentes.

Acallar nuestro diálogo interno y alcanzar un estado de conciencia alerta toma perseverancia y paciencia, pero es absolutamente esencial para la navegación y la liberación.

Mientras que todos estos parámetros están unidos y trabajan en sinergia, en nuestro trabajo con los estudiantes siempre enfatizábamos el silencio interno, más que otra cosa. No sólo era nuestra más importante prioridad, también lo subrayamos por un evento que ocurrió hacia finales del primer año que estuvimos en Spring Creek Lodge, mientras todavía viajábamos de Montana a Florida.

En noviembre de 2004 estábamos muy afectados por el resultado de las elecciones presidenciales en Estados Unidos. Como consecuencia perdimos nuestro equilibrio y nos fue difícil dejar nuestro diálogo interno. Esto influyó mucho en nuestro bienestar.

—Tal vez tengamos que ir a unos de estos retiros de los que me has hablado —dijo Carmela, que generalmente estaba balanceada por naturaleza. Estaba inusualmente afectada.

No contesté inmediatamente. Me había gustado mucho la consecuencia del retiro que había tenido en Tailandia hacía muchos años, pero seguía consciente de lo difícil de la experiencia. Había sido duro y, al mismo tiempo, nos iban a separar durante el retiro.

—Bueno, lancemos la idea al aire y veamos que cae —dije como siempre que pasaba algo parecido— Esto no es algo con lo que yo me sienta muy a gusto decidiendo rápidamente —y lo dejamos ahí.

Sólo dos días después Carmela estaba hablando al teléfono con la madre de uno de nuestros estudiantes. Le dijo lo siguiente:

—No puedo creer que ahora mi hijo disfrute del yoga y de la meditación —estaba agradecida y emocionada— Hace algunos meses lo único que le interesaba era la música rap, las drogas y el alcohol. Muchas gracias por lo que le están haciendo a estos chicos —continuó— ¿Han escuchado de Vipassana? Son retiros de silencio y meditación de diez días que han sido aplicados en correccionales con mucho éxito. No sé si pudieran hacer algo así en Spring Creek Lodge. Te voy a mandar el video de estos programas y algún material más. Por favor, velo. Sería fantástico si los chicos pudieran experimentar eso.

Pocos días después recibimos su paquete con el material publicitario, donde venía descrito cómo aplicaban el Vipassana en la prisión. Pero para cuando llegó la información nosotros ya habíamos hecho mucha investigación. Yo no esperaba que algo así, tan poderosamente, sucediera después de la conversación entre Carmela y yo, pero así había pasado. No había hablado de retiros de silencio por años, y nadie lo había hecho alrededor de nosotros. La escuela no quería un experimento de esta naturaleza en ese momento, pero curiosamente había un retiro de diez días agendado cerca de la región, exactamente en las vacaciones de Navidad y Año Nuevo, en menos de un mes. Y ya ni nos sorprendimos cuando nos dijeron que sólo había dos lugares disponibles. Como siempre, preguntamos y el universo contestó. Aún después de años de mantener este diálogo con la vida, todavía lo sentía asombroso.

Vipassana significa ver las cosas como son. Es una de las técnicas de meditación indias más antiguas. Retiros de diez días son continuamente ofrecidos alrededor del mundo. Son gratis, ni siquiera cobran la comida ni el hospedaje. Todos los gastos los cubren las donaciones. El Vipassana es un serio asalto, completamente pragmático, a la naturaleza compulsiva de nuestro diálogo interno. Por diez días seguidos los participantes del retiro no hablan y se enfocan solamente en el área debajo de su nariz, en ese lugar donde se puede sentir la respiración. Al principio del cuarto día, esta atención tan particular se dirige a revisar todo el cuerpo, en busca de alguna sensación particular. Es un ejercicio de percepción solamente, y los pensamientos surgen con la intención de distraer. El esfuerzo primordial radica en que la persona debe redireccionar su atención de sus pensamientos hacia su cuerpo.

El retiro se llevó a cabo en la isla Whidbey, cerca de Seattle, Washington. Éramos como ochenta personas, de los dieciocho a los ochenta y dos años, que nos habíamos congregado ahí para pasar las fiestas, y para afrontar la naturaleza compulsiva de nuestra mente para poder ver las cosas tal cual son. Con aprensión y un poco de preocupación, Carmela y yo nos abrazamos para despedirnos y nos rendimos al más profundo de nuestros deseos: nuestra necesidad de libertad, libertad del dominio de nuestra mente pensante. El ambiente en estos lugares es asfixiante, sin duda, pero estos retiros Vipassana de diez días son sin duda el mejor curso para alguien lo suficientemente atrevido como para intentarlo.

La técnica de meditación que es utilizada durante el Vipassana utiliza nuestra atención para encender la conciencia de todo nuestro cuerpo, que normalmente se encuentra reglado a una inconsciencia virtual debido al dominio de la mente. Mientras despierta nuestra totalidad, nuestra percepción de la realidad cambia tan profundamente que ya no somos capaces de ponerlo en palabras o en pensamientos. Nuestro entendimiento del mundo se ve reemplazado por un saber silencioso, indiferenciado, sin límites, que trasciende todo concepto.

La mente pensante, sin embargo, es el centro del universo. Ha creado y sostiene todo lo que sabemos, y naturalmente se siente obligada a determinar y a defender las creaciones de su vida. Consecuentemente, durante el curso del retiro, la mente hará lo que sea para mantener el estatus quo.

Pero también nos encontramos permeados por el Propósito Universal que nos mantiene sin descanso y deseando despertar a una naturaleza sin límites. Muchos de nosotros intuimos a un nivel profundo que estamos al borde de un descubrimiento iluminador, el descubrimiento de cómo todas las piezas del rompecabezas encajan perfectamente. Al seguir esta intuición tendremos que combatir a la mente ya que ésta oscurece nuestra visión con su incesante fluido de pensamientos. La lucha puede ser intensa, y yo he sudado en mi cojín de meditación muchas veces, inmóvil, sólo tratando de vencer mis convulsiones mentales.

Aun así luchar es el territorio de la mente, y antes de que nos demos cuenta, estamos perdidos en un travestismo fútil. Me di cuenta de que si peleamos por silencio interno y paz, es muy fácil utilizar estrategias de la mente para combatirla a ella misma, creando un problema perpetuo. Y debido a que la mente es una máquina de solución de problemas, los problemas son su alimento y sirven sólo para prolongar su status quo.

Nuestra lucha espiritual tiene un lugar importante en nuestra búsqueda por la felicidad y la liberación, sin embargo. Sin perseverancia, disciplina y otras virtudes del camino del guerrero, nunca podremos avanzar en esta travesía. Pero para que nuestra naturaleza triunfe, necesitamos de vez en cuando dar un salto mortal. En lugar de pelear en contra de lo que nos detiene, tenemos que alinearnos con el propósito universal que nos dirige.

Para poder ganar tenemos que rendirnos. No ante alguien o algo en particular, sólo rendirnos ante lo que *es*. Si lo hacemos así encontraremos que la rendición es el camino más audaz.

Hacia el espacio exterior

"¿Cómo estuvo su retiro?" "Sí, ¡cuenten todo!" "¿En verdad fueron ahí?"

Nuestros estudiantes estaban obviamente curiosos de saber si en verdad habíamos pasado diez días en meditación silenciosa en las vacaciones, como lo habíamos anunciado. Levantarse voluntariamente todos los días a las cuatro de la mañana y quedarse sentado sin moverse por diez horas era muy difícil de imaginar para la mayoría de ellos. Y, como ya sabían que somos dados a disfrutar la vida lo mas posible, estaban realmente confundidos e intrigados.

—Claro que fuimos —contesté— Fue absolutamente asombroso.

—Increíble —añadió Carmela— Todos ustedes deberían hacerlo, como primera cosa antes de graduarse.

—Yo nunca podría permanecer sentado por tanto tiempo —dijo uno de los estudiantes—, me mataría el dolor de espalda.

—Vipassana suele encargarse de ese tipo de cosas —dije— El primer día, sentí cómo un cuchillo se retorcía entre mis omóplatos luego de pasar solamente veinte minutos meditando. El dolor muscular era espantoso. Pero todo lo que tenía que hacer era mantener mi conciencia con la sensación y, eventualmente, se disolvió. El cuarto día pude sentarme por dos horas sin moverme ni un centímetro, y no sentía ningún dolor, en ningún lugar. Me sentía completamente ligero.

Nadie parecía muy convencido.

—¿Qué hicieron cuando terminó? ¿Cómo se sintieron?

—Tomamos un *ferry* y nos fuimos en un tour a las islas San Juan por dos días antes de volver aquí —contestó Carmela.

—Para ser honestos —agregué—, cuando dejamos el retiro, sentimos que estábamos en 'ácido' por tres días seguidos. Esa es la mejor y más corta manera que tengo de describirlo.

Ahora tenía su atención.

—Es absolutamente irreal —continué—Todo era mágico, poco familiar y hermoso. No teníamos sentido del paso del tiempo y nos sentíamos como parte de un cuento de hadas, completamente en armonía con el mundo a nuestro alrededor. De hecho, todavía estamos terminando de digerir esa sensación.

—Yo nunca he tomado un ácido —dijo alguien.

—Bueno, es muy difícil de describir. En realidad fue mejor que estar en ácido. En términos de navegación, fue tan bueno como puede ser. Nuestra experiencia del tiempo después del retiro fue absolutamente perfecto. Todo lo que hicimos se sentía suave y significativo. Toda la gente que conocimos era amigable. Éramos parte de todo, nos sentíamos felices, ligeros y juguetones, como dos niños, pero sin dar nada por hecho. Desearía que todos ustedes pudieran experimentarlo algún día.

—Hice una sesión de yoga la tarde antes de dejar el retiro —siguió Carmela— Fue la mejor experiencia de yoga que he tenido. Fui capaz de observar dónde guardaba la tensión y simplemente relajarme y seguir más allá hacia donde jamás había llegado. Básicamente todo mi cuerpo estaba consciente y yo seguía la corriente con él. ¡Fue realmente increíble!

—Al día siguiente, cuando comimos —continué—, alguien en la otra mesa ordenó un capuchino y, cuando llegó, tuve un reflejo instantáneo que estaba a punto de convertirse en antojo. Pero antes de que pudiera pensar en eso, mi atención se dirigió automáticamente a la sensación física que se había desencadenado en mi cuerpo en el momento en que vi la taza. Sentí una ligera presión bajo mi garganta. Y conforme ponía atención a esta sensación por un momento, justo como lo había hecho tantas veces con otra sensación corpulenta durante el Vipassana, la presión y el antojo se disolvieron. Se fue antes de que pudiera estar totalmente consciente de ella.

Conforme compartimos con entusiasmo las muchas poderosas y liberadoras experiencias que tuvimos durante y después del retiro Vipassana, muchos de nuestros estudiantes parecían genuinamente interesados. Todos querían saber la información de contacto y el lugar donde se llevarían a cabo estos cursos, así que hicimos otro folleto. También integramos el Vipassana en nuestras sesiones de tratamiento, diez minutos cada vez. Influidos por este interés, nos enfocamos todavía con más fuerza en las técnicas que ayudaran a nuestros estudiantes a hacerse conscientes del diálogo interno y a experimentar momentos estáticos. Basados en el trabajo de Eckhart Tolle, el cual nos parecía el conjunto de enseñanzas más accesible en este sentido, desarrollamos una serie de prácticas que llamamos "yoga mental". Eran simples pero efectivos ejercicios, como escuchar el sonido de una campana apagarse o un búho cantando, dejando atraer la atención hasta el silencio estando profundamente alertas. Otra práctica tenía que ver con escuchar todos los sonidos de un ambiente al mismo tiempo, sin concentrarse en ninguno en particular. Incluso los convencimos de hacerse conscientes del silencio del que todos estos sonidos emergen y regresar al punto en el que estos eventualmente se apagan otra vez —o el silencio que rodea a los sonidos y los estira entre ellos. Comparamos los sonidos a las letras en una página en blanco: como el silencio que hace que el sonido salga como las letras de la blancura del papel.

Del mismo modo, intentamos entrenar la conciencia de nuestros estudiantes en el espacio que hay entre los objetos de nuestro mundo visual. Normalmente tomábamos nota de los objetos en sí mismos. A menos que tratáramos de calcular el tamaño de un cuarto, para ver, por ejemplo, cuanta gente cabría en una función, el espacio no tiene información para nuestra percepción así que lo ignoramos. Pero así como el papel en blanco permite a las letras destacarse y el silencio al sonido, así el espacio le permite a los objetos existir. Durante los respectivos ejercicios de yoga mental guiamos a los estudiantes para hacerse conscientes del espacio y la distancia entre las cosas y del volumen que los objetos ocupan. Cuando todos fuimos afuera, estos espacios y distancias se expandieron gratamente. Y conforme dirigíamos la atención de todos hacia los espacios que se hicieron aparentes en el cielo nocturno, entre los objetos celestiales y particularmente alejados, todas nuestras mentes tenían que estirarse necesariamente en esta vastedad, retando todo nuestro concepto de espacio. Al permitirle a nuestra atención estar en contacto con esta vastedad, nos dimos cuenta de que el infinito es, en última instancia, la *ausencia* de espacio, de la misma forma en que la eternidad es la *ausencia* de tiempo. La mente pensante no puede envolver por sí misma estos conceptos, desde luego; no es posible aprovechar o entender esas realidades inagotables e indefinibles. Además, si forzamos a la mente a enfrentar el infinito que es indudablemente visible en el cielo nocturno, se quedará ahí temporalmente, y resultará en preciosos momentos de silenciosa conciencia: ¡Quietud!

Nuestros niños nunca dejaron de sorprendernos. Sobre todo confundidos, pero también evidentemente intrigados por todos estos ejercicios, nos pidieron que les recomendáramos libros sobre este extraño mundo nuevo de percepción que les impusimos. Sentimos que *El poder del ahora* de Eckhart Tolle podía capturar la esencia de los que tratábamos de enseñarles de forma más accesible y apropiada. De acuerdo al reglamento de la escuela, le preguntamos a los padres de los estudiantes interesados si podíamos enviarles una copia. Estas peticiones produjeron las más impresionantes e inesperadas reacciones de todo el tiempo que estuvimos en Spring Creek Lodge. Cuando los primeros libros llegaron, tomaron una especie de estatus de culto en pocas semanas. De repente se convirtió en la cosa más popular leer *El poder del ahora*. "¿Cuándo lo vas a terminar de leer? Yo quiero leerlo también. Mis padres no me han enviado una copia todavía".

Los libros dieron vuelta entre los estudiantes que proclamaban orgullosamente haberlo leído, o hacían preguntas específicas en relación al contenido. Luego de ser alentados por este desarrollo ofrecimos poner grabaciones de las conferencias de Eckhart Tolle los domingos en la tarde durante el tiempo libre de los estudiantes y más de la mitad de ellos se aparecieron. No podíamos creerlo. Aquí estamos, tratando con adolescentes problema, una generación caprichosa de supuestos inadaptados sociales, peleoneros y drogadictos que habían huido de casa. Estos chicos eran perfectamente capaces de tomar desinfectante por su contenido de alcohol o fumar hierbas de la cocina para ver si los drogaba. Respiraban cloro o gasolina de la segadora por la misma razón, y una vez incluso golpearon a un miembro del *staff* en el rostro con una barra de metal de una aspiradora.

Pero esos mismos niños eran perfectamente capaces de seguir el sonido de una campana hasta que dejara de oírse, o escuchar el silencio y tomar nota del espacio entre las cosas. Se hicieron conscientes de sus compulsivos diálogos internos, practicaron las técnicas de sueños lúcidos, intentando entender su percepción energética y su propósito, e incluso consideraron el poder y la belleza de la impecabilidad. Esos mismos niños esperaban poder navegar en su propia forma hacia la universidad después de su graduación. Y, en la cúspide de todo esto, habían hecho de *El poder del ahora* un libro de culto entre ellos. Aunque no todos mostraban el mismo tipo de entusiasmo o interés, ¿cómo no íbamos a estar entusiasmados?

Darle a nuestros jóvenes amigos un cuerpo de memorias de paz y quietud era nuestra prioridad. Sentíamos que estas memorias fortalecían y enriquecían un centro de gravedad lejos de su furioso mundo de pensamientos y deseos. Nosotros no podíamos hacer mucho para reducir a largo plazo sus fervorosos diálogos internos, pero podíamos asegurar sus silenciosas almas con momentos de paz y pureza espiritual. Esta parecía ser nuestra mejor oportunidad para crear y nutrir el propósito necesario para atacar

circunstancias en sus vidas que pudieran ayudarlos para eventualmente romper el dominio de la mente pensante.

La mayor parte de nuestro movimiento, acupuntura, y proto-
colos herbales estaban dirigidos a proveer experiencias balancea-
das, centradas, silenciosas y estados pacíficos de primera mano
para que la mente-cuerpo tuviera puntos de referencia. Muchos
de nosotros conocemos solamente dos estados de la mente: dormir y pensar. Nos hemos olvidado de cómo estar completamente
despiertos y concentrados sin engancharnos en una interminable
charla mental. La risa y felicidad que es inherente en esos momentos de quietud es la semilla de la liberación. El propósito de cualquier semilla, desde luego, es brotar y crecer. Y nosotros sentimos
que la mejor manera de conectar este propósito con las señales de
los rayos solares del universo a la larga es abrirnos a la forma
de vida interactiva que llamamos el arte de la navegación.

Vivir la vida en el excitante espíritu de búsqueda de un tesoro es
bastante satisfactorio y entretenido para la mente pensante, e incluso crea menos antagonismo entre nuestros deseos más profundos
por la liberación y la obsesión de la mente, y el pensar. El único
requisito es una mente abierta y curiosa que esté despierta y alerta
a todas estas percepciones y sensaciones. Todo lo que tenemos que
hacer es voltear nuestra atención hacia el exterior, enfrentando el
tiempo en lugar de quedar atrapado en un procesamiento infinito.
Cuando comemos una comida deliciosa tenemos una experiencia
mucho más plena si nos concentramos en el platillo frente a nosotros, en los colores y en la fragancia de la comida, en el sabor
cuando hace contacto con nuestra lengua y el paladar, que cuando
permitimos a nuestra atención ser absorbida por el proceso diges-
tivo o por cualquier movimiento de las mandíbulas para ese fin. Si
hay un problema con las mandíbulas, podemos tomar nota y hacer
algo, si es necesario, pero no habrá mucho beneficio en mantener
nuestra atención ahí. Esencialmente, sin embargo, eso es lo que
hacemos con la mayoría de nuestras percepciones y sensaciones.

Nuestra atención casi siempre está absorbida por nuestros pensamientos conforme procesan la realidad. Como resultado, nuestra experiencia es completamente internalizada, condenándonos a vivir en una realidad virtual siempre hambrienta por la cosa real.

Cuando navegamos con todo el corazón, dejamos que la cosa real se conecte directamente con nuestra alma, simplemente siendo perceptivos y presentes, desencadenando cualquier acción que sea la más apropiada. Para asegurarnos de que de hecho la acción más apropiada es desencadenada, confiamos en nuestro compromiso con la impecabilidad. La mente pensante tiene que mantenerse en espera el mayor tiempo posible, permitiéndonos observar todo con curiosidad y con un sentido de la maravilla, listo para dar rienda suelta al poder cuando sea necesario, sólo para retirarse de nuevo a la maravilla, una vez que la tarea se completa. Pero hasta entonces estamos viviendo la vida de la vida misma, lo único que necesitamos es tener un propósito firme.

Nuestros estudiantes nos dieron una oportunidad de enriquecer nuestro firme propósito. En más de un millar de sesiones grupales tuvimos que caminar y mantener nuestro entusiasmo vivo. Y cuando nuestro programa en la Academia Spring Creek Lodge llegó a su fin, nos dimos cuenta de que habíamos sido, sin lugar a dudas, los más beneficiados. Hacia finales de 2006, la organización a la que pertenecía Spring Creek y otra docena de escuelas similares, pasó por un gran proceso de reestructuración. Crearon una nueva serie de escuelas, haciendo menores las ya existentes. Nuestra población estudiantil bajó alrededor de un tercio de su tamaño original, eliminando la base económica de nuestro programa. Sumado a eso, el director que nos había llevado a la escuela, nos pidió que dejáramos nuestras sesiones para mayo del 2007.

Cuando nos dimos cuenta de que nos quedaba poco tiempo en Montana, estábamos obviamente curiosos de saber a dónde nos llevaría nuestro viaje. Naturalmente teníamos el propósito de tener un clima cálido y placentero donde pudiéramos seguir trabajando. Sin ninguna directiva de navegación que nos guiara todavía, consideramos tres lugares diferentes, todos parecían atractivos a su manera. Primero estaba Hawai, desde luego. Nuestro amigo Joe nos alentaba a dar finalmente el paso y unirnos a él en su querida isla paradisíaca. Nunca se cansaba de elogiarla. Estábamos abiertos hasta donde nuestro propósito nos llevara, y la energía parecía favorable esta vez. Sin embargo, siempre había habido un ligero reto en términos de mi alineamiento astrológico con la isla.

Originalmente no pensábamos mucho en la astrología, pero luego de conocer a varios astrólogos internacionalmente reconocidos que regularmente daban conferencias en nuestro espacio de eventos en Santa Fe, llegamos a la conclusión de que podía ser fascinante y un arte válido, así como un recurso en la vida de navegación. Incluso lo incluimos en un gran grupo de fenómenos culturales al que nos referimos como "software espiritual". En un nivel más profundo, la astrología parece contener las mismas huellas esenciales que los sistemas de adivinación como el I Ching o el Tarot, y como las mitologías, filosofías perennes y las religiones. En el nivel más básico, todo parecía tener el mismo denominador común, apuntando hacia una necesidad de evolución para trascender nuestro propio ser, para poder despertar a nuestra naturaleza divina y esencial; todo intento de guía en la miríada de diferentes formas de conseguir este fin.

Conforme contemplábamos nuestra primera mudanza a Hawai en 2001, Arielle Guttman, una de nuestras astrólogas amigas, me había advertido sobre una fuerte influencia de Saturno que yo encontraría allá. Ella dijo que Saturno es el aspecto más dominante de la relocalización de mi carta de navegación en Hawai. Saturno generalmente simboliza energías desafiantes. En las palabras de nuestro amigo Alan Oken, otro miembro de la "élite astrológica" de Santa Fe: "Saturno fuerza al individuo para resignarse ante ilusiones e ideas falsas que lo retienen de la liberación y libertad que viene con la despersonalización del ser. Saturno requiere la muerte de la personalidad para que el espíritu pueda emerger de la densidad de nuestro propio ser".

En un nivel práctico esto aparentemente significa que podría encontrar restricciones, limitaciones, lecciones kármicas, a menos que aprovechara la ocasión y me conformara ante la influencia de Saturno. Aunque ese aspecto de Saturno no niega ni disminuye la imaginación, inspiración, espiritualidad o incluso la buena suerte, sí demanda que esas cosas tengan una estructura y sentido. Arielle resumió que la energía astrológica en Hawai no soportaría ningún esfuerzo expansivo y materialista, como crear un negocio, por ejemplo, pero podía ser un buen lugar para la introspección, transformación o para escribir un libro. Con todo esto en mente, decidimos embarcarnos en una misión exploratoria.

El segundo lugar al que nos sentíamos atraídos era Barcelona. Otro querido amigo nuestro acababa de mudarse ahí. Estaba en el proceso de abrir una clínica y cuando supieron que nos mudaríamos pronto, rápidamente nos alentaron a alcanzarlos. A Carmela y a mí nos gustaba mucho Barcelona, y ya habíamos hecho un tour por toda Europa en motocicleta. No había preocupaciones astrológicas ahí ni problemas de licencias, hasta donde sabíamos. De nuevo, decidimos agendar una visita para probar la energía allá. El tercer lugar que considerábamos para vivir era Tucson, Arizona. Recién habíamos pasado una semana en el sur de Arizona y lo encontramos tan amigable y acogedor como siempre. Nada particularmente excitante pasó y yo no estaba tan entusiasta con mudarnos a un lugar en el que ya había vivido. Pero se sentía como una buena opción, en caso de que los otros dos proyectos no tuvieran éxito. Tucson había sido bueno para mí e, incidentalmente, tenía a Júpiter a la mitad del cielo de la reorientación de mi carta de navegación, que generalmente tiene que ver con el disfrute, la suerte, el bienestar, la expansión y el éxito.

Aunque ambos nos inclinábamos ligeramente hacia Barcelona, se volvió evidente muy pronto que tendríamos que lidiar con las implicaciones de Saturno en su lugar. El guión universal clara e inequívocamente nos envió a Hawai. Como sucedía usualmente en los grandes cambios en nuestras vidas, no había ambigüedad. Poco después de que habíamos transmitido nuestra petición al Propósito, el gobierno español decidió regular la acupuntura con la condición de que tuviéramos un examen comprehensivo para practicar ahí. Desde luego, el examen sería en español, que no lo hacía nada fácil. También supe que tendría que enfrentar obstáculos significativos para reestablecer mis privilegios de trabajador europeo, luego de haber tomado la nacionalidad americana.

El Estado de Hawai, por otro lado, aceptó nuestra aplicación para la licencia sin la menor vuelta o petición adicional, cosa que es bastante rara. Nuestra licencia salió en tiempo récord e incidentalmente el día de mi cumpleaños, el 4 de diciembre. Muchos pequeños pero no menos comprometedores signos del soporte universal, en relación a hogar y trabajo, amplificaban el aporte de navegación. Y sólo en buena medida, el Propósito lanzó otra enorme sincronía, en caso de que nuestro deseo por paseos en motocicleta en Europa pudiera nublar nuestra visión. En el último día del viaje de exploración en Hawai, manejamos al puerto de Honolulu camino al aeropuerto. En lugar de tomar la autopista, queríamos empaparnos con unas últimas impresiones de las playas y el área baja. Cuando dimos vuelta en la esquina con el boulevard Ala Moana, que corre a lo largo de la costa, un crucero enorme apareció frente a nosotros, como de unos diez pisos. Era el "Infinito" en toda su gloria. Era una magnífica sincronía. Un escalofrío bajó por toda mi espina dorsal. El "Infinito" atracaba en Honolulu sólo dos días al año durante la temporada de viajes desde Alaska hasta el Caribe y de regreso.

—¿Qué puedo decir?

Obviamente, Hawai había llegado a nuestro propósito y nos había abierto sus puertas. Pero por la sombra energética de Saturno, ese paraíso no se volvió incondicional. El propósito salió de su curso para hacer esto muy claro. Nuestra misión de exploración no sólo nos dio luz verde para mudarnos a Hawai, terminó siendo una película de proporciones míticas en la que la gran imagen del "Infinito" en las costas de Honolulu sólo era los créditos iniciales.

Ya habíamos recibido noticias desalentadoras desde España, pero no sabíamos aún del regalo de cumpleaños que me había dado Hawai: la licencia para practicar acupuntura. Siguiendo varias recomendaciones de amigos incluimos en nuestro viaje un recorrido por la Gran Isla y ahí nos quedamos una semana, antes de visitar Oahu. Dos de estos amigos eran Rosie y Misha, que conocimos en nuestra época en Santa Fe. Ambos trabajaban en el área de la salud. Rosie practicaba psicología y Misha acupuntura. Estábamos ansiosos por escuchar sus experiencias profesionales. Desgraciadamente ellos no habían podido asentarse en la isla y tuvieron que mudarse de nuevo a tierra firme poco después de nuestra visita.

La mañana del quince de octubre del 2006 dejamos Thompson Falls y nos dirigimos hacia Kona, Hawai. Acababa de encender el motor cuando René, nuestra vecina de junto, llegó corriendo con los ojos muy abiertos y moviendo los brazos.

—¿Escucharon? ¿Escucharon? Acaba de ocurrir un terremoto en la Gran Isla, 6.7 de magnitud. Está en todas las noticias.

Carmela y yo nos quedamos viendo.

—Me gustan los terremotos —dije después de un segundo, sonriendo. Pero al ver el gesto de René, cambié mi expresión a algo más consternado y pregunté— ¿Hay muchos heridos?

—No lo creo, no dijeron nada —contestó ella.

—Bueno, entonces yo creo que ya nos vamos —dije sonriendo una vez más.

—Puede haber réplicas —añadió René mientras arrancábamos.

—Por favor cuídense —dijo diciendo adiós.

—No te preocupes, gracias por decirnos —le contestamos despidiéndonos.

—Wow, que coordinación —dijo Carmela incrédula.

—No tengo idea sobre qué hacer con esto —dije un poco confundido—, pero no puedo evitarlo, en realidad me gustan los terremotos.

—A mí también, siempre me han gustado, incluso de niña —dijo Carmela. Sus ojos brillaban con entusiasmo.

Al llegar a la Gran Isla exactamente al día siguiente, después de pasar una noche en Seattle, las consecuencias del sismo aún eran visibles. Algunas carreteras estaban dañadas y sembradas de rocas y escombro, pocos hoteles estaban cerrados por daños en la construcción. Nadie parecía estar muy preocupado. Los terremotos son bastante comunes en islas volcánicas, aunque no de esta magnitud. Desde el punto de vista de la navegación el terremoto no era ni bueno ni malo, era más como un gran signo de exclamación que resaltaba nuestra consciencia. Lo siguiente que notamos fue que Kona, con sus casi diez mil habitantes, estaba inundado de triatletas. Casi dos mil competidores estaban calentando para el campeonato "Hombre de acero", que iba a realizarse el siguiente fin de semana. A donde fuéramos, estábamos rodeados por atletas extremos determinados y salvajes, y producían un campo de energía muy grande. En su presencia, yo oscilaba continuamente entre sentirme débil y blando, así como valiente y determinado a ponerme en forma y convertirme en un hombre de hierro. En general fue una influencia refrescante, pero eventualmente tuvimos que salir de la ciudad para relajarnos. El tema de nuestra visita a la Gran Isla parecía ser la intensidad, por todo lo que sucedía. Esto no era una sorpresa, considerando que el lugar está instalado justo sobre un hoyo en la tierra en donde la lava pasa continuamente hacia una placa tectónica. La montaña más alta de la isla es uno de los volcanes más activos del mundo, y se encuentra a una distancia de más de diez mil metros sobre el nivel del mar. El enorme peso de esta cantidad de lava algunas veces hace que la tierra se cimbre, desencadenando un terremoto como el que acababa de ocurrir. Teniendo apenas unos pocos cientos de miles de años, la Gran Isla es una de las formaciones geológicas más jóvenes de la Tierra.

En nuestro camino a Hilo, donde vivían nuestros amigos Rosie y Misha, decidimos rendir nuestro tributo a Pele, la diosa del fuego hawaiana, y que usualmente se dice está a cargo de las islas. Supuestamente vive dentro del volcán Kilauea, pero nos dijeron que la mejor forma de entrar en contacto con ella era estar cerca del área donde la lava se une con el océano, dando a luz nueva tierra. Algunas de las tuberías de magma se han abierto, dejando la lava a la intemperie, y nosotros estábamos ahí, impactados, a pocos metros de ese río de líquido rojo y caliente de rocas derretidas que salían cerca de nuestros pies para encontrarse con el mar. El nivel de intensidad de la visita subió un grado más.

El mejor momento para ver a Pele en su esplendor es cuando, en la noche, su espíritu iluminado emana de cientos de ojos valientes, y cuando deja escapar aquellas nubes de vapor gigantescas y bailarinas, cuando la lava llega al océano. La pesada subida de dos horas a los campos de lava donde el magma se encontraba a la intemperie, y donde las nubes rojas aparecían, hizo de nuestra experiencia algo más irreal e inolvidable, especialmente después de que fallaron las baterías de una de nuestras linternas sordas. Tuvimos que regresar utilizando sentidos que no sabíamos ni siquiera que teníamos para no caer en desfiladeros o cortarnos con piedras formadas recientemente por la lava. Pasamos la noche en la Casa del Volcán, a pocos pasos de la casa de Pele en el cráter Kilauea, y experimenté sueños lúcidos mientras me sentía enamorado de la Tierra.

Llenos de respeto y aprecio por esta isla mágica y poderosa, llegamos a casa de Rosie y Misha un domingo a medio día. Era una estructura de madera pequeña y amigable, orientado hacia el Este para ver el volcán Manua Kea de más de cuatro mil metros de altura, así como el océano. El área recibía mucha lluvia y por ende la vegetación de la casa era abundante y verde. Rosie salió a recibirnos. Su hermosa cara pecosa, con una gran sonrisa, estaba más radiante que nunca. Nos abrazamos calurosamente después de no habernos visto en varios años.

—¿Dónde está Misha? —pregunté buscándolo.

—Tiene que estar aquí pronto —contestó Rosie—, tiene muchas ganas de verlos. Pero... ya saben cómo le gusta la naturaleza. Nos vamos de la isla el fin de semana y él quería salir de campamento una última vez. Se fue el viernes y no sé bien a dónde, su celular no tiene señal.

Misha había nacido en Rusia y le encantaba estar en exteriores. Incluso participó en competencias de sobrevivencia en la jungla. A Rosie la conocíamos de mucho tiempo antes. Misha era un seguidor ardiente de los escritos de Carlos Castaneda sobre el sendero del guerrero y por supuesto, le gustaba escuchar mis experiencias de cuando practicaba con el maestro. En una ocasión inauguramos una muestra de nuestra amiga Pola López que había creado una serie de pinturas, describiendo elementos del mundo de Castaneda. Las pinturas mostraban su interpretación de conceptos tan abstractos como "El mar de la conciencia", "Seres dobles", "La energía del cuerpo" y "La danza de la navegación". Pola, que era más visual que verbal, como ella misma decía, me pidió que diera una plática durante su inauguración para que la audiencia pudiera entender su trabajo. Fue en este evento cuando conocí a Misha. Acompañaba a Rosie a la inauguración y le pedí si podía filmar la presentación. Me dijo que por supuesto, y pocas semanas después, mientras cenábamos en una casa de amigos mutuos en Santa Fe, me dio una copia de la filmación. El video resultó ser un regalo hermoso. Estaba muy bien hecho, y me dio la oportunidad única de verme a mí mismo mientras definía el mundo del Nahual y describía la manera en que me relacionaba con él.

—¿Tienen hambre? ¿Les gustaría tomar un té? —nos preguntó Rosie mientras nos sentábamos dentro de la casa.

—Un té está bien, gracias —contestamos.

Después de dos horas de charla e intercambio, Rosie se empezó a poner nerviosa. Intentó llamar al celular de Misha muchas veces, pero nadie contestaba.

—Hay muchas áreas de la Gran Isla donde no hay recepción telefónica —dijo tratando de calmarse— Tal vez se le descompuso la camioneta. Me dijo algo de manejar por un pésimo camino pasando Mauna Kea. Le tomará mucho tiempo volver aquí a pie —continuó.

Nosotros tratamos de calmarla, pero no sabíamos bien qué decir. Después de un rato todos fuimos a dar una vuelta para ver una cascada espectacular que estaba cerca, pero cuando terminamos, ya anocheciendo, aún no había llegado Misha.

—Esto no es algo que él haría —dijo Rosie— Sabía que ustedes venían, y realmente estaba deseoso de estar con nosotros —repetía nerviosa.

Después de una cena incómoda nos fuimos al hotel a pasar la noche. Rosie ya nos había advertido de que su casa estaba toda empacada para la mudanza a tierra firme, así que tuvimos que hospedarnos en el hotel Hilo. Cuando nos fuimos quedamos en ir a la policía si Misha no llegaba en la mañana. A los ocho de la mañana Rosie llegó al hotel y nos puso en acción. Llenamos un reporte de persona extraviada y con mucho esfuerzo logramos que la policía mandara un helicóptero para que lo buscara.

Misha había hablado de cuatro áreas antes de irse: el camino después de Mauna Kea, los volcanes del parque nacional cerca de Kilauea, la playa Green Sands en la carretera del sur y una pequeña bahía sin nombre que estaba al final del camino hacia el mar. Teníamos la misma guía que Misha utilizó para decidir a dónde iría. Después de comparar todos los lugares tuve una corazonada de que había ido al camino hacia el mar. La descripción era intrigante: decía que tenía que circular por casi diez kilómetros en un camino cercano a la lava y la guía decía que la bahía era "el lugar perfecto para quien quiere dejarlo todo". Este era el lugar que a mí me hubiera gustado ver, y estoy seguro de que a Misha también. Era como a dos horas manejando desde Hilo y nos fuimos ahí inmediatamente.

La tripulación del helicóptero tenía instrucciones de buscar en los cuatro lugares. Después de una hora conduciendo recibimos

una llamada diciendo que ya habían buscado en las dos playas, en
la de la carretera del sur y la del camino hacia el mar. En ningún
lugar habían encontrado restos de la camioneta de Misha. Confiamos en nuestra corazonada, sin embargo, y decidimos ir a ver por
nosotros mismos. El helicóptero siguió su búsqueda en las áreas
cercanas a los volcanes.

El camino hacia el mar no era de este mundo. Nos tomó como
cuarenta y cinco minutos llegar de la carretera principal hasta el
océano al pasar por aquellos diez kilómetros. Tuvimos que batallar
con un mar de lava fragmentada que se extendía de los dos lados
del camino. Incluso el azul profundo del Pacífico, allá a lo lejos,
parecía amenazante en su vastedad. No había vida en kilómetros.
Las nubes se movían rápidamente y se veían sus sombras sobre los
ríos de lava, creando una atmósfera ominosa. Empecé a dudar que
Misha o cualquier persona insistiera en seguir por esta tenebrosa
carretera para encontrar un lugar donde acampar. Era tan extraño
que empezamos a reírnos en el trayecto. Rosie pudo distraerse por
todo lo que estaba pasando, estaba concentrada en no salir volando del Jeep. Por supuesto que la tripulación del helicóptero nos
advirtió que no encontraríamos nada llegando a nuestro destino.

Pero desgraciadamente estaban equivocados. Llegamos a la playa
después de dar una última curva y vimos la camioneta de Misha.
El golpe que sintió nuestro corazón fue casi audible. Las puertas
y la cajuela estaban cerradas, pero después de haberlas forzado y
de revisar las provisiones de Misha, pudimos determinar que había
estado ahí hacía dos días, el domingo en la mañana y sólo se había
llevado su esnórquel. No había vuelto.

Rosie se aferraba a la remota posibilidad de que Misha hubiera caído en una de las muchas grietas que dejaba la lava tratando
de buscar un lugar donde hacer esnórquel. Podría haberse roto
una pierna y haber quedado inmovilizado. Así que nos dividimos
y empezamos a buscar por toda el área, ayudados por el helicóptero que había vuelto. La costa estaba llena de piedras, y no era

imposible que alguien se hubiera podido romper ahí una pierna tratando de encontrar un buen lugar para bucear. Pero todos nuestros esfuerzos resultaron en vano, y para el anochecer volvíamos por el campo de lava hacia un motel cercano para poder continuar la búsqueda al día siguiente en la mañana.

Pero nunca encontramos el cuerpo de Misha.

Aun si hubiéramos percibido el terremoto, a los dos mil competidores del concurso "Hombre de acero", y la explosión y el fluido de lava con expresión de intensidad, compartir esta pesadilla con Rosie le dio al término "intensidad" todo un nuevo significado. Desde que encontramos la camioneta abandonada hasta que tuvimos que dejar a Rosie con sus amigos y sus padres, que habían llegado en un vuelo al día siguiente, el mundo no fue como lo conocíamos. Instintivamente, tres de nosotros nos aferramos al instante, tratando de darle al pasado y al futuro la menor realidad posible. Este parecía ser el único modo de aligerar el golpe que había resentido el corazón. Rosie resultó estar muy mal en su sabiduría instintiva. Cada vez que su mente se ponía en la perspectiva del tiempo, era para suavizar y sanar el sangrado de su corazón.

—Saben —nos dijo durante las largas horas de esa terrible noche—, cuando Misha se fue para este viaje se detuvo en la puerta, se volteó y me miró con sus hermosos ojos azules. Después movió un poco su cabeza, como si no tuviera palabras, y dijo "Sabes, te amo muchísimo". Después se fue.

Era terrible y trágico, pero la muerte de Misha también era mágica. Cada detalle a su alrededor tenía un elemento de una belleza rara y de otro mundo. Esto no había sido un accidente. Misha había pasado su vida retando a la naturaleza, haciendo su camino hacia un lugar en el que no había retorno. El buceo libre había sido su última obsesión, y amaba al océano más que a nada. Ahora había estado a días de mudarse al desierto, a Tucson, donde vivía la familia de Rosie. Una vez más quería sumergirse en su amado elemento, así que manejó por el camino hacia el mar a través de su purgatorio de lava. Al llegar al final del camino instaló el campamento y exploró la costa. A pocos metros al Poniente, siguiendo un sendero, encontró una bahía mágica que era el "lugar perfecto para escaparse de todo", como decía el libro.

El escenario era en verdad increíble. La caleta medía unos doscientos metros de ancho, con arena verde y negra, producida por la lava, haciendo un perfecto medio círculo a su alrededor. De un lado la arena negra estaba marmoteada por plantas verdes brillantes. Al centro de la playa se veía una gran roca que se había formado por un río de lava que se había oxigenado en una multiplicidad de colores. En los dos lados de la playa, donde la bahía se unía con el mar abierto, había peñascos que la protegían de las olas. El sendero terminaba, atinadamente, en una roca color gris que se convertía en unos escalones que conformaban la entrada al agua que probablemente tenía unos seis metros de profundidad.

"Absolutamente perfecto", debió haber pensado Misha, y regresó a su campamento a preparar la cena. Se llenó de emoción con sólo pensar en el buceo a la mañana siguiente.

Y aquí estábamos, tres días después, separados de él por un abismo insondable. Aun así la belleza mágica de su desaparición permeaba el universo, expresado en el espacio infinito de la presencia, en la serenidad de Rosie, y en las maravillosas brugmansias que abrieron esa noche fuera de nuestro motel con la luz de la luna. A la mañana siguiente, mientras Rosie, Carmela y la tripulación del helicóptero aún buscaban en la bahía, yo me senté en los escalones junto a la caleta. El agua estaba tranquila y transparente, casi sin color, cuando miré directo hacia abajo. Podía sentir la emoción de Misha, flotar y bucear en este tipo de agua es algo similar a volar: seis metros sobre el nivel del mar, nueve, dieciocho, treinta, trescientos metros y cayendo así como bajaba el piso del océano.

Pude ver una estrella de mar roja al fondo, justo frente a mí. Había algunos corales y pequeños peces de colores nadando alrededor, jugando. Las olas, amables, se mecían contra las rocas, dejando salir un olor a sal puro y fresco que era intoxicante. Impresionado me imaginé flotando en el agua, sin peso y feliz, con mi espalda bañada por el sol de la mañana. ¡Qué lugar tan hermoso!

Qué fascinación sentimos al poder irnos de todo, pensé. ¿Lejos de qué?

Lentamente mi mirada cruzó la superficie traslúcida hacia la abertura de la bahía. Había una línea entre los peñascos. El océano ahí se tornaba azul oscuro, las olas ahí se movían rápido, debido a las corrientes. A poca distancia, y por miles de kilómetros en todas direcciones, estaba la inimaginable vastedad del océano con tres mil metros de profundidad.

Me costaba trabajo respirar, ahora sabía dónde había buceado Misha, se había ido a lo lejos, al espacio profundo. Misha se había ido, pero la puerta aún seguía abierta, y lo que vi se llevó la presión de mi pecho. De repente sentí una paz tremenda y una ligereza, como si la gravedad se hubiera apagado al instante de caer. Al ver a través de esa puerta vi el final del miedo. Por un instante infinito desperté del sueño de la vida y de la muerte, y todo era claro y sencillo. Las piezas del rompecabezas habían vuelto a embonar una vez más.

Rosie se sentó a mi lado silenciosa, siguiendo mi mirada. No teníamos necesidad de hablar.

Ese mismo día nos fuimos a Oahu. Los padres de Rosie habían llegado y ellos, junto con otros amigos cariñosos, le ofrecieron sus brazos para aliviar su pena.

Los últimos dos días habían sido los más intensos y significativos de nuestras vidas. Sólo gradualmente nos íbamos a permitir tomar los eventos de nuestra misión exploratoria como lo que eran. Y sólo después de que el polvo se asentara en nuestra tensión emocional los elementos de la navegación iban a volver a aparecer claramente y sin dudas.

Era imposible considerar Hawai como otra parada en nuestra travesía. Era obvio que nuestra mudanza a Oahu, donde íbamos a terminar, estaba siendo apoyada y alentada. Pero el terremoto, que había ocurrido en el preciso instante en que nos fuimos a nuestra aventura exploratoria, acarreó sin duda implicaciones extraordinarias. No lo percibimos como una amenaza, pero esto había aumentado significativamente la apuesta. Se convirtió en un gran signo de exclamación, embebiendo todo lo que encontrábamos de una importancia asombrosa. Igualmente sorprendente era nuestra inmediata e inesperada inmersión en la energía de la competición del "Hombre de acero". Generalmente esto nos habría parecido algo positivo y un augurio alentador, pero como instrucción para el nuevo estado de ánimo que encontraríamos en las islas, sólo aumentó mi aprensión. Conocido como el santo grial de la resistencia, estos eventos lo que hacen es empujar nuestros límites al extremo, que no tenía nada que ver con la relajación y el estilo de vida indulgente que había sido mi preferencia durante toda la vida. Y cuánto tenía que empujar mis límites resultó claro tan pronto como mi danza con la impermanencia se convirtió en algo demasiado íntimo.

Cada aspecto relacionado con la muerte de Misha era profundamente significativo y metafórico. Pasar estas terribles cuarenta y ocho horas con Rosie me habían dado una probada inolvidable del verdadero significado de la impermanencia, y el escalofriante descubrimiento de que no existe refugio en contra de ella, ni siquiera en la más profunda e íntima de las relaciones humanas. Pero fue especialmente el impresionante escenario en que esta bella tragedia ocurrió lo que hizo que todo sobresaliera de forma tan deliberada, elevándolo casi a dimensiones míticas.

Quería alejarse de todo, tenía la urgencia de experimentar la ligereza. Aguantaba la respiración cada vez más, aventurándose cada vez más hacia la profundidad desconocida, acercándose al propósito inalterable de superar todas las limitaciones físicas. Aumentar y a final de cuentas trascender lo que es humano, desvanecerse con el final sin dejar huella, disolverse en el espacio profundo...

"¿Qué más metafórico se podía poner?"

Aparentemente Pele estaba de acuerdo con Saturno sobre la energía tranformacional y definitiva que me esperaba en Hawai. "Saturno requiere la muerte de la personalidad para que el espíritu pueda emerger de la densidad del ser". No había ambigüedad en las palabras de Alan Oke, y junto con los eventos que se sucedieron durante nuestra misión de exploración, no nos quedó duda:

Mi viaje personal había llegado al fin. La búsqueda del tesoro había terminado. Todo iba a ser un tesoro ahora, así como el último pedazo de densidad podría abrir el paso para la increíble ligereza del ser.

EPÍLOGO

Obviamente, mi navegación me guió para escribir este libro, y estoy contento de saber que, una vez que encontré el principio, la historia comenzó a contarse por sí misma. Simplemente hice un recuento de los sucesos conforme aparecían desde mi memoria.

No tenía una estructura inicial y no sabía cómo iba a terminar. Sumergirme en este proceso por la mejor parte de un año tenía un efecto peculiar.

Por decirlo de algún modo, copié la historia detalladamente. Mientras miraba hacia los últimos treinta años de mi vida a través de una lente particular que es evidente en este libro, eventualmente me rendí por completo cuando me di cuenta de que todo aquello se había sentido predestinado; que cada pequeño detalle tiene, y siempre ha tenido, esta cualidad de guión que se manifiesta cada tanto como una sincronía obvia o un evento de navegación mayor. Conforme más consciente me hacía de esa cohesión insondable, más me sentía reducido de ser el protagonista de mi historia a un simple testigo, y mis emociones predominantes se volvieron la curiosidad y el sentido de la maravilla.

Esto sólo podía llevarme indirectamente a través de la historia, y por tanto, le estoy dando una expresión especial en este epílogo. La navegación inicialmente es sólo descubrir sincronías y la validación de corazonadas, signos y presagios, etcétera, pero una vez que mi corazón estuvo del todo abierto a los canales de comunicación con toda la extensión del universo, se volvió casi imposible mantener nuestra insistencia en comenzar una entidad independiente y separada. La operación mental necesaria para proyectar y sostener esta separación consume una tremenda cantidad de energía, que encontraremos mucho mejor aprovechada destacando nuestra conciencia para experimentar el esplendor del infinito y la complejidad de la vida como se presenta por sí misma en cada momento.

Algunas veces fui interrumpido en el proceso de escritura o perdí algunos párrafos durante una falla de la computadora, pero no me permití sentirme frustrado. Después de todo, estaba escribiendo sobre la navegación como se presenta por sí misma y no como *debería* presentarse. Al principio sólo a regañadientes, pero gradualmente con menor resistencia, fui guiado para aceptar absolutamente todo lo que pasaba como una parte integral y significativa de mi experiencia de vida. Y fue ahí cuando me di cuenta que entre mayor voluntad tenía para aceptar una percepción antagónica, más benevolentes resultaban los cambios en los eventos, y el concepto entero de antagonismo desaparecía. ¡Encontré esto como algo revolucionario!

Durante la mayor parte del último año —mientras buscaba la inspiración— le di un festín a mis ojos con el magnífico despliegue de plantas tropicales que encierran a nuestra pequeña casa a los pies del volcán Cabeza de diamante en Honolulu. Veía lagartijas verdes moverse arriba y abajo de las palmas de bambú y las aves acrobáticas mientras hacían sus danzas de apareamiento o buscaba comida en las jóvenes y tiernas hojas de palma justo frente a mí. Varias veces al día un ave con un elaborado y hermoso canto venía a visitarme y nos chiflábamos de ida y vuelta por un rato.

Si no estaba escribiendo o chiflando, practicaba medicina oriental, doctrinaba a mis confiables e involuntarios pacientes con las implicaciones de la navegación. No hace mucho estaba trabajando con Jim que había venido a verme porque quería dejar de fumar. Antes del tratamiento de acupuntura probamos un par de estrategias mentales que ayudan con las adicciones. Le sugerí que se mantuviera atento a su diálogo interno, porque se convertiría en un indudable instrumento de su adicción y de su determinación a resolverla. Hablamos de la felicidad en el silencio interno y de la experiencia de pureza espiritual.

—¿Entiendes a qué me refiero? —le pregunté.

—Oh, sí —contestó Jim, moviendo su cabeza enfáticamente— Entiendo perfectamente lo que dices. Toco la guitarra —continuó— y a veces cuando estoy tocando, somos sólo la guitarra y yo, sabes… uno a uno… sin pensamiento alguno.

—Uno a uno —repetí—, Oh, me encanta el sonido de eso. ¡*Uno a uno!* Eso era exactamente a lo que me refería. ¡Hermoso! Gracias Jim. Tendré que poner esto en mi libro.

Y si no estaba escribiendo, ni chiflando, ni practicando medicina, estaba surfeando, que me parece una analogía perfecta del uno a uno de la navegación. Surfear, como yo lo vivía, requiere primero de todo el amor de los elementos, en este caso del océano. Al sumergirme íntimamente en estos paisajes antiguos, simplemente floto en mi tabla de surf en un punto de mi elección, disfrutando el escenario con todos mis sentidos. Parte de mi atención está siempre dirigida al océano abierto desde el que, inevitablemente, la siguiente serie de olas va a venir, y una de las olas me llamará. Con algunos golpes lograré alinearme y entonces la ola me llevará. Siempre parece ser una línea perfecta, la perfecta alineación y armonía —algunas veces la encuentro, y la ola me lleva todo el camino hasta la orilla. Pero incluso si el aventón es menos que perfecto, o incluso si me caigo o me volteo, toda la fuerza de la ola cae sobre mí —y aun así hay sólo júbilo y el gran gozo de la experiencia de uno a uno.

Las enseñanzas de Carlos Castaneda.
Espiritualidad y enseñanza para lo jóvenes,
de Felix Wolf, se terminó de imprimir y encuadernar
en julio de 2011 en Quad/Graphics Querétaro, s.a. de c.v.
lote 37, fraccionamiento Agro-Industrial La Cruz
Villa del Marqués, QT-762040

Yeana González, dirección editorial;
Elman Trevizo, coordinación editorial;
Carlos Betancourt, edición;
Soraya Bello, cuidado de la edición;
Emilio Romano, formación y diseño.